KB140141

대안특성화 고등학교 교육과정 탐구

대안특성화 고등학교 교육과정 탐구

윤 기 종 지음

기존의 학교가 제공하는 교육의 특징과 의의는
학생들이 배우게 되는 교육과정을 넘어서기가 힘들다.
대안특성화고등학교에서 지향하는 '인간상의 실현'을 제대로 교육하기
위해서는 기존 교육 체제에서 드러나고 있는 교육과정의
획일성에 비하여 대안특성화고등학교 교육과정을
얼마나 다양하게 하느냐에 달려 있다

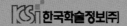
한국학술정보㈜

머리말

　근대적 학교교육은 학생들에게 등급을 매기고, 졸업장을 주어 사회로 내보내는 재생산의 중요한 기제 중 하나였다. 당연히 세상을 주체적으로 살아갈 인간을 길러내는 게 아니라, 이미 만들어진 세상에 필요한 인간을 공급하는 게 학교의 목표였다. 근대적 학교가 가진 이러한 문제점을 간파하고, 세상을 주체적으로 살아갈 인간을 기르기 위한 실험들이 서양에서는 거의 100년 전에 이루어졌다. 1921년에 세워진 영국의 섬머힐과 1919년에 세워진 독일의 발도르프학교가 대표적인 사례이다. 물론 이런 실험이 본격적으로, 전 사회적으로 일어난 것은 1970년대에 들어서이다. 그러나 우리나라는 1980년대 중반부터 자각하기 시작했다. 본격적으로, 전 사회적으로 일어난 것은 1990년대에 들어서부터 학생들이 스스로 학교를 중도탈락하면서 기존의 공교육과는 다른 꼴을 가진 배움터가 필요함을 보여주었다. 지난 20년간 한국의 이곳저곳에서 울려 퍼진 교육개혁의 목소리의 정점에 '대안교육'이 있다고 볼 수 있다.

　대안교육이 곧 대안학교에서만 이루어지는 것은 아니다. 그러나 대안교육이 구체적인 실체로, 그리고 대안교육이라는 큰 물줄기를 이루는 데는 '대안학교'의 설립이 큰 몫을 차지했다. 대안학교가 수면 위로 급부상되기까지에는 대안학교의 중요한 철학인 생태주의, 공동체적인 삶, 자유와 자율을 중시하는 동시대적 가치를 공유하고 있던 사람들이 '새로운 학교를 만드는 사람들의 모임'(1995년 2월 대전 유성)에서 시작되었다. 새로운 교육적 실험을 하고 있거나 준비 중인 17개 단체에서 47명이 참가해 비전을 나눈 이래로 수많은 대안학교를 잉태시켰다. 여기에는 교육학자들도 일조를 했다. 1995년 송순재, 정유성, 고병헌 등 일군의 교육학자들이 '서울평화교육센터'를 중심으로 대안교육운동을 펼치게 된다. 이들을 통해 외국의 대안교육 사례를 연구와 저서를 통해서 소개하고 실천적인 일들도 벌여 왔다. 오늘날 우리 사회에서 대안학교는 일반 공교육이 다 줄 수 없는 것들에 대한 보완적 기능으로서 자리 매김하고 있다.

한국에서 이루어지는 대안학교는 크게 학력인가(제도권 내) 대안학교와 비인가 대안학교로 나누어 볼 수 있다. 비인가 대안학교는 대안학교의 본래 이념을 충실히 하기 위하여 제도권 범주 안으로 들어오기를 거부한 채 자율교육과 학력인정 검정고시를 병행하고 있다. 한편, 학력인가 대안학교는 제도권의 통제를 따르면서 제도권이 허용하는 교육과정의 범주 내에서 대안교육을 실현하고 있는 실정이다. 여기에는 양보할 수 없는 딜레마가 있다. 제도권 내의 대안학교는 본래 이념의 많은 부분을 포기해야 하고, 비제도권의 대안학교는 대한민국의 국민이면서도 제도권에서 주어지는 재정적인 면과 학력인정에서 배제되고 있다. 이러한 현실에서 모든 학생들이 국민으로서의 당연한 권리와 혜택을 받기 위해서는 어떻게 하든지 제도권 내에서도 자율성을 보장받는 교육이 이루어져야 할 것이다. 그러기 위해서는 제도권 내의 대안학교들이 교육과정에서 자율성이 충분히 보장될 수 있는 방안의 마련이 절실히 요청된다.

본 연구의 목적은 2005년 2월을 기준으로 7차 교육과정이 적용되고 있는 전국 18개 대안교육 분야 특성화고등학교 교육과정 분석을 통해 일반계고등학교 교육과정에 비해 어느 정도의 자율성이 보장되고 있는가와 대안교육이 지향하고 있는 본래적 이념의 실현을 위해서는 얼마나 많은 자율성이 보장되어야 하는가를 밝히는 데 있다. 이러한 분석을 통하여 궁극적으로는 대안학교가 필요한 만큼의 자율성을 보장받는 길을 마련하고, 동시에 공교육은 대안학교에서 이루어지는 대안교육을 실험적 모델로 삼아서 시대적 변화와 학생의 요구에 보다 귀 기울이면서 공교육의 대안적 방향 모색에 기여할 것이다.

오늘도 공교육의 현장에서 그들에게 지식을 강요하는 교사가 되어 우리 학생들이 새벽 6시 30분부터 다음 날 새벽 2시 30분까지 학교와 도서관과 학원을 오가며 지식 위주의 교과만을 강요받는 현실을 바라보면서, 저들이 자기 연령에 맞는 문화와 삶을 마음껏 누리면서 전인적 성장을 이루어 가는 그날을 꿈꾸는 교사가…

목 차

제 1 장 | 대안특성화고등학교
교육과정
탐구 개요

1.

대안특성화고등학교의 시대적 필요성

산업화 사회에서 학교는 관료적 조직으로서의 효율적인 교육기능을 수행해 왔다. 그러나 사회가 지식기반사회로 변화됨에 따라 학교는 새로운 기능을 요구받고 있다. 즉 학생과 학부모, 기업, 지역사회는 학교교육의 질적 수준의 향상과 교육내용의 다양화 등을 요구하고 있다(Caldwell & Spink, 1998). 산업사회에 적합한 체제로 성립한 공교육제도는 개인의 다양성을 고려하기보다는 획일화된 기준의 교육내용과 교육방법으로 인하여 많은 교육적 문제도 함께 가져온다. 그 결과 학교는 교육 관련 당사자들의 요구를 능동적으로 수용하지 못하고 있으며, 학생과 학부모들은 사교육에 점점 더 의존해 가고 있다. 더욱이 학교에서는 교사와 학생들 간에 교육적인 열정과 헌신에 바탕을 둔 인간관계가 상실되고, 형식적이고 타산적인 관계가 강화되어 감으로써 학교의 본질적인 기능이 약화되고 있다. 따라서 교사들은 교육적인 권위를 상실하게 되고 교실붕괴 현상이 빈번히 발생되고 있다.

통계청 발표에 따르면 중학생 19,842명, 고등학생 48,132명 등 총

67,974명이 학교를 중퇴하고 있다. 재학생들을 상대로 한 학교생활 만족도를 묻는 설문조사 결과 교육내용에 대해서는 29%, 교육방법에 대해서는 21.8%만이 만족한다는 반응을 보이고 있다(통계청, 2005). 중·고등학생의 70~80%가 현재 교육과정에 불만을 갖고 있다는 것은 문제가 심각하다. 청소년 일탈의 형태 또한 다양해지고 심화되면서 청소년문제가 오늘의 주요 사회문제로 대두되고 있다. 청소년들은 대부분의 시간을 학교에서 보내고 있는데 학교생활은 그들에게 행복을 주지 못하여 오히려 심각한 스트레스를 받는 상황에 처해 있다. 상황과 여건 등 계기만 주어진다면 언제든지 탈선으로 넘어갈 청소년들이 적지 않다.

이러한 문제를 해결하기 위해 정부는 교육과정 개정과 입시제도의 다양화, 공교육 정상화의 노력을 기울여 왔지만, 여전히 공교육의 정상화는 구호에 불과하고 학생들의 전인성은 키워 주지 못하고, 학습권은 존중되지 않아 학교에 흥미를 느끼지 못하고 있는 실정이다. 급기야는 학교생활에 부적응하는 수많은 사회병리 현상이 나타나자 심각한 교육문제를 언제까지나 보고 있을 수만은 없다며 그동안 학교교육 개선노력에 부정적 전망을 가진 이들은 대안교육을 활발하게 추진해 왔다. 그 결과 '사람 중심의 교육'을 펼치고자 하는 대안교육이 부각되고 많은 사람의 관심을 모으고 있다. 이와 같이 우리 교육의 위기가 표면화된 이후부터 대안교육은 언론과 여론의 주목을 받기 시작하였으며, 대안교육에 대한 정책적 관심도 고조되었다. 1990년대에 들어 성적의 과열경쟁으로 인해 학생의 자살, 중도탈락, 학교폭력이 증가하면서 그동안 사회적 무관심 속에서 입시교육과 무관하게 다양한 프로그램을 운영해 왔던 비정규학교들이 언론의 집중적

조명을 받게 된 것이다.

이러한 가운데 교육부가 학생들의 학교 부적응 현상을 최소화하기 위한 방안의 일환으로 대안학교 설립을 추진하게 되었으며 그 결과, 1998년에 특성화고등학교라는 새로운 유형의 학교가 법제화되었고 대안교육 분야에서 새로운 학교가 설립되었다. 이를 계기로 그동안 제도권 밖에 머물러 있던 대안학교는 제도권 안으로 편입되어 정부의 정책적 지원을 받게 된 것이었다. 1998년도에 양업고등학교, 영산성지고등학교, 한빛고등학교, 경주화랑고등학교, 간디학교, 동명고등학교 등 6개 학교를 시작으로 2006년 3월 현재 인가된 대안학교는 고등학교 18개가 인성교육을 위한 특성화학교로 지정되었다.

현시점에서 우리 사회에서 급격히 늘어난 요구를 가지고 생겨나고 있는 대안특성화고교는 여러 측면에서 그 특징과 의의를 살펴볼 수 있겠으나, 가장 중요한 측면 가운데 하나는 대안특성화고교들이 제공하고 있는 교육과정이 얼마나 다양한가 하는 점이다. 결국 학교가 제공하는 교육의 특징과 의의는 그 학교에서 학생들이 접하게 되는 교육과정을 넘어서지는 못하므로, 대안특성화고교들의 새로운 시도들은 기존 교육체제에서 드러나고 있는 교육과정의 획일성을 뛰어넘고자 하는 시도라고 볼 수 있다. 기존 제도권 학교에 적응하지 못하는 학생들을 치유하고 다양한 요구를 가진 수요자로서의 학생들에게 그에 상응하는 학습의 기회를 제공하기 위해서는 다양한 스타일의 학교, 다양한 교육과정 등 다양성의 관점에서 대안특성화고교를 볼 필요가 있다는 사실에 대해 어느 정도 공감대가 형성되어 있다. 그리고 이러한 다양한 교육과정의 실현방안으로서 공동체 강조, 자연생태, 노작교육, 전인교육 특성 등이 강조되고 있고 각 대안특성화고교들은 각자의 교육이념에 맞는 특성화교과내용을 개발하여 운영하고 있다.

한편, 대안특성화고교들이 처음 설립된 취지와는 달리 공교육의 틀을 상당 부분 적용함으로 인해서 그 철학과 이념을 유지하기에는 많은 어려움이 따르고 있다. 예컨대 상급학교 진학준비로 인해 내신 성적 관리와 함께 특성화교과도 공부해야 하는 이중적 어려움을 겪기도 한다. 또한 그러한 어려움은 교육과정 내용에만 국한되지 않는다. 즉 대안특성화고교를 둘러싼 표준화된 학교운영시스템의 환경으로 인해 일반계고교와의 차별성이 무엇인가 하는 대안특성화고교의 정체성 논란 또한 겪고 있는 것이 현실이다. 예를 들면 프로젝트 수업이나 장기 체험학습의 경우에는 성적 처리에 따른 어려움이 많기에 축소, 포기하게 되거나 이중처리를 해야 하는 어려움이 따르고 있을 뿐만 아니라, 새로운 과목의 신설이나 새로운 교육적 시도가 점차 줄어들고 있어서 그러한 고착화 현상은 결국 대안특성화고교의 정체성을 모호한 것으로 만드는 기제로 작용한다는 지적이 많다.

따라서 대안특성화고교의 본래의 설립취지와 교육이념을 발현하는 데 있어서 국가수준 교육과정이 갖는 제약과 한계를 살펴볼 필요가 있다. 대안특성화고교 교육과정의 다양화는 대안특성화고교 교육과정을 규정짓는 국가수준 교육과정의 제약과 한계를 확인하는 것으로부터 시작될 수 있기 때문이다. 또한 대안특성화고교에 관한 지배적인 담론과 연구들은 주로 대안특성화고교가 지향하고자 하는 교육이념과 교육내용을 다루어 왔으나, 교육이념과 교육내용은 교육과정 운영방식을 통해서 보다 잘 드러난다. 이러한 관점에서 본다면 현행 대안특성화고교에서 지향하고자 하는 교육과정의 다양성의 실현을 제대로 담보하기 위해서는 대안특성화고교의 교육이념과 교육내용뿐만 아니라 교육과정 운영방식에까지 확대하여 살펴볼 필요가 있다.

본 연구의 목적은 대안특성화고교 교육과정의 대안적 관점은 무엇인지 찾아보고, 이에 준하여 현행 대안특성화고교 교육과정 운영방식의 특징을 살펴봄으로써 대안특성화고교 교육과정 다양화의 가능성과 한계를 탐색해 보는 데 있다.

대안특성화고등학교의 범주

일반적으로 '대안학교'란 종래의 획일화된 학교제도를 개선하여 학생들의 다양한 욕구나 특성을 반영할 수 있게 하자는 취지에서 운영되고 있는 제도 안과 밖의 모든 학교를 의미하는 것으로 그 범위는 매우 광범위하다. 따라서 본 연구에서는 연구대상을 대안학교 가운데 소위 '대안특성화고교'로 제한하기로 한다. 대안특성화고교는 종래의 획일화된 학교제도를 개선하여 학생들의 다양한 욕구나 특성을 반영할 수 있게 하자는 취지에서 1998년부터 법적으로 인정된 대안교육 분야 특성화고등학교를 의미한다. 일반적으로 특성화고교하면 소질과 적성이 있는 특정 분야의 인재 양성을 위한 '직업교육 분야 특성화고등학교'를 가리키는 것으로 알려져 있다. 그러나 초·중등교육법 시행령 제91조에 따르면, "특성화고등학교란 소질과 적성 및 능력이 우수한 학생을 대상으로 특정 분야의 인재 양성을 목적으로 하는 교육 또는 자연현장실습 등 체험 위주의 교육을 전문적으로 실시하는 고등학교를 특성화고등학교라고 한다."라고 명시되어 있다. 대안특성화고교란 인성교육을 위한 대안교육 분야 특성화고등학교이면서, 동시에 대안학교 중에서 학력인가를 받은 학교를 의미한다.

2005년 현재 대안특성화고교로는 간디학교(1998, 경남), 원경고(1998, 경남), 경주화랑고(1998, 경북), 영산성지고(1998, 전남), 한빛고(1998, 전남), 양업고(1998, 충북), 두레자연고(1999, 경기), 동명고(1999, 광주), 세인고(1999, 전북), 푸른꿈고(1999, 전북), 산마을고(2000, 인천), 경기대명고(2002, 경기), 지구촌고(2002, 부산), 이우고(2003, 경기), 달구벌고(2003, 대구), 공동체비전고(2003, 충남), 한마음고(2003, 충남), 지리산고(2004, 경남)가 있으며, 이들 18개 학교가 본 연구의 대상이다(괄호 안의 연도는 개교 연도임).

이 학교들을 선정한 이유를 살펴보면 첫째, 본 연구가 대안특성화고교 교육과정의 다양성과 한계를 알아보는 데 있기 때문에 한두 학교만으로는 다양성과 한계를 충분히 파악하기 어렵다고 보아 18개 대안특성화고교를 선정하였다. 둘째, 전국에 수많은 대안학교가 있지만 일반계고등학교에 적응하지 못하고 중도탈락할 상황의 학생들일지라도 제도권 내에서 학생들이 학력인정을 받으면서 대안교육을 받을 수 있는 학교를 연구함으로써 일반 공교육에 적응하지 못하는 학생들을 수용하여 제도권 내에서 그들의 개성을 살려 주는 교육을 해야만 공교육이 정상적으로 제 기능을 할 수 있다고 여겨지기 때문에 대안학교 중 학력인가를 받은 18개 대안특성화고교로 한정하였다. 셋째, 특성화고교 중 대안학교를 연구대상으로 선정한 이유는 대안학교가 부적응 학생을 위한 대책으로 시작되었지만 본 연구는 부적응 학생들이 학생 자체에게 문제가 있어서라는 사고방식으로부터 출발하지 않고, 학교 부적응 현상을 학교 교육과정의 편성과 운영이 학생의 개성, 즉 학습자 존중에 맞출 수 있도록 하지 못하고 있다는 점에 그 원인을 두고 연구를 시작하였다. 이러한 관점의 문제 해결 방안 연구로는 제도권 내의 대안학교인 특성화고교가 연구목적에 부합되므로 본 연구의 연구대상이 될 수 있다.

연구방법으로는 문헌 연구, 방문 면담, 대안교육 연구모임 및 워크숍 참관, 방학 중 대안학교 연수를 통한 연구가 이루어졌다.

문헌 연구에서 각 학교의 교육과정 운영실태 및 특징을 살펴보기 위해 사용한 문헌 및 자료는 18개 대안특성화고교의 교육계획서, 학교 홍보용 자료, 입학요강, 학교소식지, 학교요람이다.

방문 면담은 학교 분위기를 파악하기 위하여 18개 학교를 방문 면담하였다. 면담은 교무부장교사나 수업계 담당교사를 중심으로 이루어졌다. 면담지 이용 시 첫 학교에서 거부반응을 보여 면담지 기록방식은 취하지 않았다. 많은 사람 방문과 대안학교 문제점을 찾으려는 방식의 설문이 많았다는 학교 측의 불만으로 설문지는 사용하지 않았다. 면담방식은 미리 작성된 면담지를 숙지하고 면담이 끝난 후 메모하는 형식으로 반구조적 면담방법을 활용하였다.

학교 참관은 2000년도부터 이루어져 왔으나, 본 연구를 위하여 구체적인 연구는 2003년 6월부터 2005년 11월까지 18개 대안특성화고교를 1회 이상 방문하였다. 면담시간은 1시간에서 2시간까지 소요되었다. 면담결과는 학교별로 정리하고 그것을 다시 연구문제의 주제별로 분석하여 활용하였다.

대안교육 연구모임 및 워크숍 참관, 방학 중 대안학교 연수는 대안교육의 흐름과 나아갈 방향 그리고 대안특성화고교가 안고 있는 문제들을 파악하고 대안을 찾는 시각을 갖기 위해 대안교육을 연구하는 교육사랑방 회원으로 매월 첫 주 토요일 정기모임에 2년간 참석해 오고 있으며, 대안교육연대를 비롯한 각종 대안교육 연구모임과 워크숍 참관 6회, 방학 때마다 서울시 대안교육종합센터에서 실시하는 대안학교 관련 연수를 3회 참석하여 대안학교 교육에 대한 현장교사 및 연구자들과의 꾸준한 연대를 가졌다.

대안교육을 지칭하는 용어들

우리나라에서는 주류 교육과는 조금 다른 교육, 학생들의 자율성을 중요시하는 교육을 '대안교육'으로 일컫는 데 대체적으로 암묵적인 사회적 합의가 이루어진 듯하다. 신문 방송에서 그렇게들 쓰고 있고, 사람들도 그 용어를 무리 없이 받아들이고 있다. 물론 학자들에 따라서는 '대안'이라는 용어에 문제를 제기하면서 '새로운 교육운동'이나 '민교육' 같은 용어들을 제안하기는 하지만 그 자체에도 의미적 모호함은 역시 내재되어 있고, 이미 '대안교육'이 사회적으로 널리 쓰이기 때문에 그 취지에 동의한다 하더라도 용어를 바꾸기는 쉽지 않을 것이다.

일본의 경우는 대안교육을 '후리스쿠루(フリスクル, Free School)라고 한다. 일본의 경우에는 부등교 현상(등교를 거부하는 아이들)이 가장 심했던 초등학교를 중심으로 대안이 모색되기 시작했으며 부등교 아동들을 위해 학교의 틀 바깥에서 클럽활동 같은 형태로 위치해 있다는 특징이 있다.

영국을 비롯한 영어권 국가에서는 'Alternative Education'라는 표현보다는 오히려 'Progressive Education'이라는 용어가 더 많이 사용된다. 그러나 Progressive Education이라는 용어가 상대적으로 좀 더 많이 쓰인다는 것이지, 이것이 우리나라의 '대안교육'처럼 일반화된 용어가 아니라는 것이 대안교육 연구의 첫 번째 어려움이다. 너무나 다양한 용어들이 그 용어를 쓰는 사람들 나름의 정의에 따라서 쓰이고 있다. 따라서 우리의 '대안교육'에 해당되는 용어가 다수 있을 뿐만 아니라 사용하는 사람의 정의에 따라 한 용어도 조금씩 다른 의미로 쓰인다. 예를 들어 Free School은 일반적으로는 돈을 내는 사립학교와 반대되는 공립학교의 한 특징을 일컫는 말이다. 하지만 대안학교의 '자율성'을 강조하기 위한 용어이기도 하다. 한편으로는 영국에서 있었던 한 무리의 학교들과 그들이 벌였던 교육운동을 지칭하기도 한다. 같은 용어를 쓰더라도 그 사회가 처한 역사적·정치적·사회적 상황에 따라 다른 대안이 요청되기도 한다. 예를 들어 인도나 남미같이 극빈층이 존재하는 나라에서는 공교육이 국민 전체에게 돌아가는 혜택이 되지 못한다. 따라서 이런 사회에서의 대안교육은 거리청소년들에 대한 기초적 환경을 제공하고, 자립자활을 촉진할 수 있는 교육 중심으로 진행된다. 따라서 우선 이런 복잡한 상황을 인지하고, 다양하게 사용되는 용어들을 정리하고 분류해 내는 작업이 필요하다. 이것은 대안교육과 관련된 가장 적절한 학문적 용어를 찾아내는 작업이기도 하지만, 한편으로는 이를 통해 대안교육의 다양한 성격들을 파악할 수 있는 좋은 방편이 되기 때문이다.

1) Alternative Education

Progressive Education과 더불어 가장 많이 쓰이는 용어 중의 하나이다. Progressive Education이 대안교육의 진보적인 측면에 초점을 맞춘 용어라면 Alternative Education은 기존 교육에 대한 대안적 측면에 중점을 두고 있다. 따라서 이 용어를 쓰는 학자들은 종종 중도 우파적인 대안교육도 모두 포괄하는 다양성을 보인다. 몬테소리 교육, 홀리스틱 교육, 슈타이너 발도르프 교육, 퀘이커 교육, 신지학 (Theosophist) 교육 등등 사회적 발판을 중간이나 중간 오른쪽에 딛고 있는 경우까지도 모두 언급한다.

2) New Education

Progressive Education이 미국에서 건너온 용어라면 New Education 은 영국 / 유럽에 기원을 둔 용어라 할 수 있다. Old Education이 오로지 '학습'에 그 초점을 맞추고 있다면 New Education은 그 교육받는 주체, 행위자와 창조자로서의 학생들에게 초점이 맞추어져 있다. 이 역시 Progressive Education이나 Alternative Education만큼 포괄적인 용어이기도 하다. 매우 구체적으로는 1890년대 이후 기존의 사립학교(Public School) 교육에 반발하여 일어났던 중산층 중심의 교육운동 및 학교를 뜻한다.

3) Libertarian Education

Libertarianism이란 인간의 자유의지, 그 어느 권위에도 구속받지 않는 의지를 뜻한다. 이 철학에 근본을 둔 사람들은 작게는 교사의 권위에서 시작해서 크게는 국가의 권위로부터 교육이 해방됨으로써 아이들로 하여금 스스로 선택하고 배울 수 있도록 해 주어야 한다는 생각을 갖고 있다. 영국에서 초기에 대안학교를 설립했던 교육가들은 이 철학에 기반을 둔 경우가 많았고 여전히 지금까지도 그렇다.

4) Small School

의미 그대로, 이 용어는 학교의 크기에 관한 것이다. 물론 물리적인 크기가 아니라 학생 수, 학생과 교사 비율과 같은 것을 의미한다. 영국의 현재 공립학교 사이즈(한 반에 30명, 교사 1, 보조교사 1-2)로는 제대로 아이들을 파악하고 교육하기가 불가능하다는 주장이다. 영국의 대표적인 대안교육운동단체인 Human Scale Education에서는 학교를 잘게 쪼개자는 캠페인도 벌이고 있다. 인간적인 교감을 나눌 수 있는 사이즈가 되어야 아이들이 인격적인 존중감과 보살핌 속에서 자라날 수 있다는 것이다. 이 용어는 특별히 영국 하트랜드(Hartland)에 있는 Small School이라는 학교로부터 기원되었다. 이 학교는 자신들 지역의 학교가 통폐합된 후 아이들을 멀리 떨어진 큰 학교로 보내기 안쓰러워했던 부모들이 직접 설립하여서 지금까지 운영하고 있는 학교이다.

5) Free School

대안학교와 관련해서 이 용어는 '교칙이 없는, 자유로운 학교'를 상상하게 한다. 하지만 이런 이미지가 대안학교를 '제멋대로 해도 되는 학교(Do-whatever-you-want School)'라는 부정적 이미지를 갖게 하기도 한다.

한편으로 이 용어는 1960~1970년대에 설립된 일련의 대안학교들을 일컫기도 한다. 이 학교들은 세 가지 의미에서 'Free'였는데, 이전의 사립 대안학교들과 달리 수업료를 받지 않았다는 점, 두 번째로는 종교나 국가권력을 비롯하여 어떤 권위로부터도 자유롭다는 점, 그리고 마지막으로 아이들의 자유를 최대한 보장하는 교육이라는 의미에서 그렇게 불렸다.

6) Democratic Education

많은 대안학교들이 교칙도 없어 매우 무질서하고 아이들이 저희들 맘대로 공부도 안 하고 놀기만 한다는 부정적인 이미지에 매우 억울해한다. 예를 들어 써머힐의 경우, 학교 구성원들이 직접 정한 100여 가지 이상의 교칙들이 방문객들을 반긴다. '자유로운 학교'라기보다는 '자율적인 학교'인 셈이다. 그런 측면에서 최근 몇몇 학자들과 실천가들은 민주적인 교육(Democratic Education), 자치학교(Self-governing School)라는 용어들을 사용하고 있다. 이는 21세기 서구교육의 최대 화두라 할 수 있는 민주시민교육(Education for Citizenship)이라는 주제와 맞물려 효과적인 의미가 있다. 그러나 한편으로 이 용어는 의도했건 의도하지 않았건 간에 자치구조를 가진 대안학교들과 자치구조를 갖지 않은 대안학교들을 분리시킨다. 현재 대안학교들의 국제적 모임인 IDEC(International Democratic Education Conference)을 중심으로 이 Democratic Education이라는 용어가 사용되고 있다.

7) Progressive Education

가장 많이 쓰이는 용어이자 매우 포괄적인 용어 중 하나이다. 대안교육의 기본이 진보적인 철학에 그 근원을 두고 있음을 보여주는 단적인 예가 된다. 원래 이 용어는 미국에서 시작되어서 1920년대 영국으로 건너옴으로써 자리잡게 되었다. 이 용어는 크게는 교과과정, 교수법, 교사학생관계, 학생자치참여도 등에서 상대적으로 덜 엄격한, 말 그대로 약간 '진보적'인 학교들을 일컫기도 하지만, 좁은 의미에서는 썸머힐을 대표로 하는 일련의 자유주의적 대안학교들을 지칭하기도 한다. 심지어 학자에 따라서는 이 용어의 사용을 1890~1930년대에 설립된 일련의 사립 대안학교들만으로 한정하는 경우도 있다.

따라서 본 연구에서는 '대안학교'란 '표준적인 공립학교들'이 제공하는 '전통적인 것과는 다른 경험을 추구하는 아동과 학부모들을 위하여 특별한 교수법과 프로그램, 활동, 여건 등을 제공할 수 있도록 고안된 학교'이며(Cooper, 1994), 종래의 획일화된 학교제도를 개선하여 학생들의 다양한 요구나 특성을 반영할 수 있게 하자는 취지에서 운영되고 있는 제도 안과 밖의 모든 대안학교를 의미한다.

8) 특성화고등학교

초·중등교육법 시행령 제91조에는, "특성화고등학교란 소질과 적성 및 능력이 우수한 학생을 대상으로 특정 분야의 인재 양성을 목적으로 하는 교육 또는 자연현장실습 등 체험 위주의 교육을 전문적으로 실시하는 고등학교를 특성화고등학교라고 한다."라고 명시되어 있다. 특성화고등학교는 소질과 적성이 있는 특정 분야의 인재 양성을 위한 '직업교육 분야 특성화고등학교'와 체험 위주의 전인성교육을 전문으로 하는 '대안교육 분야 특성화고등학교'로 나눌 수 있는데, 본 연구에서의 '특성화고교'는 '직업교육 분야 특성화고등학교'만을 의미한다.

9) 대안특성화고등학교

대안특성화고교는 종래의 획일화된 학교제도를 개선하여 학생들의 다양한 요구나 특성을 반영할 수 있게 하자는 취지에서 1998년부터 법적으로 인정된 대안교육 분야 특성화고교를 의미한다. 또한 특성화고교 중에서 인성교육을 위한 대안교육 분야 특성화고교이면서, 동시에 대안학교 중에서 학력인가를 받은 학교를 의미한다.

4.
탐구의 대상

　본 연구의 목적은 대안특성화고교 교육과정의 대안적 관점은 무엇인지 찾아보고 이에 준하여 현행 대안특성화고교 교육과정 운영방식의 특징을 살펴봄으로써, 대안특성화고교 교육과정 다양화의 가능성과 한계를 탐색해 보는 데 있다.

　위와 같은 목적을 달성하기 위한 구체적인 연구문제는 다음과 같다.

　첫째, 대안특성화고교 교육과정의 대안적 관점은 무엇인가?
　둘째, 현행 대안특성화고교 교육과정의 실태는 어떠한가?
　셋째, 현행 대안특성화고교 교육과정 운영방식의 특징은 무엇인가?
　넷째, 대안특성화고교 교육과정 운영방식의 다양화 가능성과 한계
　　　　는 무엇인가?

　첫째, 대안특성화고교 교육과정의 대안적 관점은 무엇인가?
　정부가 교육과정의 다양화 방안으로 마련한 대안특성화고교의 법적 근거는 초·중등교육법 시행령 제 91조의 규정에 의한 정규학교

로 입법화되면서 현재 일반 학생 대상이 10개 학교이고 부적응 학생 대상이 8개 학교로 18개의 대안특성화고교가 운영되고 있다. 대안특성화고교는 필수교과목을 제외한 나머지 과목은 학교 나름대로 새로운 과목을 개발·편성하는 등 탈형식적 교육과정 운영공동체로서의 학교를 추구하고 있다.

대안특성화고교가 추구하는 자유 지향적 교육 풍토의 성립 관건은 얼마나 교육과정 운영의 형식성으로부터 자율성을 갖는가에서 찾아볼 수 있는데 교과와 과목의 선택, 이수 단위 결정, 학년·학기별 과목 배치, 특별활동과 재량활동 운영, 시간표 작성 등과 관련해서 많은 차별성을 지니고 있다. 진급 및 이수 인정방식에서는 학습 진도에 따른 진급 및 졸업제 형식을 취하고 있으며, 경험학습의 인정 여부를 보면, 학교 밖 경험학습을 정규교과로 인정하고 있다. 뿐만 아니라 교과교육과정은 통합교육과정으로 운영하고 있으며, 교사－학생 간의 관계는 인간적 돌봄의 관계로 형성되어 있다는 점에서 교육과정의 탈형식성을 찾아볼 수 있다.

대안특성화고교가 일반계고교에 비하여 대안적 특성을 갖는 것은 교육과정 구성체제가 체험 위주의 다양한 특성화교육과정을 구성하고 있다는 점과 교육과정 운영방식이 학교생활의 비공식적인 면들을 중요시하며, 공동체성을 지향하고 학생의 다양한 개성을 존중하며 자유롭고 민주적인 모습을 추구하는 등 탈형식성에서 대안적 관점을 찾을 수 있다.

둘째, 현행 대안특성화고교 교육과정의 실태는 어떠한가?
현행 대안특성화고교 교육과정의 실태를 알아보기 위해 교육이념 및 내용을 살펴본 결과는 다음과 같다.

대안특성화고교는 공동체주의, 자연생태주의, 노작교육, 전인교육을 공통된 특징으로 하고 있으며, 이에 따라 교육과정이 편성·운영되고 있다. 대안특성화고교 교육의 이념적 특성은 대체로 공동체 안에서의 자주적이고 전인적인 개인의 발달에 있다. 이러한 대안학교의 이념적 특성은 개인의 자유로운 발달을 통해 공동체적 사회를 회복하려는 이념을 잘 반영하고 있다. 하지만 학교 위치가 도시와 농촌 어디에 있느냐에 따라 학교 환경은 달라지고, 학생들의 문화도 다를 수밖에 없다. 또한 설립자의 이념에 따른 교육과정이 편성될 수밖에 없는 한계를 지니게 된다.

대안특성화고교의 이념인 공동체 의식을 경험하는 기회를 제공하고 있지만 입시와 획일적인 문화가 지배적인 학교생활에서 지속적인 교육효과를 기대하기에 어려움이 있다. 학생들의 이성뿐만 아니라 감성과 신체를 조화롭게 발달시키고 활용할 수 있는 능력을 키우는 자연생태주의적 교육이념은 학교 위치와 교사의 가치관에 따라서 중요시하지 않는 경우도 많은 실정이다. 노동의 체험학습을 통해 생활교육 및 정신과 마음을 치유하고자 하는 노작교육은 8개 학교에서 극히 제한된 몇 가지 과목만 개설되어 있는데 강사의 부재나 시설의 한계로 인해 제한되어 있기 때문이다. 뿐만 아니라 과목의 종류에 있어서도 주로 흙에서의 노작과 산과 자연을 이용한 것이며, 가축이나 바다를 이용한 것은 없고, 지극히 빈약성을 보이고 있는 실정이다.

현행 대안특성화고교 교육과정의 실태를 알아보기 위해 교육과정 편성과 개발은 어떠한가를 살펴본 결과는 다음과 같다.

국가수준 교육과정 지정이수과목은 일반계고교와 비교해서 다르지 않음을 알 수 있다. 대안특성화고교를 선택한 학생들의 기질과 특성상 좀 더 자유롭고 선택이 가능한 교육과정의 운영이 요구됨에도 불구하고 제한된 이수 단위 규정으로 인해 70%까지 주지교과 위주로 운영하고 있다. 국민공통기본교과를 10학년인 고등학교 1학년에 집중 배당하는 데에도 문제가 있다. 대안학교 학생들 상당수는 자신의 재능을 발휘할 수 있는 교육보다 주지교과 위주 교육에 적응하지 못한 학생이 많은데, 이들에게 각각 8단위인 국어, 영어, 수학교과의 경우 지침대로 18개 대안특성화고교 중 12개 학교가 1학년에서 이수하도록 하고 있다. 대안특성화고교 학생들 상당수가 자신의 재능을 발휘할 수 있는 교육보다 주지교과 위주의 일반계고교에 적응 못해서 입학한 학생인데 1학년에 집중하여 편성하는 것은 대안특성화고교를 찾은 취지에 맞지 않아 흥미를 잃을 수 있기 때문이다.

학교별로 새로운 내용의 특성화교과를 개발하고 거기에 적합한 강사를 확보해서 활용하는 데에 어려움이 있다. 대안특성화고교가 소규모이기 때문에 생기는 어려움은 한 학년 정원이 1학급(20명) 또는 2학급으로 교사 정원이 적어, 일부 교사들은 상치 과목 담당이 불가피하여 수업부담, 전문성 결여의 문제가 따르고 있다. 특성화된 교육과정으로 교육을 실현해 나가는 주체인 대안학교 교사들의 신분적·재정적 뒷받침이 보장되어 있지 못하다. 학교 특성상 경험학습이 많은데 경험학습의 수익자 부담에도 한계가 있어서 경제적으로 어려운 학생들은 체험학습에 불참하는 사례가 생긴다. 효과적인 학습 진행에 필요한 교육기자재의 지원이 미흡한 실정이고 특성화교육을 위한 시설제약도 따른다. 대안특성화고교의 수업은 무학년·무학급으로 이루어지고 교과수업 또한 과목별 교실 이동 수업이 많기 때문에 많은 교실과 시설이 필요함에도 불구하고 시설이 충분하지 못한 실정이다. 대안특성화고교 프로그램에 대한 체계적인 정보 관리가 미흡하며 학교 간 상호 정보 교류도 원활하지 못한 실정이어서 학교 간 특성화교과의 교과목 개설이나 다양화는 차이가 크다.

셋째, 현행 대안특성화고교 교육과정 운영방식의 특징은 무엇인가?

대안특성화고교는 출석제의 성격에서 일부 영역이기는 하지만 자유 출석제 방식을 취한다는 점이다. 여기에는 토요일을 이용해서 매월 5일간 가정학습 기간이 주어지고, 3학년 때 직업반 운영, 그리고 매 학기 3박4일간 탐구활동의 프로젝트 수업을 출석으로 인정받는다. 그러나 대부분은 자유 출석제보다는 엄격한 출석 수업과 단체학습을 하고 있으며, 학생의 개별적 학습욕구는 극히 제한된 부분에서만 이루어지고 있다.

학교 밖 경험학습을 인정하지 않는 일반계고교와는 달리 대안특성화고교는 학교 밖 경험학습을 인정하고 있다. 일반계고교에서는 대부분 교실수업을 학습으로 인식하지만 대안특성화고교는 학교 밖에서 이루어지는 다양한 체험활동을 교과목으로 명시해 두고 학습으로 인정하는 과목들이 많다.

진급 및 이수 인정방식에서는 연령에 따른 진급 및 졸업제보다는 학습 진도에 따른 진급 및 졸업제 형식을 취한다. 대안특성화고교는 학습과정 및 진도를 학생에게 맞추어 운영하는 특징을 가지고 있는데 학년과 학급 구분 없이 취미, 적성별로 과(科)를 구성하여 무학년, 무학급제 이동식 수업을 하고 학생 스스로가 세운 목표에 따라 방법을 달리하고 개개인의 능력의 차이를 인정하는 개별화된 수업으로 학생마다 개인별로 맞춤식 시간표를 편성하여 수준별 이동 수업을 한다는 점이다.

교과교육과정의 재구성 정도는 일반계고교가 교과교육과정에 한정하는 데 반해 대안특성화고교는 통합교육과정을 운영하고 있다. 여기에는 교실이 과목별로 나뉘어 있고, 전일제 수업 진행 등 집중이수방식의 시간표로 구성되어 있다. 교과는 주로 학생 자기 주도적 프로젝트 수업을 실시하고 있으며, 수업에 필요한 교수−학습 자료는 제도권의 교과서를 전적으로 의존하지 않고 다양하며 실생활과 많은 연관을 가지고 있다. 교사·학생의 관계는 신뢰를 바탕으로 한 도제교육자의 관계이다.

대학입시의 내신 평가를 위해 학교생활기록부에 과목별 석차를 기록해야 하고 입시전형 요소가 다양하지 못한 데서 오는 교육과정 운영의 어려움이 있다. 다양성을 전제로 한 교육을 받은 대안특성화고교 학생들도 85%가 대학진학을 하고 있는 실정이다. 그런데 대학입학 전형에서 6개 대학에서만 2% 범위 안에서 대안특성화고교 출신 학생을 선발하고 있어서 결과적으로 그 규모, 학교 종류에 관계없이 입시 위주의 획일화된 교육과정을 가지고 있다.

넷째, 대안특성화고교 교육과정 운영방식의 다양화 가능성과 한계는 무엇인가?

대안특성화고교는 기존 공교육의 획일성과 비인간성에 대한 반성의 계기이며, 공교육체계에 새로운 변화의 가능성과 건설적 대안으로서의 희망을 제시해 주고 있다. 학습자 개개인의 소질과 적성, 주체성과 독립성, 인성과 창의성을 살리는 교육수요자 중심의 다양한 교육을 지향하는 교육개혁의 취지와도 부합하는 현실적 대안으로서의 가능성을 보여주고 있다. 학습부담 과중, 학교폭력과 청소년 비행과 같은 주요 교육문제 해결을 위한 유력한 해결책으로서의 가능성 역시 제시해 주고 있다. 그리고 중도탈락자와 같은 교육 소외계층에 대한 교육기회 확대를 통한 교육복지 구현을 위해서도 중요한 기여를 하고 있다. 뿐만 아니라 대안특성화고교의 교육과정 측면에서 볼 때도 기존의 정형화된 틀 대신 학생들의 특성과 다양한 요구를 반영하는 교육과정이 추구되었다는 점이다. 그리고 기숙사생활과 노작활동 등 공동체 기반 학교의 모델을 제시하고 있다는 점에서도 중요한 의의를 가지고 있다. 자연생태적 가치관과 공동체적인 새로운 대안적 문화 창조의 생산자로서 한계에 부딪힌 기존의 물질문명의 극복과 대안 모색의 과제 해결에서 중요한 역할을 담당할 수 있다.

그러나 대안특성화고교의 이러한 교육적 효과에도 불구하고 현실적으로는 여러 가지 한계에 직면하고 있다. 학교 위치에 따라 학교환경, 학생들의 문화도 다를 수밖에 없고, 또한 설립자 이념에 따라 교육과정이 편성될 수밖에 없는 한계를 지니게 된다. 대안특성화고교의 이념인 공동체 의식을 경험하는 기회를 제공할 수 있을지 모르겠지만 입시와 획일적인 문화가 지배적인 학교생활에서 지속적인 교육효과를 기대하기 어렵다. 생태주의 교육의 실현에는 학교의 위치나 교사의 가치관에 따라 형식적일 수밖에 없는 실정이다. 노작활동은 극히 제한된 몇 가지 과목만 개설되어 있는데 이는 담당할 강사의 빈곤이나 시설이 학교 안에나 지역에도 여건이 제한되어 있기 때문이다.

교육과정 편성에서의 한계는 국가수준 교육과정 지정이수과목을

70%까지 주지교과 위주로 편성·운영하고 있어서 일반계고교와 비교해서 크게 다르지 않다. 이수 단위를 채워야 하는 문제 때문에 일반계고교의 교과목 편성과 거의 동일하게 편성·운영하고 있으며 국민공통기본교과를 10학년인 고등학교 1학년에 집중 배당하고 있다. 뿐만 아니라 재량활동의 영역 세분화와 구체적인 운영방식까지 규정함으로써 재량활동을 학교의 재량에 따라 운영할 수 있는 측면이 거의 없다.

특색 있는 교육과정 개발에 있어서의 한계를 보면, 대안특성화고교만의 독특한 과목들을 독자적으로 개발해야 하는데 여건상 어려움이 많다. 학교가 소규모이고, 교사와 재정이 부족하기 때문에 학교별로 새로운 내용의 특성화교과를 개발하고 거기에 적합한 강사를 확보해서 활용하는 데 어려움이 있다. 경험학습이 많은데 이에 따른 수익자 부담에도 한계가 있어서 불참하는 사례가 많다.

학습 진행에 필요한 교육기자재의 지원 등이 미흡하다. 특성화교육을 위한 수업은 주로 무학년·무학급의 과목별 교실 이동 수업으로 하다 보면 보다 많은 교실과 시설이 필요함에도 불구하고 시설이 충분하지 못한 실정이다.

특성화학교의 등장은 첫째, 정부가 최초로 대안학교를 법제화하고 수용한 한국교육사에 있어서 참으로 획기적인 사건이라는 점에 그 중요성이 있다. 학교 형태별로 보면 그 당시까지 인문계, 실업계, 특수목적고(과학고, 외국어고) 등 3가지 유형이 있었는데, 특성화학교라는 네 번째의 학교 형태를 법으로 수용한 것이다. 특성화학교의 등장이 갖는 의미는 교육의 다양성 확대를 위해, 대안학교를 법적으로 수용하고 더 나아가 대안학교 설립을 법정·행정적으로 지원하였다는 점이다. '특성화학교'라는 다소 이름이 어색하긴 하지만, 특성화대안학교라는 범주 아래 자유학교 또는 대안학교가 합법적으로 인가될 수 있는 법적 토대가 마련되었다는 것은 한국교육사에 있어서 중요한 일이다. 특성화학교의 다른 의의는 교육의 다양성 확대에 기여했다는 점이다. 정부의 설립취지처럼 중도탈락자를 위한 대안학교 외에도 전인교육을 전인교육답게 할 수 있는 자율적인 학교, 그리고 하나의 특성에 초점을 맞춘 디자인학교와 같은 직업특성화학교에 이르기까지 다양한 학교들이 등장할 수 있게 된 것이다. 그리고 특성화학교 나름의 독특한 교육철학과 그에 부합하는 교육내용을 특성화교과라는 이름으로 개설하여 기존의 획일화되고 정형화된 교과에서 벗어서 대상에 맞는 교과를 새롭게 창조하여 운영하였다는 점에서 긍정적인 시사점을 주고 있다.

대안학교의 법적 수용과 그것에 따른 교육의 다양성 확대는 교육에 관한 사회 전반적인 흐름과 시민의 의식을 상당히 바꾸어 놓는 계기가 되었다. 학교 부적응과 중도탈락자와 대안학교를 부적응아를 위한 특수학교로만 인식하였다가 점차 청소년들의 이해와 다양한 학교를 인정하는 방향으로 바뀌게 되었다. 그러나 특성화학교가 정규학교의 인가를 받음으로써 사회적 공신력과 재정지원은 어느 정도 확보했지만, 그에 반해 학교의 자율적 운영에 대한 제약은 상당하다. 따라서 특성화학교의 자율성과 공공성 사이에 긴장이 발생하기도 한다. 단위학교의 자율성을 확대한다고 하지만, 아직 교육과정의 편성이나 재정의 할당, 교사의 임용 등이 정부 또는 시·도 교육청에서 일방적으로 결정되고 있는 형편이다.

또한 국가가 일반학교와 같은 수준의 다른 교육과정을 만들어 통일된 지침을 제공하는 것은 대안학교의 자율성을 크게 해친다. 특성화중학교에 있어서 교육과정의 30%, 특성화고등학교 경우 최대 70% 정도의 자율성을 갖는다는 것은 특성화학교의 자율성 기대수준에 미치지 못하는 한계라고 보아야 할 것이다. 그리고 특성화학교에서는 학교 나름의 새로운 교과를 개발하고 이를 교육청에서 승인받는 과정, 학교생활기록부 등재를 위해 교육인적자원부 전산 코드 입력과 관련된 NEIS 운영 및 기록 관련 문제에서 혼란을 겪기도 한다.

특성화대안학교는 교육과 학교에 관한 우리 사회의 고정관념을 깨는 데 지대한 공헌을 했으며 새로운 학교 틀과 교육내용과 방법을 통해 공교육을 변화시키는 견인차 역할을 했다. 학교 형태를 다양화하고 단위학교의 자율성을 확대하는 방향으로 교육개혁에 영향을 미쳤다. 각 학교들은 특성화된 교육과정에 대해 노하우를 축적하고 있는데 이를 바탕으로 특성화교과를 개발하여 각 학교의 특색을 마련하여야 한다.

제 2 장

대안특성화고등학교의 이해

제도권 대안학교인 특성화고등학교

한국 최초의 전일제 대안학교인 간디청소년학교가 생긴 지 얼마 되지 않아서 교육부는 이것을 기화로 교육개혁의 닻을 올린다. 그게 바로 특성화학교정책이다. 그리고 이 특성화학교정책은 교육부의 대안교육 관련 정책 중 가장 빨리 실효를 거둔 정책이기도 하다.

특성화학교정책의 뿌리는 문민정부의 획기적인 교육개혁정책인 1995년의 5 · 31 교육개혁방안에까지 거슬러 올라간다. 이 개혁안에는 학생들의 다양한 개성을 존중하기 위한 초중등교육 운영방안의 하나로 고교설립준칙주의를 도입, 다양한 유형의 학교 설립을 가능하게 한다는 계획이 포함되어 있었다. 그런데 공교롭게도 '다양한' 유형의 학교에 대한 계획은 당시 교육계의 최대 이슈인 급증하는 중도탈락 학생들의 문제 때문에 1996년 10월에 발표된 '중도탈락 예방 종합대책'과 연동되게 된다. 원래 중도탈락문제 해결방안의 하나로 공립 대안학교의 설립이 거론되었지만, 민간에서 대안학교들을 하나둘 설립하는 기미가 보이자 이들 대안학교를 교육 관계 당국이 지원하는 방향으로 가닥을 잡은 것이다. 그래서 학교 부적응 학생을 대상으로 하는 학교뿐만 아니라 생태적 삶이나 인성교육을 추구하는 대한학교까지 특성화학교정책의 범위에 들어오게 된 것이다. 이렇게 해서 뿌리도 많이 다르고, 추구하는 가치도 많이 다르며, 그 대상도 많이 다른 영산성지학교와 간디학교는 특성화학교라는 같은 범주에 묶이게 된다. 그리고 중도탈락문제 해결방안의 하나로 생각했던 공립대안학교계획은 이후 '위탁형 대안학교'로 가시화되게 된다.

한 가지 흥미로운 점은 처음에는 '대안학교'라는 명칭을 사용할 듯했던 정책이 법제화 과정에서 '특성화학교'라는 이름으로 바뀌었다는 점이다. '대안학교'라는 명칭을 사용하는 것은 공교육의 수장인 교육부에는 힘든 일이었을 것이다. 원래 '특성화학교'라는 이름은 미국의 마그넷스쿨을 번역한 말인데, 교육부의 학교 다양화 정책 중 하나로 기획된 것이었다. 즉 기존의 상업고등학교나 공업고등학교 같은 근대적인 직업교육고등학교와는 다른, 만화학교, 디자인학교, 요리학교 같은 직업특성화고등학교를 교육부는 기획하고 있었고, 마침 법제화 과정에 있었다. 따라서 '특성화학교'의 법제화는 당시 우리 교육의 난제와 비전을 한꺼번에 해결한 것이다.

1998년 3월, 당시 각종학교로 있었던 영산성지학교, 비인가 대안학교였던 간디학교, 천주교재단의 양업고등학교, 원불교재단의 화랑고등학교와 원경고등학교, 기독교재단의 한빛고등학교 등 6개 학교가 특성화고등학교로 인가를 받았고, 이듬해에는 무주의 푸른꿈고등학교, 경기도 화성의 두레자연고등학교, 전북 완주의 세인고, 광주의 동명고 등 4개의 학교가 추가되었으며, 2002년에는 성지송학중학교가 개교를 하면서 특성화중학교도 생겨나게 되었다. 2007년 12월을 기준으로 직업 중심 특성화고등학교가 아닌, 대안교육 분야 특성화고등학교는 27개이다.

특성화학교의 의미는 첫째, 대안학교가 법제화되었다는 점이다. 학교교육의 다양성을 확대하기 위해 대안학교를 법적으로 수용하고, 대안학교 설립을 법적, 행정적으로 지원한 것이다. 물론 특성화중학교의 경우 교육과정의 약 30%, 특성화고등학교의 경우 교육과정의 약 70% 정도의 자율성을 갖는다는 점에서 완전한 자율성을 가지고 다양한 실험을 해야 할 대안학교운동의 초창기에 운동의 다양성과 열기가 꺾인 부분이 있다는 것이다. 이후 간디학교의 분화는 '특성화학교'가 가진 한계를 인식하고 이를 운동적으로 돌파하려는 태도로 풀이할 수 있을 것이다.

제도권 대안학교에는 위탁형 대안학교와 전일제 대안학교가 있다.

① 위탁형 대안학교제도

1998년 특성화학교정책 이후 교육 관계 당국의 대안교육 정책 중 하나인 '위탁형 대안학교' 제도가 2001년에 생겨나게 된다. 논리적으로 따지면 위탁형 대안학교가 가장 먼저 생겨나야 할 제도였지만, 민간이 설립한 대안학교가 봇물 터지듯 세워지는 바람에 특성화학교 제도가 중도탈락 위기 청소년들에 대한 대책이 되어버렸다.

어쨌든, 위탁형 대안학교는 학교가 맞지 않아서 중도탈락 가능성이 농후한 학생들을 대상으로 정규학교가 아닌 위탁형 교육기관에 가서 학습을 해도 출석으로 인정하는 제도이다. 그러니까 원래 다니던 소속 학교에 학적이 있으며, 위탁형 대안학교의 교육과정을 마치게 되면 소속 학교에서 졸업장을 받는 제도인데, 시·도 교육청에서 운영하고 있다. 학교의 개념보다는 대안교육 지원체제의 하나로 볼 수 있다.

그러나 위탁형 대안학교로 지정받은 기관들은 기본적으로 대안교육과 맥을 같이하고 있는 기관들이었다는 점이 중요하다. 그러니까 민간이 일군 학교 밖의 다양한 배움터가 없었더라면, 위탁형 대안학교라는 제도는 상상하기 힘들었을 것이며, 설사 가능했다 해도 한정된 프로그램에 머물렀을 것이다. 사실 그렇다. 초기 위탁형 지정 학교들은 청량정보고, 한림실업고 같은 학력인정 평생교육시설이었으며, 교사의 자질 문제뿐만 아니라 시설도 열악하기 짝이 없어 위태로웠다. 그러다가 학교 밖 청소년을 위한 교육 프로그램 운영에 노하우를 가지고 있는 수련관이나 복지관 등이 위탁형 학교로 지정을 받으면서 그 본래 취지를 살릴 수 있게 되었다. 특히 위탁형 학교의 질 관리와 체계적인 지원을 위해 서울은 대안교육종합센터가 부산은 부산대안교육지원센터가 생겨났다는 점이다. 촉진해 주고, 매개해 주는 기능의 중요성을 새삼 느끼게 되는 대목인데, 이 부분은 시·도교육청의 역할이 관리·감독 같은 관료적 기능에서 아이들의 다양한 학습욕구를 지원해 주는 역할로 바뀌어 가야 함을 보여주는 사례라고 볼 수 있다.

② 전일제 대안교육 분야 특성화학교

2003년 6월, 교육인적자원부는 '대안교육 확대·내실화 방안'을 발표했다. 이 방안이 내세운 바는 학교교육에 적응하기 어렵거나 자기 소질을 계발하기 위해 특별한 교육을 희망하는 학생들에게 배움의 기회를 넓힌다는 것이었다. 우리의 주목을 끄는 것은 이 방안 안에는 대안학교의 확대를 위해 체육장, 학교건물 등 시설기준을 대폭 완화하고 시설 임대까지 허용하며 교육과정과 교원임용 등에 폭넓은 특례가 주어지는 각종학교 형태의 '학력인정 대안학교' 설립을 추진한다는 내용이 포함돼 있었다는 점이다.

2003년 9월, 학력인정 등을 규정하는 시행령을 시·도 교육청의 조례로 할 것으로 정했다가 학력인정에 관한 기준이 지역마다 달라져 혼란이 초래될 것을 우려한 나머지 2004년 6월경 대통령령으로 규정하기로 결정하였다.

2003년 8월 16일과 9월 15일자로 '초중등교육법' 개정법률안이 입법예고되었고 마침내 국무회의를 거쳐 2005년 3월 2일 국회에서 '대안교육법'이 통과되었다.

'초중등교육법' 제60조의 각종학교에 관한 규정에 대안학교 조항을 추가하여서 초중등교육법 제60조 3을 신설한 것이다. 그 내용은 다음과 같다.

제60조의 3(대안학교)

1. 학업을 중단하거나 개인적 특성에 맞는 교육을 받고자 하는 학생을 대상으로 현장실습 등 체험 위주의 교육, 인성 위주의 교육 또는 개인의 소질·적성 개발 위주의 교육 등 다양한 교육을 실시하는 학교로서 제60조 제1항에 해당하는 학교(이하 '대안학교'라 한다)에 대해서는 제21조 제1항(교원의 자격), 제23조 제2항 제3항(교육과정), 제24조(수업), 제26조(학년제), 제29조(교과용 도서의 사용) 및 제31조(학교운영위원회의 설치) 내지 제34조(학교운영위원회의 구성·운영)의 규정을 적용하지 아니한다.

2. 대안학교는 초등학교, 중학교, 고등학교의 과정을 통합하여 운

영할 수 있다.

3. 대안학교의 설립기준, 교육과정, 수업연한, 학력인정 그밖에 설립·운영에 관하여 필요한 사항을 대통령령으로 정한다.

부칙

1. (시행일) 이 법은 공포 후 6월이 경과한 날부터 시행한다. 다만 제60조의 3(대안학교) 규정은 공포 후 1년이 경과한 날부터 시행한다.

이상의 대안학교법의 제정은 우리 교육사에서 중요한 사건임에 틀림이 없다. 전통적인 학교 형태, 교사자격, 학력인정 같은 부분에 탄력성을 부여해서 다양한 학교의 탄생 가능성을 열어 두었기 때문이다. 또한 그동안 그 어떤 도움도 없이 힘들게 싸워 온 대안교육운동이 사회적으로 승인을 받는다는 의미를 띠기 때문이다.

그러나 대안학교 법제화의 길은 험난한 여정을 예고하고 있다. 모든 법은 결국 '시행령'이 중요한데, 어떤 형식이든 시행령이 만들어지게 되면 그것이 법인 이상 '기준'이라든가, '자격'이라든가 하는 잣대가 생겨날 수밖에 없다는 점이다. 아무리 탄력적으로 만들어진다고 할지라도 말이다. 그래서 그것은 큰 바다에서 자유롭게 유영하는 물고기를 양식장에 가두는 격이 될 수밖에 없다는 점 또한 분명해 보인다.

2.

대안특성화고등학교의 배경

1990년대 후반 학교 부적응으로 인해 중도탈락생이 급증하였고. 이 문제를 해결하기 위해 새로운 형태의 학교가 만들어지게 되었다. 시민사회에서 이루어지던 대안교육운동과 정부의 교육개혁 흐름이 결합해서 특성화학교라는 제4의 학교 형태가 법의 테두리 내에서 생겨나게 된 것이다. 그 당시까지 고등학교는 인문계, 실업계, 특수목적고 등 세 가지 유형이 있었는데 특성화학교라는 새로운 형태의 학교가 생겨난 것이다. 이들 각각의 차이를 정리하면 아래의 표와 같다.

구분	일반고(평준화)	특수목적고	특성화학교
설립 배경	평등한 교육기회 제공	교육의 수월성 추구	교육의 다양성 추구
기본 이념	형평성	수월성	다양성
학생 선발	연합고사 후 추점 배정	지원 후 내신 및 필답고사	지원 후 입학 면담
교육과정 편제	7차 교육과정 일괄 적용	전문 과목 82 단위 이수	특성화교과 23~110단위
학교 경영	지시와 통제 위주		자율과 책임 위주

구분	일반고(평준화)	특수목적고	특성화학교
의사소통	일방향 의사소통		쌍방적 의사소통
의사결정	중앙집권적		집단적(교사＋학부모＋학생)
장학	행정적 감독 위주		임상, 동료, 자기 장학
학교 선택권	×	△	○
학생 선발권	×	○	○
문제점	교육의 수월성 저해 학교 선택권 보장 못함	입시 위주의 교육 조장 교육기회 불평등 분배	특성화학교 교육과정 개발 재정지원 필요

1998년 당시 각종학교로 있었던 영산성지학교, 비인가 학교로 있던 간디학교를 비롯하여 총 6개 교가 처음으로 지정·운영되었다. 특성화고등학교는 관련 법제정 이후 1998~1999년에 현재의 50%에 해당하는 학교가 개교하게 되었다. 2006년 말 현재 특성화학교는 총 28개이며, 이 중 중학교는 7개, 고등학교는 21개이다.

운영 주체를 살펴보면 종교계에서 설립한 학교가 전체의 약 71%를 차지하고 있으며 그 밖에 시민사회단체나 교육청에서 설립한 학교가 있다.

특성화학교의 소재지를 살펴보면, 지방의 소도시 및 읍면 단위에 밀집되어 있음을 알 수 있다. 그것은 이들 특성화학교가 기본적으로 생태 지향적 학습이나 노작체험학습 중심의 교육과정을 실현하기 적합한 전원형 학교를 추구하고 있기 때문이다.

2006년을 기준으로 특성화학교에 재학 중인 학생 수는 2,478명이며 대상은 일반학교 부적응 학생에서 특성화학교를 적극적으로 선택한 학생이나 새터민 청소년까지 다양하다.

지금까지 특성화학교를 졸업한 학생 수는 총 29959명이며 대부분의 졸업생이 상급학교로 전학하거나 취업을 준비하고 있었다. 특성화고등학교의 경우 대학진학률이 점점 증가하고 있는 추세이며 특성화중학교의 졸업생 중 대안학교로 진학한 경우는 79.8%나 된다. 이는 특성화중학교에 대한 만족도가 높았음을 알 수 있으며 대안학교에 대한 기대감이 증대된 결과라 할 수 있다.

특성화학교의 교사 수는 총 383명인데, 2006년 교육개발원이 발표한 교육통계에 의하면 전체 교원 중 특성화학교 교사가 차지하는 비율은 0.2%에 불과하다. 하지만 교사 1인당 학생 수를 비교해 보면 특성화학교의 경우 교사 1인당 학생 수는 대략 평균 6.9명 정도로 일반학교의 1.3명보다 교사 대 학생의 비율이 낮은 편이다. 특성화학교의 교사는 대부분 정교사인 상근교사가 대부분이며 특성화교과를 맡는 객원 강사나 산학겸임교사 등으로 구성된다.

재정 부분을 살펴보면, 특성화학교는 일반 사립학교와 마찬가지로 인건비, 표준교육운영비를 지원받고 시설비 등의 특별예산을 지원받고 있지만 학생이 부담해야 하는 비용 또한 적지 않다. 국가의 지원은 국고 지원액과 지방비 지원액이 있다. 국고 지원액은 주로 기숙사 설립비용 등 학교의 교육환경 개선을 위해 특별교부금으로 지원되고, 지방비 지원액은 주로 인건비, 운영비 등 재정결함보조금 형식으로 지원된다. 1998년 특성화학교 개교 당시에는 국고 지원액이 75%, 지방비 지원액이 25%를 차지하고 있으나 점차 국고 지원액은 감소되고 지방의 지원액이 증대되고 있다. 지방교육재정은 시도의 재정현황에 따라 예산 배분이 다르게 적용되고 있어서 학습자 부담 비용이 늘어나고 있는 추세이므로 교육비 지원의 안정화가 시급한 상황이다.

특성화학교는 일반학교와는 차별화되며 다양한 교육을 하기 위해 도입된 제도이다. 이에 따라 특성화학교는 제7차 교육과정을 기준으로 융통성 있는 교육과정 편성·운영이 가능하다. 특성화중학교의 경우 교육과정의 30% 정도, 특성화고등학교의 경우 최대 70% 정도의 자율성을 갖는다.

특성화교과 운영은 각 학교의 교육목표나 설립취지에 따라 다양하지만 몇 가지 공통된 목표와 교육내용을 찾아볼 수 있다. 첫째, 공동체적인 삶을 강조한다. 공동체 문화 속에서 더불어 살아갈 수 있는 지혜를 터득할 수 있도록 철학, 인권, 생태 및 노작, NGO 및 봉사학습, 식구총회 등 교과를 개설하고 있다.

둘째, 주체적인 삶을 꾸릴 수 있도록 자율과 자율성을 강조한다. 이를 위해 대부분의 특성화학교에서는 학생의 적성과 흥미를 교려한 다양한 현장체험과 사회체험활동을 마련한다. 특히 음식, 집, 옷 만들기, 인턴십, 통합기행 및 이동 학습, 졸업 프로젝트 등을 통해 실제 삶과 연계된 활동을 추구한다.

셋째, 조화로운 발달을 추구한다. 창조적 지성, 풍부한 감성, 건강한 몸을 만들기 위해 통합교과를 지향한다. 다양한 표현예술문화 영역, 산악등한, 전통무예, 성교육 등 통합적으로 운영하여 전인적 인격체를 형성하는 데 중점을 둔다.

이제 약 10년 정도의 역사를 가지지만, 특성화학교는 우리 교육의 다양성 확대에 기여했다는 점에 큰 의의가 있다. 기존의 획일화되고 정형화된 교과 운영에서 벗어나 교육대상에 맞는 교과를 새롭게 창조하고 운영하였다는 점에서 큰 시사점을 주고 있다.

　반면 특성화학교의 경우 교육과정의 자율성과 단위학교의 자율성에 일정 부분 제약이 따른다. 교육과정에 대한 통일지침을 따라야 하고 정부나 시·도 교육청에서 일반적으로 결정되는 재정을 할당받으면 교사 임용에서의 한계가 있다. 따라서 학교 설립기준이나 교육과정 운영 및 재정지원에 대한 규제들로부터 좀 더 자율성이 확보되어야 하며 특성화학교만의 특색들은 더 갖춰야만 한다.

　대안특성화학교의 생성 배경 및 역사를 보면 다음과 같다.

1995	1996	1997	1998	2001	2002	2006
• 5·31 교육개혁안 발표	• 교육부 학교 중도탈락자 예방 종합대책 발표	• 간디청소년학교 개교	• 교육부 특성화고 등 학교제도와 자율학교 제도 도입 • 특성화고등학교 6개교 지정	• 중학교 의 무교육화 • 교육부 대 안학교 설 립기준 완 화 발표	• 성지송학중 개교	• 대안교 육법제 화 시 행 령 발표

　초기의 특성화학교는 기존의 획일화된 학교교육이 안고 있는 문제를 해결하기 위해서는 근본적으로 새로운 접근이 필요하다는 인식 속에서 도입되었다. 학교의 다양성을 인정하는 특성화학교제도 도입의 과정은 1889년 중반 이후 우리 사회의 몇 가지 흐름이 합류함으로써 구체화되었다.

　1990년대에 들어서면서부터 해마다 100여 명 이상의 학생들이 입시와 성적 등의 문제로 자살을 택하고 수만 명의 학생들이 가출과 중도탈락을 하게 되는 등 학교교육의 문제는 매우 심각해져 있었다.

당시 우리의 생활수준 향상과 외국문화의 유입으로 청소년의 의식과 문화가 빠르게 변화함에도 불구하고 학교교육은 구태의연한 방식을 답습하고 있었고, 기존의 학교교육에 대한 기대는 빠르게 사라지고 새로운 교육에 대한 갈망이 표출되기 시작하였다.

이 무렵 학교 밖에서는 학교교육이 가진 문제의 심각성을 느낀 시민사회단체들이 청소년들에게 필요한 프로그램들을 제공하고 있었으며, 다양한 교육 실천이 빠르게 확산되었다. 이러한 자연발생적, 비형식적 대안교육운동은 1997년 간디청소년학교의 개교를 계기로 새로운 국면을 맞이하게 된다. 당시까지의 대안교육은 방과 후나 주말, 방학 등을 이용하여 대안적인 이념을 추구하면서 공교육을 보완해 주는 성격이었다면, 간디학교의 등장은 기존의 학교교육을 대체할 수 있는 전일제 대안학교의 등장이었기 때문이다. 한국 최초의 대안학교라 할 수 있는 간디청소년학교는 교육의 내용과 형식 면에서 명실상부하게 기존의 공교육과 다른 대안학교였다.

이후 대안교육은 우리 사회의 주요 관심사가 되었으며 이미 1950년대에 설립된 거창고등학교나 풀무농업고등기술학교, 1970년대에 설립된 영산성지고등학교 또한 대안교육을 오래전부터 실천해 오던 기관으로 세간의 주목을 받게 되었다. 위에서 상술한 것과 같이 당시 교육의 몇 가지 큰 흐름들은 정부의 교육개혁 추진에 영향을 끼쳤다. 제일 먼저 1995년의 5·31 교육개혁방안을 들 수 있는데, 이 5·31 교육개혁안에는 많은 개혁의 과제가 제시되어 있었다. 학습자의 다양한 개성을 존중하기 위한 초중등교육 운영방안의 하나로 고교설립준칙주의를 도입한다는 계획도 포함되어 있었다. 그리고 1년 후인 1996년에는 학교 중도탈락자가 심각하게 증가함에 따라 학교 중도탈락자 예방 종합대책이 발표되었다. 교육부는 기존 학교의 운영체제를 획기적으로 개선하는 방안과 함께 부적응 학생을 위한 특성화고등학교와 대안학교를 설립을 골자로 하는 종합대책을 발표한다.

마침내 1998년, 특성화학교라는 새로운 학교 설립의 법전 근거가 된 초중고등교육법 시행령(제76조 - 특성화중학교. 제91조 - 특성화고등학교)이 마련되기에 이른다.

대안특성화학교의 중기라 할 수 있는 1998년 3월, 당시 각종학교로 있었던 영산성지학교, 비인가 학교로 있던 간디학교 그리고 천주교재단의 양업고등학교, 원불교재단의 화랑고등학교와 원경고등학교, 전남의 한빛고등학교가 새로 설립되어 모두 6개 학교가 특성화학교로 지정되었다.

1년 후인 1999~2000년에는 주로 기독교를 배경으로 하는 특성화학교가 설립되었으며, 2002년도에 경기도 교육청이 만든 최초의 공립 대안학교인 경기대명고가 개교하였다. 그리고 같은 해 특성화고등학교가 개교한 지 4년 만에 특성화중학교인 송학성지중학교가 개교하게 된다.

특성화학교가 처음 생겨날 당시에는 그 대상이 주로 고등학생들이었다. 학교 부적응을 겪고 있는 학생들이나 새로운 교육에 목말라하고 있던 학생들이 주로 고등학생들이었고, 시민사회단체의 초점도 직접적인 입시교육으로부터 폐해를 입고 있던 고등학생들에게 먼저 가 있었다. 아울러 의무교육 기간이라는 제약도 크게 작용하여 특성화중학교의 설립은 유보되었던 것이다. 교육과정의 자율적 운영이 가능성이 고등학교에 비해 크지 않기 때문에 의무교육 기간에 해당하는 중학생들을 위한 학교가 특성화학교의 제도에 진입하는 것은 어려움이 있었다.

그러나 특성화고등학교가 자율학교의 제도로 전환되는 과정에서 더 많은 자율성을 확보하게 되고, 안정화됨에 따라 중학교 과정의 특성화화학교에 대한 필요성도 자연스럽게 생겨났다.

아울러 2002년 이후부터는 고등학교를 그만두는 학생들이 줄어든 반면 초·중등 과정에서의 탈학교생은 증가하는 현상을 보였다. 이에 특성화고등학교를 운영한 경험이 있는 원불교재단에서 최초의 특성화중학교인 송학성지학교가 문을 열었다. 이와 더불어 2001년에 특성화중·고등학교 설립인가 요건(교육상 지장이 없는 범위에서 교사·체육장 기준)이 완화됨에 따라 2002년도를 기점으로 설립이 주춤했던 특성화학교들이 다시 생겨나기 시작했다.

특성화학교의 후기라 할 수 있는 2002년 이후, 부적응 학생 대상의 특성화학교, 종교 관련 특성화학교 등에서 많이 벗어나 다양한 주체와 대상을 위한 특성화학교가 설립된다.

그리하여 2003년도에는 특성화고등학교 4개 교, 특성화중학교 4개 교가 설립되어 1998년 이후 가장 많은 학교가 문을 열었다. 같은 해 설립된 이우학교는 이전의 설립 형태와는 달리 100명의 공동 설립자가 설립 주체가 됨으로써 새로운 학교 설립의 모델을 제시하였다.

이후 2005~2006년에 특성화학교가 전무했던 강원도에 2개의 특성화고등학교가 설립되었으며, 새터민 청소년을 위한 특성화학교도 생겨났다. 특히, 새터민 청소년들의 학습 결손과 학력 격차로 인한 일반학교 중도탈락률이 높아짐에 따라 이를 줄이고 문화·사회적인 적응력을 높이고자 한겨레중·고등학교가 개교했다.

이로써 2006년 말 현재 모두 28개의 특성화학교가 문을 열었으며 이 중 중학교는 7개이고 고등학교는 21개이며, 대상이 확대되고 지역별로 다양한 학교들이 생겨나고 있는 중이다.

대안특성화고등학교 현황

1) 설립 및 운영 현황

2006년 말 특성화고등학교는 21개, 특성화중학교는 7개로 총 28개의 특성화학교가 지정·운영되고 있다.

시도별·설립별로 보면 다음과 같다.

구분	시·도	학교명	지정연도	설립별	소재지
특성화고등학교	부산	지구촌고	2002년	사립	연제구 거제1동 51
	대구	달구벌고	2003년	사립	동구 덕곡동 75 - 5
	인천	산마을고	2000년	사립	강화군 하점면 부근리 222 - 3
	광주	동명고	1999년	사립	광산구 서봉동 518
	경기	두레자연고	1999년	사립	화성시 우정읍 화산7리 692 - 11
		경기대명고	2002년	공립	수원시 권선구 당수동 122
		이우고	2003년	사립	성남시 분당구 동원동 산13 - 1
		한겨레고	2006년	사립	안성시 죽산면 칠장리 10 - 1
	강원	전인고	2005년	사립	춘천시 동산면 원창1리 923 - 1
		팔렬고	2006년	사립	홍천군 내촌면 물걸리 252

구분	시·도	학교명	지정연도	설립별	소재지
특성화 고등 학교	충북	양업고	1998년	사립	청원군 옥산면 환희리 181
	충남	한마음고	2003년	사립	천안시 동면 장송리 418 - 1
		공동체비전고	2003년	사립	서천군 서천읍 태월리 75 - 1
	전북	세인고	1999년	사립	완주군 화산면 운산리 110 - 1
		푸른꿈고	1999년	사립	무주군 안성면 진도리 865
	전남	영산성지고	1998년	사립	영광군 백수읍 길용리 77
		한빛고	1998년	사립	담양군 대전면 행성리 11
	경북	경주화랑고	1998년	사립	경주시 양북면 장항리 333
	경남	간디학교	1998년	사립	신청군 신안면 외송리 122
		원경고	1998년	사립	합천군 적중면 황정리292
		지리산고	2004년	사립	산청군 단성면 호리 523
특성화 중학교	경기	헌산중	2003년	사립	용인시 원삼면 사암리 883 - 1
		두레자연중	2003년	사립	화성시 우정읍 화산7리 692 - 11
		이우중	2003년	사립	성남시 분당구 동원동 산 13 - 1
		한겨레중	2006년	사립	안성시 죽산면 칠장리 10 - 1
	전북	지평선중	2003년	사립	김제시 성덕면 묘라리 99 - 1
	전남	성지송학중	2002년	사립	영광군 군서면 송학리 219 - 1
		용정중	2003년	사립	보성군 미력면 용정리 186

학교 설립 및 운영 주체와 학교 규모를 보면 다음과 같다.

학교	개교일	설립 주체	학교 운영 주체	학생 수/ 정원	상근 교사	학 비
간디학교	1997. 3.2.	학교법인 녹색학원	학교법인 녹색 학원	121/120	남10명 여6명	월 50만(기숙사비포함)
경주화랑 고등학교	1998. 03.24.	원불교 대구· 경북 교구	학교법인 삼동 학원	110/120 (6학급)	남10명 여4명	월평균 381,400원(수업료, 학교운 영지원비, 기숙사비, 특성화교육비 포함)
공동체비 전 고등 학교	2003. 3.3.	선천 공동체	학교법인 선천 학원	65/120	남9명 여4명	수업료 / 분기별 75만 원 기숙사비 / 월 30만 원

학교	개교일	설립 주체	학교 운영 주체	학생 수/ 정원	상근 교사	학 비
달구벌 고등학교	2003. 6.5.	재단법인 덕성 장학회	학교법인 덕성 학원	94/120	남13명 여2명	입학금 16,910 수업료 연간 1,262,790 기숙사비 및 급식비 연간 2,396,890 기타 연간 1,322,540
동명 고등학교	1999. 3.1.	광주동명 교회	학교법인 동명 학원	117/120 (학년40명)	남11명 여6명	일반학교와 동일, 기숙사비 20만 원 기타 비용
두레자연 고등학교	1999. 3.5.	수곡두레 학원	수곡두레학원	120 /120 (각 학년 2개 학급, 학급 정원 20명)	남9명 여5명	입학금 22,000원 학비(분기) 수업료 312,000원 학교운영지원비 91,000원 기숙사비(월) 290,000 체험학습비, 수업재료비(학기)300,000 1학년 해외 이동 수업비(중국, 2주) 1,100,000 2학년(일본, 2주) 1,100,000원
산마을 고등학교	2000. 3.2.	학교법인 복음학원	재단, 교사, 학부모, 학생	46/60	남6명 여3명 사감2명	수업료-분기별 28만 원 기숙사비-월 30만 원 현장체험학습비-한 학기 15만 원 특기·적성교육비-한 학기10만 원
세인 고등학교	1999. 3.9.	주사랑 목양회	학교법인 목양학원	140/140	남8명 여8명	분기별 278,000원 기숙사 월 25만 원(년 9회 납부)
양업 고등학교	1998. 3.28.	학교법인 청주가톨 릭학원	양업고등학교	105/120명	남11명 여5명	농어촌지역 고등학교와 동일함
영산성지 고등학교	1998.	영산성지 학원	영산성지학원	101/120	남10명 여6명	수업료 21만, 기숙사비 25만 현장학습비 학기당 30만 원 이내
원경 고등학교	1998. 3.17.	원불교 경남교구	학교법인 원명학원	91/120	남8명 여7명	학비(분기별): 229,500원 월기숙사비: 280,000
이우 고등학교	2003. 9.1.	이우교육 공동체	이우교육 공동체	231/240	남16명 여10명	120만 원 / 분기
전인 고등학교	2005. 3.3.	전인교육 실천연대	학교법인 전인학원	32/40	8명	수업료 40만 원, 기숙사비 50만 원 (발전기금 등은 자발적으로 참여)
지리산 고등학교	2004. 3.1	부산, 경남 지역교사	고등학교 3년 과정	46/60	남5명 여6명	전액무료
지구촌 고등학교	2002. 3.11.	학교법인 복음학원	학교법인 복음학원	52/90	남7명 여5명	수업료 연간 3,000,000 급식비 연간 1,620,000 기숙사비 연간 1,320,000
팔렬 고등학교	2006.	학교법인 이화학원	학교법인 이화학원	18/60	남1명 여5명	수업료 연간 633,600 기숙사비 연간 2,160,000

학교	개교일	설립 주체	학교 운영 주체	학생 수/ 정원	상근 교사	학 비
푸른꿈 고등학교	1999. 3.3.	전·현직 교사와 시민	푸른꿈학원 교사, 학생, 학부모	70/75	남9명 여4명	208,500 / 분기(수업료) 51,600 / 분기(학교운영지원비) 90,000 / 분기(특성화교과비) 270,000 / 월(기숙사비)
한겨레 고등학교	2006. 3.1.	학교법인 전인학원	2년 3학기제로 중학교 고등학교 과정을 운영	17/60 (모집정원)	9명	전액 국비 보조
한마음 고등학교	2003. 3.10.	학교법인 한마음 교육문화재단	학교법인 한마음교육문화재단	83/120	남8명 여4명	월 57만 원 (기숙사비 포함)
한빛 고등학교	1998. 3.1.	시민들의 자발적 기금 모금으로 시작하였으나 IMF로 인하여 현재 법인이 본격적으로 설립에 투자함	학교법인 거이학원	156/75 (모집정원)	남11명 여5명	입학금 500,000원 수업료 216,000원 특성화 109,000원 학운비 55,00원 식비(월) 180,000원 관리(월) 74,000원

또한 지역별로 학교 분포를 살펴보면 대부분 서울이나 대도시 이외의 지방에 밀집되어 있음을 알 수 있다.

지역별 특성화학교 설립분포를 보면 다음과 같다.

지역	설립분포
광주	1
대구	1
부산	1
인천	1
강원	2

지역	설립분포
경기	8
경남	3
경북	2
전남	3
전북	4
충남	2
충북	1

　특성화학교들은 기본적으로 자연친화적 학습이나 노작체험학습 중심의 교육과정을 꾀하고 있기 때문에 이런 교육목표에 적합한 소도시나 농촌 같은 공간에 학교가 많이 생길 수밖에 없었다. 그러나 교통의 불편을 감수하고 지방의 면이나 읍 단위에 학교를 설립하게 된 배경에는 학교 부지와 학교 설립요건에 맞는 교육시설 마련 때문이기도 했다. 이렇듯 대부분의 학교가 지방에 위치해 있으므로 학생들이 집에서 통학하기가 어려운 실정이다. 따라서 기숙사를 운영하고 있는데 전체 학교 중 이우중·고등학교와 대명고등학교를 제외한 89.3% 해당하는 학교들이 기숙형 학교이다.

　그리고 설립 및 운영 주체를 기준으로 살펴보면, 크게 종교재단이 설립한 학교와 공·민간이 설립한 학교로 구분할 수 있다. 특성화학교는 종교재단이 설립한 경우가 전체의 약 3/4를 차지하고 있다. 나머지 1/4 정도가 교육공동체 및 시민단체를 그 설립 모태로 하고 있다. 정부나 관의 주도하에 세운 학교는 단 한 곳에 불과했다.

특성화학교의 설립 운영 주체 분포를 보면 다음과 같다.

설립 운영 주체	학교 수	분포
사립(민간)	7	25%
공립(교육청)	1	4%
천주교	1	4%
원불교	8	29%
기독교	11	38%

설립 운영 주체 중 종교계의 경우, 종교별로 살펴보면 기독교가 38%, 원불교가 29%, 천주교가 4%를 차지한다.

2) 학생 현황

2006년 말 현재 특성화학교에 재학 중인 총 학생 수는 2,478명이며, 이 중 특성화고등학교에 재학 중인 학생 수는 1,919명, 특성화중학교에 재학 중인 학생 수는 559명이다.

2006년에 발표된 교육지표에 의하면 일반학교의 학급당 학생 수는 중등학교의 경우 평균 35.5명인 데 비해 특성화학교는 한 학급당 학생 수가 23명에서 25명 사이이다. 그리고 학교 총 정원이 120~200여 명 정도로 소규모 학교를 지향함을 알 수 있다.

대안학교 입학 현황을 보면 다음과 같다.

순	시·도	학교명	지정연도	입학현황(단위: 명)			비고
				'04학년도	'05학년도	'06학년도	계
1	부산	지구촌고	2002	33	45	52	130
2	대구	달구벌고	2003	40	39	41	120
3	인천	산마을고	2000	61	52	46	159
4	광주	동명고	1999	41	41	41	123
5	경기	경기대명고	2002	15	36	37	88
6	경기	두레자연고	1999	40	40	40	120
7	경기	이우고	2003	81	81	83	245
8	경기	한겨레고	2006	–	–	7	7
9	강원	전인고	2004	–	15	20	35
10	강원	팔렬고	2006	–	–	17	17
11	충남	한마음고	2003	40	40	21	101
12	충남	공동체비전고	2003	15	40	35	90
13	충북	양업고	1998	40	41	40	121
14	경남	간디학교	1998	40	41	40	121
15	경남	원경고	1998	24	35	40	99
16	경남	지리산고	2004	15	19	17	51
17	경북	경주화랑고	1998	40	40	40	120
18	전남	영산성지고	1998	34	33	33	100
19	전남	한빛고	1998	–	78	79	157
20	전북	세인고	1999	40	40	60	140
21	전북	푸른꿈고	1999	25	25	25	75
고		계	21교	624	781	814	2,219

대안학교(고 21교) 입학 현황

순	시·도	학교명	지정연도	입학현황(단위: 명)			비고
	대안학교(고 21교) 입학 현황						
		대안학교(중 7교) 입학 현황					
1	경기	두레자연중	2003	20	20	20	60
2	경기	이우중	2003	61	60	64	185
3	경기	한겨레중	2006	–	–	25	25
4	경기	헌산중	2003	13	20	31	64
5	전남	성지송학중	2002	16	22	20	58
6	전남	용정중	2003	24	24	24	72
7	전북	지평선중	2003	7	20	24	51
중		계	7교	141	166	208	515
합 계			28교	765	947	1,022	2,734	

4.

대안특성화고등학교 교육과정

특성화학교는 일반학교와는 차별화되며 다양한 교육을 하기 위해 도입된 제도이다. 초등교육법 제76조제1항은 "교육감은 교육과정의 운영 등을 특성화하기 위한 중학교를 지정·고시할 수 있다."라고 규정하고 있으며, 같은 법령 제91조1항은 "교육감은 소질과 적성 및 능력이 유사한 학생을 대상으로 특정 분야의 인재 양성을 목적으로 하는 교육 또는 자연현장실습 등 체험 위주의 교육을 전문적으로 실시하는 고등학교를 지정·고시할 수 있다."라고 고시하고 있다.

이에 따라 특성화학교는 제7차 교육과정을 기준으로 융통성 있게 편성·운영할 수 있다. 교육과정은 교과활동, 재량활동, 특별활동으로 편성하고 교과는 보통 국민공통기본교과와 특성화교과로 구분하여 7차 교육과정이나 각 교육청에서 기준으로 하고 있는 수업시수를 편성·운영한다.

특성화중학교는 교육과정의 30%, 특성화고등학교 경우 최대 70% 정도의 재량권을 확보할 수 있어 그만큼의 자율성을 갖는다. 단 특성화교과 운영의 경우 단위학교별로 독특한 교과나 새로 개발된 교과는 시·도 교육청의 승인을 받아야 하며, 학교생활기록부 전산화 작업을 위해서는 각각의 교과에 관련된 새로운 코드를 부여받아야 하는 절차를 따라야 한다.

특성화학교의 특성화교과 운영은 각 학교가 추구하는 교육목표와 설립취지에 따라 다양하다. 학교들이 추구하는 철학과 이념에 따라 특성화교과의 특징이 나타나는데 주로 다음 세 가지를 기반으로 특성화교과가 운영되고 있다.

첫째, 학생을 학습의 주체로 인정하고 이를 확대하려는 방향을 가진다. 독립된 인격을 가진 학생들이 다양한 체험과 활등을 통해 자기 주도적으로 학습해 나가는 원리를 강조한다.

둘째, 학생 개인의 자율성을 강조하면서 동시에 공동체적인 가치를 중시하는 교과를 운영한다. 자연·지역사회 및 국제사회와 더불어 살아가도록 구체적인 경험들을 구성한다.

셋째, 모든 과정에서 경험과 지식을 분리시키지 않고 통합적으로 운영한다. 생활과 지식, 노동과 놀이, 학습과 진로가 엄격하게 구분되지 않으며 이를 특성화교과를 통해 연계하여 운영한다.

이러한 특성화교과 운영과 마찬가지로 평가도 다양한 방법을 통해 과정 중심의 통합적인 평가를 추구하고 있으나 제도권 내의 평가 시스템의 제약을 받고 있는 실정이다.

교육과정 편성 및 운영을 보면, 1998년 특성화고등학교가 개교한 이후 6차 교육과정에서 7차 교육과정으로의 개편이 있었다. 7차 교육과정이 교시 적용되기 전에 설립되었는가 그렇지 않은가에 따라 교육과정 편성과 운영의 양상은 조금 달라진다. 여기에서는 교육과정의 개편으로 교육과정 운영에 변화가 있었던 특성화고등학교와 7

차 교육과정이 전면 적용된 후 설립되었던 특성화중학교를 구분하여 교육과정 편성·운영에 대해 간략하게 살펴보겠다. 특히 특성화중학교의 경우 의무교육 기간에 해당하여 특성화고등학교의 교육과정 운영의 자율성에 비해 제약을 더 받는다. 특성화고등학교에서 현행 제7차 교육과정은 고교 1학년의 경우에는 국민공통기본교육과정을 적용하고 2, 3학년에서는 선택중심 교육과정을 적용하도록 되어 있다.

아울러 특성화고등학교 출범 시에 교육부 지침에 의거, 선택중심 교육과정 단계에서는 교육과정상 보통교과 외에 '특성화교과'라는 이름으로 학교 나름의 독자적인 교과목을 개설할 수 있도록 하였다. 이러한 조치에 다라 특성화고등학교의 교육과정은 국민공통교과를 중심으로 한 보통교과목과 특성화교과목이라는 두 개의 큰 범주로 편성되었다. 특성화고등학교의 설립연도에 따라 2001년도를 기준으로 교육과정 편성에 변화가 생겼다. 1998년도 이후부터 2002년도 이전에 설립된 학교들은 6차 교육과정이 적용되었으며 그 이후에 설립된 학교들은 7차 교육과정의 적용을 받았다. 특히 2001년에는 제7차 교육과정이 완전하게 시행되기 전이었으므로 학교에 따라 제6차 교육과정의 틀을 유지하기도 하고 제7차 교육과정의 틀을 유지하기도 하였다. 대체로는 전자의 틀에 의거하여 공통필수교과를 70~100단위 내로 편성하고 학교 선택에 의한 보통교과를 적게는 20~90단위까지 개설하고 있었으며 특성화교과는 28단위에서 94단위까지 편성하고 있었다.

그러나 제7차 교육과정의 적용이 전면화된 이후부터 이러한 교육과정의 편성과 운영 양상은 다소 달라졌다. 각 학교의 현행 교육과정 편성내용을 보면, 모든 학교가 그런 것은 아니지만 종래 제6차 교육과정상의 공통필수 70단위는 국민기본과목 56단위로 축소된 반면 일반선택과목이 대폭 늘어났다. 그리고 제7차 교육과정이 적용된 이후에 설립된 학교의 교육과정 편성에 눈에 띄는 것은 심화선택과목에 개인별 선택의 폭을 늘렸다는 점이다. 하지만 일반·심화선택과목의 확대는 특성화교과의 단위 수의 축소와도 관련되어 있으며 특성화고등학교에서는 이를 선택교과와 특성화교과를 적절히 분배하여 융통성 있게 편성·운영하고 있는 실정이다.

특히 개인별 선택과목을 확대한 것은 제7차 교육과정의 기본 취지 가운데 하나이지만 교과나 강사의 확보에 어려움이 있어 일반학교에서는 제한적으로 적용하는 데 비해 특성화고등학교에서는 학생의 선택을 중요시하여 선택과목을 확대하여 운영한다.

특성화고등학교 교육과정 운영을 비교해 보면 다음과 같다.

구분		일반고	21개 특성화고 배당시간
국민공통기본교과		56	56
선택교과	일반선택	24 이상	26~136
	심화선택	112 이하	
특성화교과			23~110
재량활동		12	12
특별활동		12	12
총 이수 단위		216	216

위에서 살펴보면 7차 교육과정시간 배당기준과 크게 차이가 나지 않지만 특성화교과를 구분하여 편성하였으며 이는 다시 학교별로 학교 필수선택교과와 학생 선택교과로 나누어 운영하고 있다. 또한 학

생들의 특성과 욕구가 다양하다는 점을 감안하여 다양한 선택과목을 개설하고 있으며 학교에 따라서는 무학년 선택제를 운영하고 있다.

한편 이러한 학교별로 융통성도 특성화고등학교의 설립·지정에 관한 권한이 교육감으로 이양됨에 따라 교육청별로 특성화고등학교를 이해하는 시각이 다른 데서 특성화교과 운영의 차이가 드러난다.

특성화중학교에서는 2002년 7차 교육과정이 전면 적용된 이후 처음으로 개교한 성지송학중학교를 비롯하여 2006년 말 현재 운영되고 있는 특성화중학교는 2003년에 개교한 지평선중, 헌산중, 용정중, 두레자연중, 이우중, 그리고 2006년에 개교한 한겨레중 모두 7개 교이다. 이들 특성화중학교는 의무교육 기간에 해당하는 학교들로 국가의 교육과정 편성지침의 영향을 많이 받는다. 대부분의 학교의 교육과정은 교과활동, 재량활동 및 특별화동으로 편성되어 있으며, 연간 교과 이수 편성시간은 중학교 권장시간인 1,156시간을 지키거나 그에 특성화교과 이수를 위한 시간을 별도로 추가하여 권장시간을 배정하여 운영하고 있다.

대부분의 특성화중학교의 경우 7차 교육과정에서 명시한 연간 수업시수보다 평균 93시간 더 많은 시간을 배정하고 있다. 국민공통기본교과가 교육과정의 시간 배당기준에 비해 미달되게 편성된 이유는 약 50%의 학교가 교과 재량활동시간에 국민공통기본교과를 배정하여 편성·운영하고 있기 때문이다.

교육목표와 특성화교과내용을 살펴보면, 교육의 목표는 학생들이 어떻게 변화되기를 기대하는가와 관련되며 이는 학교운영과 교육과정 전반에 반영된다. 특성화학교의 교육목표는 설립 배경과 이념에 따라 약간의 차이가 있음에도 불구하고 공통된 가치와 목표를 지향하고 있다. 그중 각 학교 교육목표 중 가장 많이 언급되고 있는 공통의 것은 다음과 같다.

첫째, 공동체적인 삶을 강조한다. 공동체적 문화 속에서 더불어 살아갈 수 있는 상생의 지혜를 터득할 수 있도록 한다.

둘째, 주체적인 삶을 꾸릴 수 있도록 자율과 자주성을 강조한다. 이를 위해 대부분의 특성화학교에서는 학생의 적성과 흥미를 고려한 다양한 현장체험과 사회체험활동을 마련한다. 옷이나 음식, 집 만들기, 통합기행, 이동 학습, 인턴십, 주제 학습 및 졸업 논문 등을 통해 실제 삶과 연계된 교과내용을 구성한다.

셋째, 조화로운 발달을 추구한다. 창조적 지성, 풍부한 감성, 건강한 몸을 만들기 위해 통합교과를 지향한다. 다양한 표현·예술 영역, 산악등반, 전통무예, 성교육 다도 등의 여러 교과 운영을 학습과 통합하여 전인적 인격체를 형성하는 데 중점에 둔다.

따라서 학교마다 설립 주체나 교육방식 및 특성의 차이가 있음에도 불구하고 다양한 교육기회를 제공하여 공동체 문화 속에서 정체감을 확립하여 자기 주도적으로 자립할 수 있는 전인적 사람으로 성장하도록 하는 것이 특성화학교의 교육목적이라고 할 수 있다.

이러한 교육목표의 특성은 교과내용 편성에 반영되는데 각 학교의 성격에 따라 대상의 특성에 따라 조금씩 다르게 운영하고 있다. 특히 종교와 관련이 있는 학교에서는 영성 발견, 나눔과 섬김 실천, 심력 회복 및 향상 등에 초점을 두는 편이다. 나머지 대부분의 학교들은 앞에서 제시한 목표를 기반으로 실제적인 체험을 통하여 주체적인 삶을 설계함과 동시에 다양한 세계와 접할 수 있는 기회를 제공하는 데 중점을 두고 있다.

교육목표가 특성화중학교 교과내용에 어떻게 반영되고 있는지를 보면, 특성화중학교의 경우 특성화교과는 다양한 표현활동을 통하여 정체성과 자신감을 확립하고 적성 개발에 필요한 능력을 함양하는 데 중점을 둔다. 특성화교과는 대상의 발달단체에 따라 정서적 신체적 변화를 수용하고 표현하는 활동이 중심을 이루며 학습과 학교생활에 필요한 기본 능력을 키우는 내용이 대부분이다. 이 가운데 각 학교별로 운영되고 있는 공통적으로 찾아볼 수 있는 특성화교과내용을 정리하면 아래 표와 같다.

특성화교과내용		
특성화 교과	• 마음일기. • 생태 및 농사. • 표현활동(논술 및 토론, 공예, 음악, 미술, 영화 관련) • 현장학습 및 체험학습 (등산, 다도, 성교육 등)	표현 예술 분야	• 음악 영역 – 실용음악, 기악합주, 국악, 풍물 • 미술 영역 – 목공예, 도자기, 미술 감상 • 체육 영역 – 무예, 등산, 생활체육 및 레저 • 기타 – 사진, 연극, 영상 등
		주제 탐구	• 주제 학습, 졸업작품
		기타	• 제2외국어 회화, 컴퓨터 조립 등

위의 표에서 알 수 있듯이 특성화교과는 학생의 잠재적 소질을 반영할 수 있는 다양한 영역으로 구성하고 있다. 특히 일반학교와 다르게 선택과목을 개설하여 학생에게 교과 선택권을 주고 있다. 각 학교마다 추구하는 철학과 설립이념에 따라 공통이수과목은 필수로 편성하고 있으며 7개 학교가 정부 공통적으로 들어가 있는 교과내용은 표현활동과 생태 및 현장학습이었다. 그리고 특성화선택교과는 공통이수교과를 심화시키거나 학생의 개별 욕구에 따라 선택할 수 있도록 다방면에 걸쳐 과목을 개설하고 있다. 선택과목의 내용을 보

면 일반학교에서의 방과 후 프로그램과 유사해 보이지만 특성화중학교에서는 취미나 여가를 위한 강좌가 아니라 진로와 연계한 특기와 적성을 계발하는 전문적인 내용에 중점을 둔다. 또한 개별 학생의 관심사에 따라 자기 주도적으로 학습할 수 있는 교과가 개설되어 있어 학생 개별맞춤 교육을 어느 정도 실현시키고 있다.

이 밖에도 특성화중학교들은 교과 외 시간을 통하여 학생들에게 봉사활동이나 자치활동, 동아리활동 등을 통하여 다양한 체험의 기회를 마련하고 있다. 특성화고등학교는 앞에서 제시한 특성화중학교의 특성화교과내용과 크게 다르지 않다. 특성화교과는 대상을 고려하여 체험활동내용을 심화하거나 사회적 자원과 연계하여 진로교육에 중점을 둔 다양한 활동들로 구성한다. 특히 대부분의 특성화고등학교의 경우 인턴십이나 직업 관련 교과를 개설하거나 다양한 사회활동에 참여할 수 있도록 실제적인 학습내용을 마련하고 있다.

이를 바탕으로 학생들의 적성에 따라 다양한 특성화교과를 선택할 수 있는데 이를 일반학교의 선택교과와 비교하여 정리하면 다음과 같다.

다음 표에서 보듯이 특성화고등학교의 경우 다양한 선택과목을 설치·운영하고 있음을 알 수 있다. 이는 학생의 요구와 진로 특성을 고려해서 과목 선택권을 확대하고 교육과정에서 결정권이 학생수준으로 이양됨을 말한다. 하지만 일반학교의 경우 보통교과의 수준을 심화하는 교과군으로 제한되어 있는 실정이다. 이에 반해 특성화고등학교의 경우 일반학교의 일반-심화선택교과군에 덧붙여 학교의 철학과 학생의 특성을 파악하여 다양한 교과군을 개설한다.

교과의 내용 또한 실제적인 생활이나 경험과 연계되어 있거나 진로를 탐색하고 학생의 적성을 계발하는 내용으로 구성된다.

특성화고등학교 선택 교육과정을 비교해 보면 다음과 같다.

국가수준 고교 교육과정			특성화학교		
일반선택	심화선택	일반·심화선택		특성화교과	
국어 도덕 사회 국어생활 시민윤리 인간사회와 환경	독서, 작문, 문학, 화법, 문법 윤리와 사상, 전통윤리 한국지리, 시계지리, 한국근·현대사, 정치 세계사, 사회·문화경제, 경제지리, 법과 사회	국가수준 고등학교 교육과정 의 내용 과 동일	학교 철학	철학, 마음공부, 인권, 종교, 식 구총회 등	
수학 과학 기술 가정 실용수학 생활과 과학 정보사회와 컴퓨터	수학 i, 수학 ii, 미분과 적분, 확률과 통계, 이산수학 물리, 화학 생물, 지구과학 ii 농업과학, 공업기술, 가정과학		현장 체험	통합기행, 해외 이동 학습, 지 역사회와 NGO, 봉사학습 등산, 국토행진, 생태 및 노작, 농촌봉사활동, 유적답사 등	
체육 음악 미술 체육과 건강 음악과 생활 미술과 생활	체육이론, 체육실기 음악이론, 음악실기 미술이론, 미술실기		진로	직업연구, 직업실습. 인턴십 졸업 논문 등	특기 · 적성
외국어 영어 중국어, 독일어 프랑스어 일본어 스페인어 아랍어 러시아어	영어 i, 영어 ii 영어독해, 영어작문, 영어회화 중국어 ii, 일본어 ii 독일어 ii, 프랑스어 ii, 스페인어 ii, 러시아어 ii, 아랍어 ii			고전강독, 과학실험, 수학의 눈, 문예창작 작곡실기, 기악, 성악 우리 춤 우리 가락 실용음악, 댄스, 디자인 만화 창작, 애니메이션 컴퓨터그래픽, 사진 연극, 문화 의 이해, 영화 읽기, 영상 창작, 한국미 술, 목공예, 철공예, 도예, 생활원예, 생태건축, 전통무예, 전통예절 및 다도, 옷 만들기, 생활의학, 배낭여행, 오리엔티어 링, 성과 문화 등	
한문 교련 교양 한문 교련 철학, 논리학 심리학, 교육학 생활경제, 종교 생태와 환경 진로와 직업 기타	한문고전				

따라서 특성화교과는 지식의 심화를 위주로 하는 교과보다는 학생들의 학습동기를 자극하고 자기 주도적으로 학습을 할 수 있는 교과가 주를 이루고 있으며 대부분 실습 중심의 내용으로 이루어져 있다. 이러한 활동과 실기 중심의 교과는 학습에 대한 부담감을 덜어주고 성취동기를 향상시키는 데 중점을 준다. 그럼에도 불구하고 상급 학년으로 갈수록 특성화교과목보다 대학입시 준비와 관련된 교과목으로 대체하는 경향이 보이고 있다. 그러므로 특성화고등학교의 본래의 이념에서 벗어나 학교와 학생의 현실적인 필요와 요구에 따라 입시와 진학 위주로 치우치는 것을 경계하고 실제적인 진로교육과정을 개발해야 한다.

교육과정에 나타나는 특이점을 살펴보면, 학생자치문화와 평가-졸업 시스템 및 진로교육의 특징을 가지고 있다.

① 학생자치문화

특성화학교는 기본적으로 자율성과 공도체성을 동시에 추구하는데, 이 둘의 조화를 위해 학교 교육과정 안보다 밖에서 이루어지는 모든 활동들에 대해 관심을 갖는다. 학생들의 변화와 성장은 시간표 안에서 이루어지는 것보다 학교문화를 통해 만들어지는 경우가 많다. 따라서 특성화학교의 경우 학교문화, 학생자치 및 생활지도에 중점을 둔다. 특히 대부분의 특성화학교가 기숙형 학교이므로 공동체 생활을 하면서 스스로 자립할 수 있는 생활을 경험하게 되며 구성원들 간에 다른 삶의 방식을 조율하는 법을 배우게 된다. 이와 관련하여 종종 갈등이 일어나기는 하는데 거의 모든 학교들이 이를 조정하는 다양한 장치들을 마련해 두고 있다.

학교 구성원들의 전체 회의는 학교마다 개최 시기나 운영 주체의 참여도에서 차이가 있으나 대부분 교사 중심에서 벗어나 학생들이 주체가 되어 진행된다. 이 과정에서 자연스럽게 민주적인 의사결정 과정을 훈련하게 된다. 매주 한 주를 마무리하면서 학교생활에서 결정해야 할 모든 것을 논의하고 대책을 강구하는 동안 문제 해결력은 물론 의사소통능력을 키우게 된다. 그리고 보통 하교 후 학생들의 활동은 동아리활동에 집중한다. 학생들의 동아리활동을 적극 권하고 지원하고 있으나 의도적으로 학교나 교사가 만들지는 않는다. 모두 뜻 맞는 학생들끼리 자유롭게 결성할 수 있으며 교사는 자문과 지원 같은 도움을 줄 뿐이다. 학교에서 별도로 동아리활동시간을 정해 놓지 않지만 학생들의 자발적이고 적극적인 참여로 활발하게 유지되고 있으며 그 종류 또한 다양하다.

이렇게 교과교육 외의 다양한 활동과 생활을 통해 학생들은 학습동기를 회복하고 자신의 관심사를 찾기도 한다. 그러기에 특성화학교에서는 학교 테두리에서 이루어질 수 있는 모든 것들을 열어 두고 학생들 중심의 문화를 만들고자 한다.

② 평가-졸업 시스템 및 진로교육

특성화학교는 학생활동 중심으로 자기 주도적 학습능력을 신장할 수 있는 교수학습방법을 개발하며 이에 적합한 성취동기를 마련하는 데 중점을 둔다. 특성화학교에서는 졸업은 학력과 졸업장을 취득하기 위한 과정이 아니라 진로탐색의 연장이다. 다양한 직업과 진로를 살펴보고 각 분야의 전문가로부터 실제적인 직업을 접하는 기회를 마련한다. 이 과정에서 진로를 탐색하고 미래를 설계하는 데 필요한 것들을 졸업 준비하는 과정에서 구체적으로 계획하게 된다. 졸업에 필요한 프로젝트를 수행하기 위해서는 그동안의 교육과정이나 자치활동을 통한 경험들을 심화시키거나 직업체험이나 인턴십을 하기도 한다. 이러한 과정은 스스로 계획하고 진행하게 되며 그 학습성과가 인정받아야 졸업이 가능하다. 졸업도 하나의 평가과정에 속한다. 특성화학교의 평가는 다양한 절차와 방식을 통해 이루어지고 있다. 국민공통기본교과의 경우 시험을 치르거나 수행평가, 논술, 구술 같은 방법을 통해 종합적으로 평가하고 각 교과에 따라 다양한 평가방법을 적용하려고 노력하는 학교가 대부분이지만 일반 공교육 학교와 동일하게 평가하는 학교도 있다.

그리고 특성화교과의 경우는 대다수 학교의 경우가 이수 또는 미이수로 평가한다. 나아가 평가서는 점수를 매기는 방식이 아니라 서술형으로 작성한다. 특히 졸업 프로젝트는 과정을 중시하는 수행평가나 포트폴리오 방법을 추구하고 있으며 졸업 논문이나 졸업 프로젝트 발표회를 통해 공식적인 평가회를 갖는다.

제 3 장 | 대안특성화고등학교
교육과정의
대안적 관점

이 장에서는 대안특성화고교 교육과정의 대안적 관점은 무엇인가를 파악하고자 시도하였다. 이를 위해 일반계고교와 대안특성화고교의 교육과정 구성체제와 운영방식을 살펴보았다. 대안특성화고교의 교육과정 구성체제는 일반계고교와 비교해서 차이점은 무엇인지, 일반계고교에 비해 대안특성화고교의 교육과정 운영방식은 어떠한지 그리고 대안특성화고교의 근거와 연구동향을 살펴보고자 한다.

1.
일반계고교와 대안특성화고교의
교육과정 구성체제

교육과정의 성격을 결정짓는 요소에는 여러 가지가 있을 수 있다. 여기서는 교육과정의 성격을 형식성과 탈형식성이라는 측면에서 살펴보고자 한다. 일반계고교의 중앙집권적 교육과정 구성체제를 형식적 교육과정으로 보고, 반면에 대안특성화고교의 교육과정 구성체제를 통하여 대안특성화고교 교육과정의 탈형식성을 규명하고자 한다.

1) 중앙집권적 교육과정 구성체제의 형식성

(1) 중앙집권적 교육과정 구성체제

교육과정의 결정은 국가, 지역, 학교 등 여러 수준에서 이루어질 수 있으나, 일반적으로는 국가에서 교육과정을 개발하고 평가하는 활동을 하며, 지역이나 학교는 이를 운영하는 역할만을 담당하는 경우와, 또한 교육과정의 개발, 편성·운영, 평가의 모든 활동이 지역이나 학교를 중심으로 전개되는 경우를 생각할 수 있다. 전자의 경우를 중앙집권적인 교육과정체제라고 부르고, 후자를 지방분권적인 교육과정체제라고 부른다. 교육과정 의사결정이 중앙집권적이냐 지방분권적이냐의 차이는 불가피하게 교육과정의 존립 양식의 차이를 가져올 수밖에 없는데, 중앙집권적인 의사결정은 국가수준 교육과정을, 지방분권적인 의사결정은 지역수준, 학교수준, 교사수준, 학생수준의 교육과정을 만들게 된다(김재복 외, 1999).

국가수준 중앙집권적 형태의 교육과정에서는 중앙정부가 결정권을 독점하고 있으며, 교육과정 관련 기준과 지침, 교과서제도, 시험제도 등에 대한 최종 승인권을 갖고 있거나, 이를 결정할 책임이 교육제도 내에서 최고 의사결정기관에 있는 경우이다. 이것은 정치권력이 중앙정부에 중앙집권화되어 있는 나라들에서 교육이 국가목표와 요구에 부응하도록 교육과정의 집중화를 시도하고 있기 때문이다(김재복, 1999). 근대 국민 국가는 국민적 통합성과 정체성을 확보하기 위하여 보통 교육제도를 마련하고 이에 상응하는 국가수준의 교육과정을 어떤 형태로든 마련해 왔다. 교육개혁안, 교육목표, 교육과정 개정과 개발, 교원 교육과 인사, 교육재정, 교육시설, 각종 시험 등이 모두 국가수준에서 발의, 시행, 관리되어 획일적 교육 양태를 낳고 있다(박도순 외, 1999).

우리나라 교육과정은 교육부에서 발의, 연구, 개발, 지휘, 감독 및 고시를 주관하는 전형적인 중앙집중화된 국가교육과정(National Curriculum)이다. 이처럼 교육과정이 중앙에서 개발되면 통일되고 표준화된 교육체제를 지향할 수 있으며, 지역과 학교의 교육활동을 통제하거나 책무성을 물을 수 있다. 중앙정부에서는 전문가들을 집중

활용하여 질 높은 자료를 양산할 수 있으며, 시간과 노력과 재정을 절약할 수도 있다. 또한 교육과정정책을 다년간 일관성 있게 유지할 수 있고, 정책의 일관성으로 학생들이 전학 또는 진학하거나 교사들이 타 지역으로 전출하더라도 커다란 불편이 없게 된다. 그러나 국가수준의 교육과정 고시 문서가 갖추어야 할 성격(기준, 요강, 지침)에 비추어 볼 때, 주변적, 부분적, 선택적, 차별적, 분절화된 성격을 띤 교과내용이나 프로그램을 국가수준에서 모두 연구·개발하여 고시하는 것은 적합하지 않다. 이렇듯 모든 학생들을 대상으로 할 때, 통일된 국가-지역-학교가 상호보완적 관계에 있을 때는 효과적이라고 할 수 있으나, 학교와 교사의 역할을 교육과정 전달기능으로 단순화·기능화시키고, 서로 다른 학교나 지역의 실정에 맞는 실행전략을 마련하기 어려우며, 지나친 표준화 강요는 학교교육을 획일화시키고 협소한 목표 달성으로 이끌기 쉽다(Marsh, 1992). 이는 김대현·김석우(1996)의 연구에서도 이를 뒷받침해 준다.

국가수준 교육과정은 정치적, 사회적, 문화적 통합과 국가의 시대적, 사회적 요구를 충족시키며, 많은 전문인력과 막대한 비용, 그리고 장시간의 투자로 만들어진다. 또한 국가수준 교육과정은 교육과정의 표준화로 학교교육의 질 관리가 용이하며, 학생들이 진학하거나 학교를 옮겼을 때에도 교육과정의 일관성과 연속성을 보장할 수 있다는 이점이 있지만, 교육과정 운영의 획일화, 권위주의적 교육 풍토 조성, 개정의 어려움, 교사의 전문성 향상 저해 등의 부작용을 유발할 수도 있다는 단점도 함께 가지고 있다.

(2) 일반계고교 제7차 교육과정 편제

대안특성화고교에도 국가수준 교육과정이 적용되고 있다. 일반계고교와는 어떤 점이 다른가를 알아보기 위해서는 일반계고교의 국가수준 교육과정의 제7차 교육과정에 대한 이해가 바탕이 되어야 한다. 일반계고교 교육과정 편제를 보면 <표 1>과 같다.

이러한 일반계고교의 제7차 교육과정 구성체제와 특징을 살펴보면 다음과 같다(교육인적자원부, 2001).

첫째, '학생들의 능력이나 흥미, 적성, 진로를 중시한 다양한 선택과목의 개설과 학생 중심의 교육과정체제 확립'을 개정 중점으로 했다. 학생 중심의 다양한 교과목을 개설해 현재 70개 과목(공통필수 10, 과정필수 및 과정선택 53, 교양선택 7)을 90개 과목(국민공통기본 10, 일반선택 26, 심화선택 53)으로 확대하고 있다. 둘째, 학생선택 교육과정체제가 도입되었다. 즉 현재는 교과목을 교육부나 시도 학교에서만 지정했으나 이를 교과목, 특활, 재량시간의 모든 영역에서 학생선택 범위를 넓혔으며 이수 단위 수를 종전 204단위에서 216단위로 확대했다. 셋째, 다양한 유형의 학생 개인별 교육과정이 운영된다. 현재 2, 3학년의 경우 인문·사회과정, 자연과정, 직업과정, 기타 필요과정으로 분류하는 것을 인문·사회 분야, 자연 분야, 예·체능 분야, 외국어 분야, 실업 분야 등에 관한 진로정보 제공으로 다양한 운영의 개인별 교육과정을 선택할 수 있도록 했다. 학생 중심의 교육과정을 운영해 학습부담을 줄였다. 즉 이수 단위제를 운영하며 집중이수를 위한 지침을 제시하는 모습으로 개정되었다.

제7차 교육과정은 학년제의 개념을 도입하여 학년에서 12학년으로 구분하여 1학년에서 10학년까지를 국민공통기본교육기간으로 설정하여 이 기간에 이루어지는 교육과정을 국민공통기본교육과정이라고 하고 있다. 이 기간에는 10개 교과(국어, 도덕, 사회, 수학, 과학, 기술·가정, 체육, 음악, 미술, 외국어)를 필수이수교과로 설정하고 있다. 따라서 10학년에 해당되는 고등학교 1학년은 국민공통기본교육과정으로 편성되어 운영되도록 되어 있다.

한편 고등학교 2학년과 3학년에 해당하는 11학년과 12학년의 경우 선택제로 편성·운영하도록 되어 있다. 고등학교 11, 12학년의 2년 동안에 편성해야 할 선택중심 교육과정의 이수 단위는 총 144단위로, 이 중 선택과목은 136단위가 편성되어 있다. 선택과목은 일반선택과목과 심화선택과목으로 구분되며, 선택과목에 배당된 136단위는 일반선택과목에 24단위 이상, 심화선택과목에 112단위 이하가 배정되어야 한다. 일반선택과목은 교양 증진 및 실생활과 연관된 과목의 성격을 지니며, 심화선택과목은 학생의 진로, 적성과 소질을 계발하는 데 도움이 되는 성격을 지니고 있다.

제7차 교육과정에서 선택과목은 학교에서의 과목 개설 및 학생들의 진로에 따른 과목 선택을 용이하게 하기 위해 5개의 과목군으로 구분되어 있다. 구체적으로 ① 인문·사회 과목군(국어, 도덕, 사회) ② 과학·기술 과목군(수학, 과학, 기술·가정) ③ 예·체능 과목군(체육, 음악, 미술) ④ 외국어 과목군(외국어) ⑤ 교양 과목군(한문, 교련, 교양) 등이다.

일반선택과목의 이수방법은 5개의 과목군에 해당하는 과목을 균형적으로 이수하는 것이다. 학교는 일반선택과목과 관련하여, 모든 학생들이 ①~④ 과목군에서 각각 1과목 이상을, ⑤의 교양 과목군에서는 2개 과목 이상을 이수하여 총 34단위 이상을 이수하도록 과목을 개설해야 한다. 심화선택과목은 학생들의 진로나 적성과 관련되어 있기 때문에, 각 단위학교는 학생들이 자신들의 진로와 적성에 부합한 특정 과목군의 과목들을 집중적으로 선택하여 이수할 수 있도록 교육과정을 설계해야 한다.

〈표 1〉 고등학교 교육과정 편제

교과	국민공통 기본교과	선 택 과 목	
		일반선택과목	심화선택과목
국어 도덕 사회	국어(8) 도덕(2) 사회(10) (국사4)	국어생활(4) 시민윤리(4) 인간사회와 환경(4)	화법(4), 독서(8), 문법(4), 문학(8) 윤리와 사상(4), 전통윤리(4), 한국지리(8), 세계지리(8), 경제지리(6), 정치(8), 경제(6), 사회·문화(8), 한국근·현대사(8), 세계사(8), 법과 사회(6)
수학 과학 기술· 가정	수학(8) 과학(6) 기술· 가정(6)	실용수학(4) 생활과 과학(4) 정보사회와 컴퓨터(4)	수학 I (8), 수학 II (8), 미분과 적분(4), 확률과 통계(4), 이산수학(4), 물리 I (4), 화학 I (4), 생물 I (4), 지구과학 I (4), 물리 II (6), 화학 II (6), 생물 II (6), 지구과학 II (6), 농업과학(6), 공업기술(6), 기업경영(6), 해양과학(6), 가정과학(6)
체육 음악 미술	체육(4) 음악(2) 미술(2)	체육과 건강(4) 음악과 생활(4) 미술과 생활(4)	체육이론(4), 체육실기(4 이상) 음악이론(4), 음악실기(4 이상) 미술이론(4), 미술실기(4 이상)
외국어	영어(8)	독일어 I (6), 프랑스어 I (6), 스페인어 I (6), 중국어 I (6), 일본어 I (6), 러시아어 I (6), 아랍어 I (6)	영어 I (8), 영어 II (8), 영어회화(8), 영어독해(8), 영작문(8), 독일어 II (6), 프랑스어 II (6), 스페인어 II (6), 중국어 II (6), 일본어 II (6), 러시아어 II (6), 아랍어 II (6)

교과	국민공통 기본교과	선 택 과 목	
		일반선택과목	심화선택과목
한문 교련 교양		한문(6), 교련(6), 철학(4), 논리학(4), 심리학(4), 교 육학(4), 생활경제(4), 종 교(4), 생태와 환경(4), 진 로와 직업(4), 기타(4)	한문고전(6)
재량활동	(12)	24 이상	112 이하
교과 이수 단위	68		
특별활동	4	8	
총 이수 단위	216		

*출처: 교육인적자원부(2001), 고등학교 교육과정 해설 I (총론), 서울: 대한교과
서주식회사.

2) 대안적 교육과정 구성체제의 탈형식성

(1) 대안특성화고교에 적용되는 국가교육과정체제

고등학교의 경우 대안특성화고교 교육과정에 현행의 국가교육과정
을 적용한다고 하는 것은 1997년 12월에 교육법 제155조 제1항에
의거 고시되어 2002년 3월 1일부터 고등학교 1학년부터 연차적으로
시행된 제7차 고등학교 교육과정을 적용하는 것을 말한다.

대안특성화고등학교에 적용되는 국가교육과정 지침을 보면 다음과 같다.

가. 대안특성화고교 편제

(1) 고등학교 교육과정은 국민공통기본교육과정과 선택중심 교육

과정으로 구성한다.

(2) 국민공통기본교육과정은 교과, 재량활동, 특별활동으로 편성한다.

① 교과는 국어, 도덕, 사회, 수학, 과학, 기술·가정, 체육, 음악, 미술, 외국어(영어)로 한다.

② 재량활동은 교과 재량활동과 창의적 재량활동으로 한다.

③ 특별활동은 자치활동, 적응활동, 계발활동, 봉사활동, 행사활동으로 한다.

(3) 선택중심 교육과정은 교과와 특별활동으로 편성한다.

① 교과는 보통교과와 전문교과로 한다.

● 보통교과는 국어, 도덕, 사회, 수학, 과학, 기술·가정, 체육, 음악, 미술, 외국어와 한문, 교련, 교양의 선택과목으로 한다.

● 전문교과는 특성화에 관한 교과에서 편제한다.

② 특별활동은 자치, 적응, 계발, 봉사, 행사활동으로 한다.

나. 대안특성화고교 편성·운영의 일반 사항

(1) 교육기본법, 초·중등교육법, 초·중등교육법시행령, 국가수준 교육과정과 학교헌장을 바탕으로 학교 교육과정을 편성한다.

(2) 학교 교육과정은 모든 교원이 전문성을 발휘하여 참여하는 민주적인 절차를 거쳐 편성, 운영한다.

(3) 고등학교 교육과정의 총 이수 단위는 216단위를 원칙으로 한다.

(4) 10학년(고등학교 1학년)에 국민공통기본교육과정을 모두 이수함을 원칙으로 한다.

(5) 10학년의 재량활동에서 교과 재량활동은 선택과목의 특성화교과 중에서 편성하며, 창의적 재량활동은 학교의 특성을 살려

편성한다.

(6) 선택과목은 학교의 실정과 학생들의 요구를 반영하여 편성한다.

(7) 11, 12학년은 보통교과와 전문교과(특성화교과)로 편성하며 특성화교과는 50단위 이상 배정한다.

(8) 특성화교과목은 11, 12학년에 고루 운영될 수 있도록 편성한다.

(9) 특성화교과목은 학생들의 특성과 선호도를 조사하여 교육과정 편성에 반영하되, 교사들이 운영하기 어려운 교과는 강사를 초빙하거나 직접 이동하여 수강하는 형태를 취할 수 있다.

(10) 전 교사가 특성화교과목 운영에 참여하여 강사가 원활히 수업을 진행할 수 있도록 최대한 지원한다.

(11) 특성화교과목 운영은 학부모, 학교, 학교운영위원회에서 협의하고 조정할 수 있다.

다. 대안특성화고교 교육과정 이수 단위 기준

대안특성화고교 교육과정 이수 단위 기준은 <표 2>와 같다.

〈표 2〉 대안특성화고교 교육과정 이수 단위 기준

교 과	단위 수
국민공통기본	56
일반·심화선택	70
특성화교과	66
특별활동	12
재량활동	12
이수 단위 합계	216

*출처: 교육인적자원부(2001), 고등학교 교육과정 해설 I (총론), 서울: 대한교과서주식회사.

위의 지침에 의해서 각 학교는 학교의 설립이념과 특성에 따라 각기 다르게 편성하게 되는데 <표 3>은 B고교의 2006학년도 특성화 교과 편성을 포함한 교육과정의 편제를 나타낸 것이다.

〈표 3〉 대안특성화고교의 교육과정 편제 사례

구 분	과 목 명	기준 단위	선택 주체(단위 수)				10학년		11학년		12학년	
			국가	도 교육청	학교 선택	학생 선택	1 학기	2 학기	1 학기	2 학기	1 학기	2 학기
국민 공통 기본 교과	국어	8	8				4	4				
	도덕	2	2				1	1				
	국사	4	4				2	2				
	사회	6	6				3	3				
	수학	8	8				4	4				
	과학	6	6				3	3				
	기술가정	6	6				3	3				
	체육	4	4				2	2				
	음악	2	2				1	1				
	미술	2	2				1	1				
	영어	8	8				4	4				
	소 계	56	56				28	28				
일반 선택 교과	국어생활	4		6					3	3		
	실용수학	4		6					3	3		
	한문	6		4					2	2		
	음악/미술 생활	4			4				2	2		
	정보사회와 컴퓨터	4		4							2	2
	소 계	22		20	4				10	10	2	2
	문학	8			6						3	3
		8			6						3	3
	영어회화	8			8				4	4		
	영어독해	8			8						4	4

구분	과 목 명	기준단위	선택 주체(단위 수)				10학년		11학년		12학년	
			국가	도 교육청	학교 선택	학생 선택	1 학기	2 학기	1 학기	2 학기	1 학기	2 학기
심화 선택 과목	사회문화	8			4				2	2		
	한국근현대사	8										
	법과 사회	6			6						3	3
	지구과학 I	4			4				2	2		
	생물 I	4			4						2	2
	소 계	66			46				8	8	15	15
특성 화교 과목	마음공부	4			4				1	1	1	1
		8			8				2	2	2	2
	생활예술	4			4				2	2		
	생활의학	4			6				1	1	2	2
	스포츠댄스	4			4				2	2		
	관악합주	4			4				2	2		
	합창	4			4						2	2
	창작실습	4			4						2	2
	생활체육	2			2						1	1
	작물재배	6			10				2	2	3	3
	선택특성화	16				16			4	4	4	4
	소 계	38			50	16			16	16	17	17
재량 활동	창의적 재량활동	2			2		1	1				
		2			2		1	1				
	관악합주 (교과 재량)	4			4		2	2				
	집단상담 (교과 재량)	4			4		2	2				
	소 계	12			12		6	6				
특별활동		12	12				2	2	2	2	2	2
이수 단위			68	20	108	20	36	36	36	36	36	36
총 이수 단위			216					216				

*출처: 2006학년도 전 학년 교육과정의 편제, B고교 학교 교육계획서.

대안특성화고교가 지니는 본래 특성을 유지·발전시키기 위해서는 일반학교와는 다른 별도의 시스템을 강구해야 한다. 현재 이러한 점을 고려하여 대안특성화고교 교육과정 운영에 적용하고 있는 것이 '특성화고등학교'와 '자율학교' 제도이다. 국가교육과정이 적용되는 대안특성화고교의 경우 모두 특성화고등학교의 틀과 자율학교 지정체제로 운영되고 있다. 따라서 대안특성화고교에 대한 국가교육과정 운영에 대한 검토가 필요하다.

대안특성화고교 교육과정은 학교 설립이념 및 철학 등에 따라 다양하게 편성·운영되는 것이 일반적인 특징이다. 또한 대안특성화고교 교육과정은 국가수준 교육과정 기준에 준하여 운영되므로 일반계 고교와 어느 정도는 공통성과 자율성을 유지하게 된다. 대안교육 활성화를 위한 국가수준 교육과정 운영방안을 강구하기 위해서는 이 양면성을 고려해야 한다. 예컨대 국가교육과정에 따라 공통성을 지나치게 강조하면 대안특성화고교의 자율성을 그만큼 구속하게 되어 본래의 이념을 구현하는 데 저해된다. 반대로 전적으로 자율성을 강조하게 되면 국가교육과정의 법적 성격을 벗어나는 딜레마에 빠지게 된다.

대안특성화고교에 국가수준 교육과정을 적용하는 것은 교육과정을 지원하는 측면이 있는 반면, 통제하는 측면도 있는 것이다. 우리나라의 국가수준 교육과정은 법적 구속력을 지니고 있기 때문에 교육부의 인가를 받은 대안특성화고교는 일반학교와 마찬가지로 이 교육과정을 운영해야 한다.

원래 대안특성화고교는 그 학교의 독특한 교육이념 및 철학을 기반으로 설립되어 운영되고 있기 때문에 학교마다 독특한 교육과정을 개발하여 운영한다. 대안특성화고교의 설립자뿐만 아니라 교사와 학생, 학부모도 그 학교의 독특한 교육이념에 따라 가르치고 배우고자 한다. 그러나 우리나라 대안특성화고교의 경우 그들의 교육이념을 구현하는 데 필요한 인적·물적 자원이 대단히 열악하다. 이러한 부족한 자원은 국가수준 교육과정의 적용을 통해 상당 부분 지원받을 수 있다. 대안특성화고교는 국가로부터 인적·물적 자원을 지원받을 때 비로소 활성화되는 것이다. 그렇지만 국가는 일반학교와 동일한 공통 교육과정을 강제하면서 인적·물적 자원을 지원하게 된다면 그것은 오히려 대안특성화고교의 독특한 교육이념을 구현하는 데 저해 요소로 작용하게 되는 부작용을 낳는다.

대안특성화고교 교육과정에 국가수준의 교육과정을 적용하는 것은 대안특성화고교에 대한 제도로서의 학교교육화를 촉진한다는 의미를 갖는다. 또한 대안특성화고교가 제도로서의 학교교육화로 진전된다고 하는 것은 대안특성화고교도 공교육의 일정 부분의 역할을 담당하게 된다는 것을 의미한다. 제도로서의 학교교육화는 대안교육이 일정 정도 국가요구 및 필요에 따라 교육한다는 점에서 긍정적으로 평가할 수 있다. 그러나 국가가 대안특성화고교에 대해 일반학교와 같이 국가교육과정 기준을 엄격하게 적용하고, 대안특성화고교는 인적·물적 자원을 국가에 지나치게 의존함으로써 제도로서의 학교교육화에 적응하게 되는 문제점을 초래할 수 있다. 따라서 대안특성화고교에 대한 국가수준 교육과정의 적용과 지원이 제도로서의 과도한 학교교육화를 초래하여 대안교육의 이념이 퇴색되지 않도록 하는 방향에서 국가적 지원이 이루어져야 한다.

(2) 대안특성화고교가 갖는 대안성

일반계고교는 공교육의 교육과정 운영으로 수업붕괴, 교실붕괴, 학교붕괴 등 수업의 진행을 어렵게 만들었다. 그것은 학교의 학습내용이 자신의 적성, 능력, 진로에 맞지 않기 때문에 학생의 배울 필요성이나 동기가 약한 오늘날 교육위기의 주원인이 되고 있다(조난심 외, 2001, 이종태 외, 2000, 윤철경 외, 1999). 일반계고교의 교육과정은 획일적인 교육과정 운영체제를 유지하고 있다. 이러한 획일적인 학교 교육과정은 학생들의 적성, 능력, 진로에 상응하는 교육 프로그램을 갖추지 못할 뿐만 아니라 학생들의 학습권을 충분히 보장하지 못하는 것이어서, 학생들의 학교교육에 대한 불만으로 작용하여 사회병리 현상을 낳고 있는 실정이다.

대안학교는 공교육의 문제점에 대한 대안으로 등장하였기 때문에 대안적인 특성을 갖는다. 대안학교가 갖는 대안성에 대하여 조용환(1998)은 보통 사람의 학교, 작은 학교, 즐거운 학교, 생활하는 학교, 함께 하는 학교, 민주적인 학교, 믿고 맡기는 학교 그리고 개성을 살리는 학교로 보았다.

첫째, 대안학교가 공동으로 추구하는 대안성은 인간의 형성보다는 인력의 양성에 치우쳐, 감성보다 이성을, 과정보다 결과를 중시해 온 기존 교육을 비판하면서, '사람이 사는, 사람의 학교'를 만들고자 한다. 학교에 학생을 맞추는 것이 아니라, 학생 한 명 한 명에게 맞는 학교를 만들자는 것으로 학생 개개인의 온전함이 실현되는 교육을 지향한다. 이를 위해 학교 구성원인 교사와 학생 사이의 인간관계 회복과 학생들 간의 협동적 유대를 중시한다. 수동적으로 살아가기보다는 적극적으로 자신의 삶을 찾아 뻗어 나가는 존재가 되길 기대한다. 따라서 현장실습, 노작, 봉사활동, 체육대회, 축제, 여행, 등산 등 몸을 놀리고 감각을 되살리는 활동 프로그램이 많다.

둘째, 대안학교의 규모는 '작은 학교'를 지향한다. 교사와 학생의 인간적인 만남이 가능한 작은 규모의 학교를 지향하여, 구성원 간의 소외 없는 소통적 관계를 맺고자 한다.

셋째, '즐거운 학교'를 추구한다. 대부분의 학생들에게 싫고 재미없는 곳이 학교임을 감안하여, 대안학교는 즐거운 학교, 재미있는 수업을 통한 교육을 하고자 한다. 학교생활의 즐거움은 일반학교에 비해서 상대적으로 많은 자유, 자율, 자치가 허용되는 데서 시작한다. 그리고 학생들 각자가 자기 능력과 소질에 맞게 배우며, 획일적이지 않고 다양한 체험을 선택할 수 있고, 지식, 기술, 가치를 박제한 형태로 간접 체험하지 않고 현장에서 몸으로 직접 체험할 수 있는 데서 비롯된다고 본다.

넷째, '생활하는 학교'이다. 생활과 교육이 분리된 일반학교와 달리, 대안학교는 일과 놀이, 학습이 분리되지 않고, 문자를 통한 추상적 암기식 학습보다는 구체적인 체험을 통한 학습을 중시한다. 학교는 교육만을 위한 곳이고, 교육은 학교에서만 가능하다는 고정관념을 깨고, 지역자원을 적극 활용한다.

다섯째, '함께 하는 학교'이다. 일반학교의 교육 주체들, 즉 교육행정당국, 학교재단, 학부모, 동창회, 후원회, 지역사회가 맺고 있는 관계는 교육공동체의 형성을 위한 협력보다 주로 지배, 간섭, 무관심, 등의 소원한 관계임을 지적하면서, 학교, 교사, 학부모, 학생, 지역사회가 함께 학교를 만들어 가고자 한다.

여섯째, '민주적인 학교'이다. 교장, 교사, 학생이 최대한 평등한 관계 속에서 민주적인 학교를 만들어 가고자 한다. 가령, 학교의 중요 사항들은 전 교사와 학생이 참여하는 '전체회의'를 열어 함께 협의, 해결, 결정하고 있다.

일곱째, '믿고 맡기는 학교'이다. 이는 학생의 자치, 자율, 자립과 관련된 것이다. 교사와 학생 사이의 신뢰가 상호적이고 쌍방적인 것이지만, 출발은 교사가 먼저 학생을 믿어야 한다고 생각한다. 학생지도의 최고 원칙을 '자율'에 두고 있다. 학생의 가능성과 잠재력에 대한 신뢰를 바탕으로 강제적 교육보다는 스스로 자신의 학습방법을 찾아가도록 한다.

여덟째, '개성을 살리는 학교'이다. 학생의 능력과 성취가 전 과목의 총점으로 평가되고 상대적 등급으로 서열화되어 있는 현실과, 학생 개개인의 소질과 잠재력을 발견하고 육성하는 데 유익한 '특별활동'과 학생들의 자발적인 '동아리활동'은 억제되거나 형식화되어 있는 상황에 문제의식을 갖고 있다. 따라서 학생 개개인의 개성을 살릴 수 있는 학교를 지향하는 것이다. 가령, 학생 선발 시 성적을 일차적 기준으로 삼지 않으며, 교수-학습의 개별화를 실현하려 노력한다. 수준별 교과과정과 이동식 수업을 각 학교 실정에 맞게 개발하고 실행하려 하는 것이다. 더불어 학생의 소질을 계발할 수 있도록 '동아리활동' 등 다양한 활동과 행사를 마련하고 있다.

이상의 8가지 특징은 대안학교들이 공통적으로 지향하고 있는 속성이라고 볼 수 있다. 물론 현실적으로 존재하고 있는 대안학교들은 저마다 고유의 문제의식 속에서 나름의 대안적인 교육들을 수행하기 때문에, 이러한 공통된 요소로 환원되지 않는 특수성을 지니고 있는 것 또한 사실이다. 그럼에도 이상에서 살펴본 특징들은 대안학교의 현장에서 일어나는 일들의 윤곽을 파악하고, 대안학교의 대안성을 드러내 주고 있다고 볼 수 있다.

대안학교는 정책적 관심과 언론에 주목을 받고 있다. 학교를 벗어나는 학생들이 생겨나고 전혀 다른 유형의 새로운 학교들이 여기저기 생겨나는 것에 대해 한편에서는 우려의 목소리도 있다. 중산층만을 위한 대안은 아닌지, 또 그 때문에 대부분의 학생들을 위한 공교육이 더 무너지는 것은 아닌지 우려하는 이들이 적지 않다(현병호, 2001). 그러나 대안교육 현장은 아직 미약한 힘이지만 이러한 새로운 모색을 통해 기존의 교육을 근본부터 반성하는 계기를 만들고자 노력하고 있다. 기존의 전통적인 교수방식과 내용에서 벗어나 다양한 경험을 추구하는 교수법과 프로그램, 그리고 학생들에게 알맞은 교육환경을 제공하여 새로운 가능성의 장을 찾고자 하는 것이 대안교육이다(최손환·김병주, 2001). '엄격하고 통제된 분위기', '획일적이고 일방적인 교육방식', '비인간화된 학교제도' 등으로 지적되고 있는 공교육의 문제점에 대한 대안으로 등장한 이 학교들은 공동체성을 지향하고 학생의 다양한 개성을 존중하며 자유롭고 민주적인 학교를 추구한다. 특별히 체험을 통한 교육으로 감성과 지성의 조화로운 발달을 강조하고 있다는 점에서 대안성을 찾아볼 수 있다.

일반계고교와 대안특성화고교의
교육과정 운영방식

교육과정 운영방식은 학생들의 학교생활의 틀과 문화를 좌우하게 된다. 대안특성화고교가 일반계고교의 대안적일 수 있는 것은 교육과정 운영방식이 얼마나 다른가에서 찾을 수 있다. 일반계고교가 표준화되고 획일적인 교육과정을 운영하는 데 반해 대안특성화고교의 교육과정 운영방식은 비공식적인 면을 강조하고 공동체적이며 탈형식적인 교육과정 운영이라는 측면에서 대안성을 찾아보고자 한다.

1) 표준화된 교육과정 운영방식의 형식성

(1) 표준화된 교육과정

학자들의 교육과정에 대한 정의는 크게 6가지 정도로 유형화될 수 있다(Zais, 1976, 허경철, 2002 재인용). 어떤 사람은 교육과정을 '수업 프로그램이나 교과과정'으로, 또 어떤 사람은 '코스의 내용'으로, 그리고 또 다른 사람들은 '계획된 학습경험', '학교에서 제공되는 모든 경험', '의도된 학습결과', '교육 실천을 위한 문서화된 계획' 등으로 교육과정을 정의하고 있다. 이러한 정의는 교육과정을 계획되고 형식화된 모습으로 규정하고 있다.

공교육의 표준화된 교육과정은 교육평등, 사회통합, 인력양성과 공급이라는 배경과 기본적 이념을 가지고 탄생되었다. 이러한 이념과 기능의 필요성은 여전히 존재한다(황원철, 2004). 표준화된 교육과정은 엄격한 통제와 미리 정해진 매개변수로서 예언 가능성과 효율성을 추구하는 단선적이고 폐쇄적인 교육과정이며, 동시에 현존 체제의 질서를 유지하려는 범위 내에서 누적적인 변화를 추구하고 실재를 획일적이고 단순한 것으로 가정하는 교육과정을 말한다. 즉 표준화된 교육과정은 분명한 시작과 끝에 역점을 두는 선형적이고 계열적이며 쉽게 계량화할 수 있는 질서체제를 강조한다. 따라서 표준화된 교육과정은 달려야 할 길이 미리 정해져 있으며, 다른 길로 뛰는 것을 허용하지 않는다. 이와 같이 표준화된 교육과정은 미리 결정된 결과에 따라 교육과정을 표준화하기 때문에 학교생활에서 예언되고 통제되며 측정 가능한 측면만을 추구하며, 예언과 측정을 허용하지 않는 시험적인 것, 애매모호한 것, 예언 불가능한 것, 그리고 무한한 변화가능성의 영역을 의도적으로 봉쇄하고 있다(Doll, 1989).

일반계고교는 이러한 표준화된 교육과정 운영방식의 특징을 보이고 있다. 교육과정 운영과 관련하여 주목해야 할 부분은 교과와 과목의 선택, 이수 단위 결정, 학년·학기별 과목 배치, 특별활동과 재량활동 운영, 시간표 작성 등과 관련된 일련의 작업과정이다. 학교가 나름의 교육목표를 수립하고 이를 실행하고자 할 때, 교과목의 선택과 이수 단위 결정은 매우 중요한 의미를 갖는다. 학교의 색깔이란 학교에서 제공하는 교육 프로그램의 내용과 다르지 않다. 이와 같은 중요성에도 불구하고, 학교에서 교과목을 결정하는 과정에는 별다른 절차가 존재하지 않는다. 국가 주도의 교육과정 편성체제가 제도화되는 과정에서, 학교는 이미 결정된 교과목을 기준 단위만큼 실행하는 위치에 놓이기 때문이다.

제7차 교육과정에서는 이와 같은 상황에 약간의 변화가 발생하였다. 국민공통기본교육과정 단계인 고등학교 1학년의 교육과정 편성은 과거와 같은 방식으로 이루어지지만, 고등학교 2~3학년 단계에서는 학생의 교육과정 선택이 이루어지고, 교육과정 편성과정에서 학교의 주도성이 발휘될 필요가 발생하였기 때문이다. 제7차 교육과정의 취지에 비추어 보면, 고교 2~3학년 단계에서의 교육과정은 시·도 교육청의 교과목 지정, 학교의 교과목 지정, 학생의 교과목 선택 등 매우 복잡한 과정을 통하여 편성되어야 한다. 그러나 이 과정에 관한 상세한 절차가 확립되지는 않았다. 교육과정 시행과정에서 학생에게 이수과정에 따라 선택하여야 할 교과목을 안내하고, 학생의 선택을 수용하는 과정 등이 나타났지만, 실제로는 교사와 교육시설 여건 등 학교의 수용 범위 내에서 매우 제한적인 선택만이 보장되고 있다.

그럼에도 불구하고, 고교 2~3학년 과정에서 과목을 결정하고 배치하는 과제는 학교에 부여된 새로운 일이다. 한편 과목을 배치하는 문제도 중요한 검토사항이다. 학생이 어떤 과목을 먼저 접하고, 어떤 과목을 나중에 접하게 되는가는 학생의 교육경험 형성에서 중요한 의미가 있다. 시간표 작성도 압핀(apin)이라는 컴퓨터 프로그램을 활용하여 교사, 담당학년과 학급, 기피 요일과 시간 등 각종 조건을 부여하면, 그 조건을 충족하는 시간표 조합을 만들어 준다.

단위학교 교육과정 편성과 운영에서 가장 중요한 의사결정 단위는 교과협의회이다. 교과목의 결정, 담당교사 결정, 교과목 제공 학기 결정 등이 교과협의회에서 이루어지지만 교과공동체 간 논의는 거의 이루어지지 않는다. 학생은 특정 학년에 소속되며, 그 학년에 제공되는 여러 교과의 수업을 받게 되지만 교과 담당교사들의 교과를 초월한 협의과정은 존재하지 않는다. 교육과정의 편성과 운영에서 학생의 입장이 중시되거나, 교과의 성격이 중시되기보다는 교사 수급과 같은 현실 여건이 중시된다. 교과공동체 간 통합과 조정 기제가 필요하지만 학교 교육과정 편성과정에서 교과를 초월하여 교사들 간에 활발한 논의가 이루어지는 것은 아니다.

한편 시간은 학교에서 교육과정 운영과 관련하여 활용할 수 있는 매우 중요한 자원이다. 그러나 학교 교육과정 편성의 과정에서 시간 자원의 배분에 관한 고려는 거의 발견되지 않는다. 학생의 입장에서 직접적인 중요성을 가지는 시간표 작성의 경우도 그렇다. 시간표는 학생의 요구를 고려하지 않고 기계적인 장치에 전적으로 의존하는 셈이다.

이와 같이 일반계고교 교육과정 결정과 운영은 학생의 요구를 고려하지 않은 채 교육부에서 결정하고 교사가 실행하는 단순 도식으로 설명된다. 학교에서 이루어지는 교육과정에 필요한 일들의 대다수는 표준 운영 절차에 따른다. 학생의 입학과 진급, 교사의 수급과 배치, 교육과정의 편성과 평가, 학교 교육계획의 수립 등은 관행화된 일련의 절차에 따라 이루어지는 표준화된 교육과정을 가지고 있다.

(2) 획일적 교육과정

고등학교 교육과정의 획일성은 학생들이 적성과 진로가 다양함에도 불구하고 전통적인 도구 및 주지교과 중심으로 교육과정을 편성·운영함으로써 다양한 진로를 가진 학생들의 학습권이 심각하게 침해되는 데서 드러난다. 학생들은 학교에 흥미를 잃고 엎드려 자거나 장난을 치는 경우가 허다하다.

이러한 일반계고교 교육과정의 획일화는 대학입시의 고교 교육과정에 대한 획일적인 요구 때문이다. 고등학교에서 교육평가는 학업성적, 출결, 수상실적, 봉사활동 등 다양한 요소를 평가하지만 학업성적의 비중이 가장 높으며, 이는 학생, 교사들의 인식이 그러하고, 대학입학에 학교생활기록부 반영 요소 중 가장 많은 반영 비율을 갖고 있기에 더욱 그러하다(홍후조, 2004). 이것은 고교 교육과정 획일화의 실질적인 가장 큰 이유라고 할 수 있다. 대학입학 전형 요소는 우리나라의 실업계 고교, 특수목적계 고교, 특성화고교 등 특수한 여건의 학교들에 비해서도, 프랑스, 스웨덴 등의 진학준비 학교들에 비해서도 매우 미분화된 상태라고 할 수 있다(김창환, 1998).

교육과정 획일화의 또 다른 이유는 학교가 계속교육의 일환으로 진학준비 교육을 하는 곳으로 여겨지며, 대학입시에서는 입학생의 학업능력을 그들의 언어, 수리, 논리능력을 확인하는 국어, 영어, 수학성적에 가장 높은 비중을 두고 있어 이것들을 중심으로 학습하고 진학하라는 단순한 메시지를 보내고 있다. 그 결과 일반계고교들은 대학수학능력시험에 대비해 216단위 중 145~175단위를 수학능력시험 과목에 배정하고 있는 실정이다. 제7차 교육과정에 따른 대학수학능력시험도 국어, 수학, 영어, 과학, 사회, 직업, 한문과 제2외국어 등에서 선택하는 것이나, 2005학년도 입시 자료에 따르면 국어, 수학, 영어의 세 개 영역을 필수로 하고 과학, 사회, 직업 중 택일하여 그 속에서 세부 과목을 선택하는 식으로 단순화하고 있기 때문에 다양한 진로과정의 개설을 원천적으로 막고 있다. 이것은 대학입시가 진학준비 교육과정을 획일적인 방향으로 규정하고 있는 것이다. 개별 학교가 학생들의 적성에 맞게 다양하게 교육과정을 편성·운영하게 되면 도리어 대학입시에서 불리하게 되어 대부분의 학교에서는 전국의 거의 모든 학과와 모집 단위에 두루 응시할 수 있도록 최소 필수의 공통분모에 해당하는 교과목만 개설해 주고 있다. 결국 교육과정의 다양화는 오히려 바람직하지 못한 것으로 인식되고 있어서 결과적으로 전국의 일반계고교 대부분은 그 규모나 학교 종류에 상관없이 거의 획일화된 교육과정을 가지고 있다.

고교 교육과정의 특성화, 다양화와 학생들의 적성과 소질에 따라 학습을 할 수 있도록 하지 못하는 또 다른 이유는 교육과정 편성·운영에서 단위학교가 취해 온 획일적인 관행 때문이다. 일반계고교는 1학년에서 국민공통기본교육과정을 배우고, 2학년에서부터 인문사회과정이라는 문과와 자연과정이라는 이과로 나누어 배우고 있어서 학생의 적성과 능력과 진로에 맞는 학습을 추구할 수 있을 정도로 종합적이지 못하다. 학생의 특성에 관계없이 모두 비슷한 학습을 하고, 비슷한 영역에서 모든 학생이 대학입학을 향해 전면 경쟁하는 상황이다. 학교 교육과정의 존재방식은 그 근원이 되는 국가교육과정 기준의 존재방식과 밀접한 관계가 있다. 상이선택 교육과정임에도 공통필수 교육과정인 것처럼 많은 것을 교육과정 문서가 규정하고 있기 때문에 개설할 교과목의 성격, 목표, 내용체제, 교수-학습 방법, 평가와 교육과정 기준을 구현하는 교과서의 경우 집필지침, 검정기준 등이 교육을 획일화하도록 만들었다.

2) 대안적 교육과정 운영방식의 탈형식성

(1) 비공식적 교육과정

비공식적 교육과정은 학교교육의 공식적인 의도나 목적과는 상관없이 교수-학습활동을 포함한 학교생활 전반적인 경험과 관련되면서 학생들에게 무의식적으로 길러지는 사고방식, 행위의 원리, 가치관 태도 등의 변화로써 교육학에서는 잠재적 교육과정, 영 교육과정 등으로 지칭되기도 한다. 그러나 이보다는 학교문화가 비공식적인 면모를 가진 것이라고 함이 더 좋을 것이다.

일반계고교가 공식적인 면이 많이 강조되는 반면, 대안특성화고교의 교육과정 운영방식은 비공식적인 교육을 더 많이 강조한다. 대안특성화고교가 일반학교에 비해 어떤 점에서 비공식성을 갖는가는 <표 4>와 <표 5>를 통하여 비교해 보면 더 분명히 드러날 수 있다.

〈표 4〉 특성화학교와 타 학교 체제와의 비교

구 분	일반계고교	특수목적고교	특성화고교
설립 배경	평등한 교육기회 제공	교육의 수월성 추구	다양한 교육 프로그램
기본 이념	형평성	수월성	다양성
학생 선발	연합고사 후 추첨 배정	지원 후 내신 및 필답시험	지원 후 적성시험 평가

구 분	일반계고교	특수목적고교	특성화고교
프로그램 편제	공통필수+과정별 필수+과정별 선택→204단위 이수	외국어 교육기관의 경우 전문과목 82단위 이수	특성화 관련 과목 40~82단위 이상 이수
학교 경영	지시와 통제 위주	-	자율과 책임 위주
의사소통	일방향 의사소통	-	쌍방적 의사소통
의사결정	집권적(교장에 의한)	-	집단적 (교장+교사+운영위)
장학	행정적 감동 위주	-	임상, 동료, 자기 장학
학교 선택권	×	△	○
학생 선발권	×	○	△
문제점	교육의 수월성 저해, 학교 선택권 보장 못 함, 사립학교의 독자성 무시	입시 위주의 교육 조장, 교육기회 불균등 분배 (양질의 교육이 소수에게만 제공됨)	막대한 재정지원이 요구됨, 많은 수의 교사의 관심, 노력이 필요함

*출처: 이은경(1996), "고등학교 평준화정책 개선을 위한 특성화학교 모형 연구", 서울대학교.

〈표 5〉 일반계고교, 자율고교, 특성화고교, 특수목적고교의 비교

구 분		일반계 고교	실업계 고교	특성화고교		특수목적고교
				직업교육	대안교육	
성 격		진학 준비	취업 준비	전문가 양성	부적응 학생 지도 등	특정 분야 전문적인 교육 공·농·수산·해양 계열 과학·외국어·국제 계열 예술·체육 계열
법적 근거		초·중등교육법 시행령 제80조		초·중등교육법시행령 제76조 및 제91조 -정규학교 중에서 교육감이 지정·고시		초·중등교육법 시행령 제90조 -정규학교 중에서 교육감이 지정·고시
학생선별	모집	학군별/ 학교별	시/도	전국 또는 일부 지역		전국 또는 시·도
	방법	내신/ 선발 병용	내신	학교별		학교별

구 분		일반계 고교	실업계 고교	특성화고교		특수목적고교
				직업교육	대안교육	
교원 자격		교원자격 필요		교원자격 필요 산학겸임 교사, 강사 활용 가능		- 교원자격 필요
교육 과정		국가교육과정		시·도 교육감의 승인을 얻어 보통교과, 전문교과 이수 단위 수를 조정 가능		해당 계열 교육과정
교과서		국정·검인정 등 교과서 사용				
유형		일반고 1,246 교	실업계고 631교	디자인, 자동 차고 등 68교	대안특성화고 교 18교	과학고, 외고 등 116교 (영재고 1교와 부산과학고 비 포함)
시설		일반 시설기준 적용		감축 가능 (운동장 없는 학교도 가능)		일반 시설기준 적용
재 정	수업료	시·도 교육감이 책정		- 공립: 시·도 교육감이 책정 - 사립: 희망학교의 경우 학교 장이 책정		- 공립: 시·도 교육감이 책정 - 사립: 시·도 교육감이 책정 (단, 예·체능 및 외국어 계 열은 학교장이 책정)
	법인전 입금	수익용 기본 재산의 발생수익의 80% 이상(사립학교만 해당)				
	장학금	규정 없음		규정 없음		규정 없음

*출처: 교육인적자원부 홈페이지(http://www.moe.go.kr), 교육통계자료, 2004년 기준.

　학교에서 찾아볼 수 있는 비공식적 교육과정에 대하여 이홍우 (1977)는 다음과 같이 보았다. 교실의 공간적 특성이 교사나 학생들 의 교실수업 내에서의 일상적 활동에 어떻게 스며들어가 있는가를 보기 위해서는 일상적 활동의 특성에 대해 짚고 넘어갈 필요가 있 다. 교실수업활동은 교사에게는 교과지식을 어떻게 가르칠 것인가의 문제로서, 그리고 학생들에게는 어떻게 그러한 지식을 배우고 익힐 것인가 하는 관심사로 볼 수 있다. 이러한 관심사에서 보면 수업행 위는 무엇을 하기 위한 하나의 방법이다. 한편, 교실수업은 다른 무엇의 방법 이상의 의미를 갖기도 하는데, 곧 그것은 하나의 문화적 행동 양식이고, 교실은 그러한 활동이 벌어지는 공간이다. 여기서 말하는 일상성이란 일상적 활동과 일상적 사유 혹은 상식적 지식에 의해 구성되는 세계와 그 특성을 말한다. 즉 특별한 의미를 부여하지 않고 그리고 매번 의식하지 않고 되풀이하는 일을 우리는 일상적이라고 말한다.

학습의 범주를 주어진 텍스트에 대한 습득 이상으로 보는 관점을 받아들인다면, 학습내용으로서의 텍스트는 보다 넓은 의미로 파악되어야 한다. 그동안 우리는 공식적 교육과정체제하에서 학생들이 학교생활의 일상성에서 경험되는 것을 학습의 범주로 인식하지 못한 나머지 학습과 경험을 엄격하게 구분하고 공식적 교육과정만을 학습으로 간주하고 평가해 왔다.

그러나 대안특성화고교는 경험과 학습의 내용이 다르지 않고, 학습과 경험이 일치하는 방식의 학생들의 경험을 학습으로 인정하는 비공식적 교육과정을 부각시켜 운영하고 있다. 이처럼 교육과정의 개념을 학생들이 학교생활을 하는 동안 가지게 되는 경험의 총체로 정의한다면 비공식적 교육과정은 학교교육의 전체 경험과 관련되어 있음을 의미하는데, 결국 비공식적 교육과정은 학교교육을 통하여 학생들이 가지는 경험 중에서 종래의 공식적 교육과정의 개념으로부터 통상 간과되어 온 경험을 가리키는 것이며, 이러한 경험은 학교생활의 문화를 통하여 경험되는 전체 경험과 관련되어 있는 무형식의 학습결과 또는 경험이라고 정의할 수 있으며, 대안특성화고교의 학교문화는 비공식적 교육과정을 보다 많이 실현하는 데 주안점을 두고 있다.

(2) 공동체적 교육과정

공동체 중심 교육과정은 개인 중심 교육과정에 문제가 있다는 생각으로부터 시작한다. 공동체 사상의 등장은 서구사회의 위기의식과 밀접한 관련을 갖는다. 즉 서구사회의 이념적 지주인 개인주의와 자유주의에 대한 반성적 성찰에서 공동체적 사상이 재등장한 것이다. 오늘날의 서구사회는 시민사회의 다양한 이해와 가치들이 공동체적 유대관계 속에서 공존하기보다는 파편화된 이기주의의 형태로 나타나고 있다(방영준, 1998)는 것으로부터 시작한다.

일반학교가 개인 중심의 교육과정 운영조직으로서의 학교인 데 반해 대안특성화고교는 공동체 중심의 교육과정 운영공동체로서의 학교를 추구하고 있다. 대안특성화고교의 성패 여부는 그 학교문화가 얼마나 공동체성을 회복하고 있느냐에 달려 있다.

학습을 '실천공동체(Community of Practice)에의 참여'로 보는 상황인지론의 관점은 학습을 실천공동체의 행위로 보고 있다(Derry, 1985). 그렇다면 대안특성화고교는 어떤 점에서 실천공동체인가에 대하여 그 특성을 살펴보면 다음과 같다. 대안교육은 인간 상호간의 협력과 존중 그리고 평등을 강조할 뿐만 아니라 공동체생활을 통하여 서로 다른 생각을 가진 사람들을 이해하고 이해관계가 갈등을 일으킬 때 양보와 타협을 통해 분쟁을 해결하는 체험을 하도록 한다.

Sergiovanni(1994)에 의하면, 학교는 다양한 형태의 공동체가 될 수 있는데 학교공동체가 학교에서 어떤 가치를 우선하느냐에 따라 민주적공동체, 전문공동체, 학습자공동체, 리더공동체가 될 수 있다고 보았다.

첫째, 전문공동체로서의 학교이다. 학교에서의 공동체 규범은 교직의 전문직적 규범과 상당 부분 일치한다. 모든 구성원들이 자신의 지속적인 전문성 개발과 전문적 이상에 헌신한다. 교직에 있어서 전문적 이상은 다음의 네 가지 헌신, 즉 수업에 대한 헌신, 가치 있는 사회목적에 대한 헌신, 돌봄의 윤리에 대한 헌신, 자신의 수업과 교직 자체에 대한 헌신으로 구성된다. 최선의 방법을 사용하여 수업 실제에 헌신하는 것은 새로운 변화에 뒤떨어지지 않기 위해서 자신의 교수방법을 연구·개선하며, 새로운 아이디어를 실험하는 것을 의미한다. 이러한 헌신은 학교를 학습 및 탐구공동체로 전환시킨다. 학습공동체에서는 모든 구성원들이 사고하고, 성장하며, 탐구하는 데 몰입한다. 학습은 모든 구성원에게 활동이며 태도이고 또 과정이며 동시에 삶의 방식이다. 이 공동체에서는 모든 구성원이 학습자이면서 동시에 교사가 된다. 한편, 가치 있는 사회목적에 대한 헌신은 공동체 내의 모든 구성원들이 학생과 학부모 그리고 학교와 교육목적을 위해 봉사하는 것을 의미한다. 교사들은 올바른 일을 하도록 제공하는 학부모들의 신뢰를 수용한다. 학생들을 가족의 한 성원처럼 대우한다. 또한 교사들은 2세 교육을 위해서 최선을 다함으로써 국가가 제공하는 신뢰를 수용한다. 이와 같은 봉사정신은 교직이 하나의 단순한 직업에서 전문직으로 전환될 것을 요구한다. 다음으로 돌봄의 윤리에 대한 헌신은 교직의 전문적 이상의 핵심을 이루는 것으로서 기술적 지식을 전수하는 수준을 훨씬 뛰어넘는다. 이것은 인간으로서의 학생들의 학습을 증진시키고, 발달을 촉진시키며 사회적 욕구를 충족시키기 위한 모든 노력을 경주하는 것을 의미한다. 학교에서 돌봄의 핵심적 요소는 깊은 배려, 이타적 사랑, 친족과 같은 유대로 특징지어지는 교원, 학부모, 학생들과의 관계에 있다. 돌봄은 그 자체로서 하나의 목적이다. 돌봄은 학생들의 학습과정에 반영될 수 있도록 구체적으로 명시해야 한다. 전문적 이상인 자신의 수업과 교직 자체에 대한 헌신은 교실장면에서 당면하는 많은 문제로부터 교육정책에 이르기까지 교육문제 전반에 대해서 관심을 가지는 것을 의미한다. 공동체 구성원들은 교육 실제를 개선하고 발전시키기 위한 노력을 지속적으로 기울여야 한다. 또한 이러한 노력은 한 교사, 한 교실의 차원을 넘어서 학교 전체, 더 나아가 교직 전반에 걸쳐서 이루어져야 한다. 이와 같이 교직이 집단적 실제로 전환됨으로써 성공적인 교사는 그렇지 못한 교사에게 도움을 줄 수 있고, 또 한 학교의 성공 사례는 다른 학교에 영향을 미치게 된다.

둘째, 학습자공동체로서의 학교이다. 학교 내에서 교장과 교사들이 함께 탐구할 때 공동체를 이루게 된다. 탐구는 학교 내에서 학년과 전공 교과목 때문에 생기는 불협화음을 제거하는 데 도움을 준다. 탐구는 교사들 간에 토론을 촉진시키기도 한다. 탐구는 동료들이 하는 일을 이해하고 평가하도록 조장한다. 탐구는 교장과 교사들로 하여금 모든 사람이 배우는 사람이 되고 또 모든 사람이 가르치는 사람이 되는 이른바 학습 자료 공동체를 구축하게 된다. 학습과 탐구는 공식적인 역할과 계층의 관료적 관계를 인정하지 않는다. 구성원들은 자유롭게 표현하고, 자유롭게 실수하며, 자유롭게 모험을 감행할 수 있어야 한다. 탐구는 새로운 아이디어에 대해서 개방적일 것을 요구하며, 자유롭게 판단할 수 있고 다양하게 실행하도록 허용한다. 탐구를 함께 하는 것은 진실한 반성적 사고와 솔직한 대화를 요구한다. 교장은 지시하고 교사들은 이에 귀를 기울이는 상황에서는 반성적 사고와 대화가 이루어질 수 없다. 학습자공동체가 구축된다는 것은 새로운 학습뿐만 아니라 공유적 리더십과 진실한 관계로의 전환을 의미한다. 학습자공동체에서는 어느 정도의 평등성, 자기 자신에 대한 보다 정확한 이해, 새로운 아이디어에 대한 개방성과 그 실행 등을 요구한다.

셋째, 리더공동체로서의 학교이다. 공동체 내에서의 리더십은 사람에 대해 권력을 행사하는 것을 의미하는 것이 아니라 오히려 공유된 목적을 달성하기 위해서 지혜와 의지, 원칙과 열정, 시간과 재능, 목적과 권한을 행사하는 것을 의미한다. 공동체 내에서 사람과 사건을 지배하기 위한 권력(Power Over)으로서의 리더십은 공유된 목적을 달성하기 위한 권력(power To)으로 재정의된다. 리더십은 리더와 구성원들 간에 이루어지는 상호작용적 영향관계이다. 만일 영향력이 위에서 아래로만 일방적으로 발휘된다면 이는 리더십이 아니다. 따라서 리더십이 구성원 모두에 의해서 행사될 때 학교는 리더공동체가 된다. 교장과 교사들은 공동체의 가치를 실현시킬 동등한 의무를 부여받고 있으며, 또 이들은 리드해야 할 의무 역시 동등하게 공유한다. 가장 훌륭한 리더는 가장 훌륭한 봉사자이다.

넷째, 민주공동체로서의 학교이다. 학교 행정가, 교사, 학생 등 학교의 구성 주체들이 주인의식을 가지고 스스로의 규범과 규칙을 발전시켜야 하는 책임을 공유하고, 그러한 규범과 규칙을 지키는 것을 당연하게 받아들일 때 학교는 민주공동체가 된다. 민주공동체로서의 학교에서는 구성원들 각자의 경험이 존중되고 원활한 의사소통이 있다.

이러한 전문공동체, 학습자공동체, 리더공동체, 민주적공동체로서의 학교 특성은 대안특성화고교의 공통적인 교육이념으로서 교과목 편성·운영 그리고 기숙사생활 등 학교생활 전반을 통하여 실현된다.

(3) 탈형식적 교육과정

교육과정에서 다양성의 추구는 '학생이 다양하다'는 사실과 밀접히 연관되어 있다. 학생들은 여러 가지 점에서 서로 구별되는 다양한 특성을 지니고 있다. 뿐만 아니라 동시에 다양한 소질과 능력을 갖춘 학생을 길러내는 것이 교육의 목적이기도 하다. 그러나 교육의 실제 과정에서는 학생들이 동질성을 지닌 단일 집단인 것처럼 가정하고 교육을 진행하는 경우가 많다. 생산적인 교육, 그리고 더 나아가 올바른 교육을 위해서는 학생의 다양성을 충분히 이해한 다음, 이를 교육과정에서 심각하게 고려할 필요가 있다(김재춘, 1999). 학생들의 학습능력이 다르고, 경험과 삶의 역사가 다르며, 관심과 흥미가 다름에도 불구하고 모든 학생들에게 거의 동일한 교육내용이 제공된다. 교육과정이 전국 공통의 수업시수와 수업내용을 규정하고 있으며, 교육과정 해설서와 교과서가 교육내용의 동일성을 보다 구체적으로 구현해 내며, 교사용 지도서가 동일 내용을 가르치는 방법까지 동일화시킨다.

그러나 대안특성화고교의 교육과정은 교육내용에 한정될 뿐만 아니라, 교육과정의 운영방식에까지 확장하여 보아야만 '대안적인' 특성을 제대로 평가할 수 있다는 측면에서 학생의 다양성을 고려하여 교육과정이 편성·개발 및 운영되고 있다. 대안특성화고교들의 교육과정의 운영방식은 다음과 같은 교육과정 운영의 몇 가지 준거사항과 관련하여, 대체로 대안교육 프로그램들은 일반 정규학교와의 연속선상에 있지만 탈형식성을 갖는다.

첫째, 출석제의 성격에서 엄격한 출석제보다는 일정 부분 자유 출석제 방식을 취한다.

출석제는 의무수업일수나 교육과정시수, 그리고 학생의 출석일수에 관한 규정에 따라서 필수적으로 지켜져야 하는 사항임에는 틀림없다. 그러나 대안특성화고교에서는 단위학교와 학생의 특성이나 요구에 따라 일정 부분 학교의 정규수업을 학교 밖 경험학습으로 대치함으로써 출석제를 융통성 있게 실시할 수도 있다. 예컨대 대안학교의 역사가 오래된 외국 사례를 보면 미국 전역에 약 350여 개의 자유학교들은 학교생활에 있어서 학생들의 자기 주도적인 결정을 존중하며, 따라서 학생들의 수업에 대한 출결석에 관해서도 상당히 허용적인 것으로 알려져 있다(손민호, 2005b). 교육 프로그램들은 학교 부적응이나 특수한 요구에 따른 등록 학생들의 특성상 학생들의 인턴십 과정이나 지역사회 봉사활동 또는 개별 과제 수행을 강조하고 있는데, 이는 곧 해당 학교에서 일반 정규학교와는 달리 출석제를 유연하게 적용할 수밖에 없는 당위성으로 이어진다. 물론 출석제를 보다 자유롭게 적용한다는 것은 학생의 출석에 관해서 전적으로 학생의 자율에 맡긴다는 것을 의미하는 것은 아니다. 단위학교에서는 학교가 지향하는 교육목표나 학교 경영방침에 따라 수업을 대체할 수 있는 개별 요건들에 관해서 엄격한 심사를 통하여 관리하도록 하고 해당 교육청은 그 관리 정도에 관해서 평가해야 할 것이다.

둘째, 진급 및 이수 인정방식에서는 연령에 따른 진급 및 졸업제보다는 학습 진도에 따른 진급 및 졸업제 형식을 취한다.

일반적으로 정규학교는 시간이수에 따른 진급제를 따르고 있다.

이런 제도하에서는 학교가 요구하는 일정한 수준 이상 출석하고 학년이 넘어가면 진급하는 것은 어느 정도 관례로 되어 있다. 그러나 학년 진급과 관련하여 대안학교 가운데에서는 이러한 관례와는 다른 형태의 운영방식을 취하고 있는 학교 또한 종종 찾아볼 수 있다. 예컨대 메트스쿨은 주 정부에서 정한 평가기준을 따르지 않고 자체적으로 합의한 평가기준을 적용하는데, 일정 수준에 도달하지 못한 학생에게는 과감하게 유급을 적용하기도 한다(Cooper, 1994). 학습에 있어서 자율적인 측면을 장려하는 대신, 그 책무성에 관해서는 보다 엄격하게 시행하는 것이다. 이러한 경우 연령별로 구분되는 현재의 학년별 수업과는 다른 모습을 보여주기도 한다. 즉 수준별로 혹은 학생의 요구별로 여러 연령대의 학생들이 수업에 출석하기도 한다. 그러한 운영방식을 잘 보여주는 예로서는 비학년제 공립학교가 있는데 다연령 집단화는 모든 아동이 정해진 일정 내에 기본적인 것을 학습할 수 있도록 고도로 개별화된 교수-학습방법을 사용한다. 각 학생은 자신의 수준에 맞는 속도로 학습할 수 있고 대부분의 아동이 과목별로 매우 다른 속도로 진보해 나가는 것을 볼 수 있는데 2학년이 3학년과 4학년의 수학을 공부할 수 있으나 읽기에서는 여전히 어려움을 겪을 수도 있다. 이 프로그램은 전형적으로 3학년이나 4학년 말에는 모든 아동들이 기본적인 것을 성취할 수 있도록 하는 것을 목표로 설정하고 있다. 어떤 학교는 학생을 무선적으로 1~3학년 또는 1~4학년에 배치하고 어떤 학교는 2~3학년 학생들을 다양하게 조합하여 다연령 집단을 구성하기도 한다.

셋째, 경험학습의 인정 여부를 보면 학교 밖 경험학습을 불인정하는 일반학교와는 달리 학교 밖 경험학습을 인정한다는 점이다.

대안특성화고교 교육과정 운영 중 학교 밖 경험학습을 가장 특징 있게 보여주는 사항으로 인턴십 과정(Internship Course)을 쉽게 찾아 볼 수 있다. 인턴십 과정은 학생의 학교 밖 체험학습을 학교 교육과 정의 이수 단위로 인정하는 시스템이다. 여기서 말하는 학교 밖 체 험학습은 학생이 그들의 일상생활에서 겪는 모든 경험을 말하는 것 이 아니고, 바깥사회에 있는 직업조직이나 일터 혹은 연수기관 등에 서 어느 정도 체계적으로 자신의 학습에 보낸 시간과 노력을 의미한 다. 평생교육에서는 이러한 체험학습을 학교와 같은 획일적이고 고 정된 방식으로부터 그 형식을 탈피하였다고 해서 무형식 학습 (Nonformal Learning)이라고 일컫기도 하는데, 구조화되지 않은 삶의 경험을 통해 자연스럽게 이루어지는 무형식 학습과는 구분한다.

여기에는 '네트워크 스쿨(Network School)'과 같이, 학생들이 거주 하고 있는 도시 전체를 하나의 학교로 보고 학생의 학습문제에 접근 하고자 하는 '도시를 학교로(City as a School)' 혹은 '벽 없는 학교 (School without Wall)' 운동은 경험학습을 학교 교육과정을 이수하 는 또 하나의 방식으로 인정하고자 하는 대표적 대안교육 프로그램 이라고 할 수 있다. 이러한 프로그램은 학습 자원을 교과서나 교사 로 한정짓지 않고, 주변의 생태적인 네트워크에서 찾는 것으로서 이 러한 형태의 대안특성화고교 운영방식은 미국의 필라델피아 시의 'Parkway Program'이나 뉴욕 시의 'City as a School'의 학교 형태에 서 잘 찾아볼 수 있다(김영화, 2002).

이러한 운동의 확산은 출석제와 마찬가지로 학생의 교육과정 이수 방식에 대한 인증방식, 즉 졸업필수 이수제도를 졸업필수 능력성취 제도로 대치하는 대안적 교육과정 이수방식에 대한 요구와 연동되어 있다고 볼 수 있다. 뿐만 아니라 이러한 이수방식의 변화는 일반 정규학교에서 받아들이고 있는 출석에 의한 이수방식을 보다 유연하게 정착시키고 있다는 점에 관해서도 주목해 볼 필요가 있다. 즉 그것은 수업에의 출석이 학습자의 학습경험과 일치한다는 가정은 학생의 학습관리를 용이하게 하기 위한 행정 편의주의에서 나온 것으로, 시대의 요구에 더 이상 맞지 않고 반드시 받아들여야 하는 교육과정 운영방식이 아니라는 생각에서 비롯되었다고 볼 수 있다.

넷째, 교과교육과정의 재구성 정도를 보면 일반학교가 교과교육과정에 한정되는 데 반해 대안특성화고교는 통합교육과정을 운영하고 있다.

대안특성화고교 가운데에서는 교육과정의 운영방식에 있어서 다양성을 추구하면서 동시에 교과내용을 기존의 교과 양식이나 국가나 주수준의 교육과정 틀로부터 벗어나 해당 학교가 추구하고자 하는 이념이나 목표에 알맞도록 새롭게 제시하는 노력 또한 찾아볼 수 있다. 예컨대 Core Knowledge Schools나 The International Baccalaureate를 실시하는 학교들이 여기에 해당한다(김영화, 2002). 교과내용의 재구성에서 대안적인 교육의 의미를 찾고자 하는 학교들은 흔히 해당 학교가 소속된 연합체가 자체적으로 합의하여 구성한 교육과정 지침을 따른다. 이러한 교육과정 지침이 국가 단위나 주 수준에서 발행된 교육과정 틀과 비교하여 어느 정도 다른지, 혹은 어느 정도 유사한지에 관해서는 따로 조사해 볼 사안이지만 대안적 교육과정의 수용에 대해서는 상당히 허용적이다.

대안교육 프로그램 가운데에는 프로젝트나 체험학습 등 통합적 교수방식에 따른 수업으로 진행되는 경우가 많은데, 이 경우 교과지식은 통합된 방식으로 구성된다. 따라서 일반학교에서 수용하고 있는 전형적인 교과목의 틀을 유지하지는 않지만, 일반적으로 통용되는 교과 영역에서 크게 벗어나지는 않는다.

다섯째, 교사와 학생의 관계는 제도적 역할관계가 아니라 인간적 돌봄의 관계이다.

학교에서 공동체의 모습이 제도적 조직의 틀 안에 숨어 있듯이, 이차적인 집단관계가 일차적인 인간관계를 강력하게 제약하고 있다. 교사와 학생이라는 제도가 규정해 놓은 역할관계는 구성원들의 행동 양식을 통제하는 규범의 기능을 맡고 있다. 교사와 학생은 관계를 유지시키는 학교라는 제도적 여건에 종속되지 않는 자율적인 방식으로 자체를 유지하고 발전한다. 교사라는 역할은 그의 상대방인 학생에 대하여 제도가 처방해 놓은 규범적 기능을 담당한다. 학교수업 중에서는 서로가 서로에 대해서만 상호작용이 일어나는 이분법적인 질서가 기본 규칙이다. 교사는 교사라는 제도적 역할을, 학생들은 학생이라는 사회적 역할을 충실히 수행하는 경험을 한다. 학교에서 교사와 학생이라는 역할의 분리가 오랫동안 일상화되었기 때문에 자연스럽게 여겨지는 것이지 사실은 매우 독특하다.

대안특성화고교의 근거와 교육과정
연구동향 재검토

대안특성화고교의 대안성은 일반 공교육의 문제에 대한 대안에서 출발하였다. 이러한 대안특성화고교의 시작과 현황 및 법적 근거 그리고 연구동향을 분석해 봄으로써 본 연구의 차별성과 방향을 설정하고자 한다.

1) 대안특성화고교의 시작과 법적 근거

(1) 대안특성화고교의 시작과 현황

현 교육체제에 적응하지 못하는 것은 강제적 주입식 교과수업과 자율적 활동이 거의 허용되지 않는 규제, 통제 위주의 풍토 속에서 주체적으로 사고하고 경험할 수 있는 기회가 제공되지 않기 때문이다. 우리의 학교와 가정에서는 학생들에게 자율적인 권한과 책임을 부여하지 않으려 한다. 오직 입시 위주의 공부에만 전력하기를 바란다. 이것은 개성과 다양성을 추구하며, 개별적인 창의적 활동을 바라는 학생들의 요구와는 정면으로 대치된다.

다양성을 추구하는 학생들의 성향을 반영하여 우리나라에서 대안교육, 대안특성화고교에 대한 논의가 90년대 들어 활발하게 전개되었다. 대안교육을 기존의 제도교육과는 다른 새로운 교육을 추구하는 것이라고 정의할 때, 우리 사회에서 비록 대안특성화고교라는 이름은 붙이지 않았어도 이미 오래전부터 그러한 교육 실천이 시도되어 왔다고 할 수 있다.

60~70년대의 야학운동, 70년대의 민중문화운동, 80년대의 공부방운동 등이 바로 그것으로 민중교육으로 통칭되는 이 시기의 대안적 교육운동은 학교교육의 양적 팽창에 비례하여 상대적 박탈감이 커진 소외집단을 대상으로 소극적으로는 교육기회를 제공하는 한편 적극적으로는 새로운 사회를 지향하는 이념과 실천을 모색하였다. 특히 80년대는 급진적 사회운동의 전개로 학교 밖은 물론 학교교육 안에서도 기존 교육에 대한 대안적 이념과 형식을 모색하려는 움직임이 강도 높게 전개되었고 Silverman(1970)의 『교실의 위기』나 Illich(1971)의 『탈학교 사회』, Reimer(1971)의 『학교는 죽었다』와 같은 외국의 문헌들이 번역·소개되면서 관심은 더욱 고조되었다.

이런 흐름들은 때마침 과거의 경직된 학교교육을 질적으로 개선하는 것을 주요 목표로 추진하던 교육개혁과 만나게 되면서 당시 입시 위주의 획일화된 교육에서 급증하는 청소년 문제와 중도탈락학생 문제를 해결하기 위해 교육부는 1996년 12월에 '학교 중도탈락자 예방 종합대책'을 발표하였다. 대책의 핵심은 학교 모델을 다양화한다는 것과 학교 운영체제를 혁신하여 학교 부적응 현상을 최소화한다는 것이다.

특히 교육부는 부적응 학생을 대상으로 하는 대안특성화고교를 설립하기로 하고 중도탈락 학생들을 재적응시켜 감동적인 교육성과를 거두고 있던 영산 성지학교를 모델로 삼았으며, 그 형태를 정규학교와 단기과정의 프로그램형 학교로 제시하였다. 이런 기준에 따라 설립되는 학교 명칭을 특성화학교로 정하고 1998년 3월 초·중등교육법 시행령에 반영하였다.

현재 특성화고교는 정규학교의 입시 위주 교육에 적응하지 못하는 학생들을 주 대상으로 교과교육과 노작교육을 함께하여 학생의 소질과 적성에 맞는 교육과 자연친화적인 학습을 하는 학교로서 초·중등교육법 시행령 제91조의 규정에 의한 정규학교이다.

교육부에서는 1996년에 학교 중도탈락자 예방 종합대책을 발표하고, 1997년에 부적응 학생 교육을 위한 대안특성화고교 설립, 운영 지원계획을 세워, 1997년 말에는 '특성화고교'라는 새로운 고교 유형을 창설하고, 여기에 대안학교를 포함시켜 제도교육 안에서 새로운 교육을 가능하게 하는 대안특성화고교 제도가 입법화되었고, 1998년도에 양업고등학교가 충북 청원군에서의 시작으로 2006년 3월 현재 인가된 대안특성화고교는 고등학교 18개가 인성교육을 위한 특성화 학교로 지정되었다.

다음은 대안학교의 현재 운영되고 있는 현황을 유형과 성격에 따라 살펴본 것이다.

대안학교는 학교마다 특징이 다르지만 몇 가지 기준에 따라 유형별로 나눌 수 있다. 연구자의 관점에 따라 <표 6>에서 보는 대로 형태별, 운영방식, 프로그램 실행동기 및 교육 주체, 학교체제 존속 여부, 학교제도에의 포함 여부, 내용상의 특징 그리고 실험학교의 관점으로 분류하기도 한다.

<h2 align="center">〈표 6〉한국의 대안학교 유형 분류</h2>

고형일, 이두휴	서울평화교육센터	고병헌	권현숙	강태중	이종태	한준상	연구자
형태	운영방식	프로그램 실행동기 / 교육 주체	학교체제 존속 여부	학교제도에의 포함 여부	내용상의 특징	실험학교의 관점	학교성격에 따라 분류
인성 중심 대안 학교, 열린 학교, 원격 교육	정규학교 계절프로그램 방과 후 프로그램 유아 프로그램	종교적 이념 구현 외국이념 도입 대안적 가치 실현 특정대상 배려 자격증소지 교사 학부모참여 교육 중간 형태 사설교육기관 형태	– 학교체제 해체 (검정고시제도, 독학학위인정제도, 교육방송, 학점은행제) – 학교체제 유지 (특성화, 열린) – 학교체제 병립형(프로그램형 – 방과 후, 주말, 계절, 보육시설형)	제도 안 제도 곁 제도 밖	자유 학교형, 생태 학교형, 재적 응 학 교형, 고유 이념 추구	급 진 적 실 험 교, 진 보 주 적 실 험 교	진 의 실 학 교, 보 의 실 학 교	(1)대안특성화고교 –제도 안에서 내용과 방식을 다르게 (부적응 학생, 일반학생) (2)도시형 위탁대안학교 –소속 학교 이탈을 막고 대체교육 (부적응 대상으로, 서울=3, 부산1, 대구2, 대전4, 울산1, 충남5, 전북2) (3)제도 밖 대안학교 (제도이탈 대상)

*출처: 이종태(2002), "대안교육과 대안학교 분류"를 본 연구목적에 맞게 편집하고 내용 추가한 것임.

그러나 본 연구자는 학교 성격에 따라 분류해 보았다. 우선 가장 큰 기준은 인가 여부다. 인가 대안학교란 일반학교와 똑같은 학력이 인정되는 학교이며, 비인가 학교는 학교 과정을 마쳐도 검정고시에 합격해야 상급학교에 진학할 수 있는 학교이다.

인가 학교는 일반학교의 국민공통기본교육과정을 그대로 따르는 대신 정부의 지원을 받으며 일반학교의 국민공통기본교육과정을 그대로 따르면서 특기·적성이나 선택 영역 과정에 한해 자율적으로 프로그램을 운영한다. 반면에 비인가 학교는 정부 지원을 받지 않으며, 교육부의 간섭 없이 자유롭게 운영된다.

인가 학교에는 특성화대안학교와 도시형 위탁대안학교가 있는데 여기에는 학교 부적응 학생을 대상으로 한 학교와 그렇지 않은 학교로도 구분된다. 부적응 학생을 위한 대안특성화고교는 8개 학교이고 자유롭고 개방적인 곳에서 교육받고자 하는 일반 학생을 대상으로 한 대안특성화고교로는 10개 학교가 있다. 하지만 신입생 선발과정에서 이런 구분이 엄격하게 적용되는 것은 아니다.

도시형 위탁형 대안학교는 <표 7>에서와 같이 전국에 19개 학교가 있다. 학교가 적성에 맞지 않는 일반학교에 다니는 학생을 외부 대안학교에 위탁한 뒤 출석으로 인정하는 제도이다. 교육과정을 모두 마치면 소속 학교에서 졸업장을 받는다.

〈표 7〉 도시형 위탁대안학교 (2006.3. 기준)

시도별	기관 수	위탁 학생 수		
		중	고	계
서울	3		85	85
부산	1	200	698	898
대구	2	88	422	510
대전	3	100	234	334
울산	1		228	228
충남	3	1	13	14
전북	6	441	84	525
합 계	19	842	1,916	2,758

*출처: 교육인적자원부 홈페이지(http://www.moe.go.kr), 자료실, 2006.3.1. 기준.

한편 제도 밖에 있는 비인가 대안학교에는 <표 9>와 같이 초·중등형으로 나누어지고 초등형에는 주말·계절학교형, 방과 후 학교형, 정규학교형이 있으며, 중등에는 주말·계절학교형, 문화센터형, 비인가 전문강좌형, 비인가 상설학교형, 정규학교형으로 나누어진다.

제도 밖 대안학교는 <표 8>에서와 같이 59개 교가 있다. 이 학교들은 비인가 학교로서 주말·계절학교형, 문화센터형, 비인가 전문강좌, 비인가 상설학교형, 정규학교형이 있다.

그 외에도 2000년부터 새롭게 등장하는 대안학교 형태가 비인가 도시형 대안학교이다. 중·고 통합형으로 일정한 교육과정의 틀을 갖춘 학교부터 쉼터와 비슷한 형태도 있으며, 이러한 도시형 학교들은 주택이나 상가 건물에 공간을 마련한 뒤 상근교사 2~3명과 외부강사들이 수업을 진행한다. 서울시와 연세대 청년문화센터가 운영하는 문을 연 '하자센터'를 비롯해 한국청소년재단의 '도시속 작은학교', 서울 광진구청이 공간을 제공한 '두드림' 등이 해당된다.

〈표 8〉 제도 밖 대안학교 (2006.3. 기준)

학교유형	지역	학교수	서울	경기	인천	강원	충북	충남	전북	전남	광주	경북	대구	경남	부산
① 초등형 대안 교육 유형	주말·계절학교형	21	10	4		1	1		1			1		2	1
	방과 후 학교형	20	11	3	2				1				1	1	1
	정규학교형	2		2											
	소계	43	21	9	2	1	1		2			1	1	3	2

학교 / 유형		지역 학교수	서울	경기	인천	강원	충북	충남	전북	전남	광주	경북	대구	경남	부산
② 중등형 대안 교육 유형	주말·계절학교형	3	3												
	문화센터형	4	2								1				1
	비인가 전문강좌	2	2												
	비인가 상설학교형	4	2	1	1										
	정규학교형	3						1	1					1	
	소계	16	9	1	1			1	1		1			1	1
	총계	59	30	10	3	1		1	3		1	1	1	4	3

*출처: 교육인적자원부 홈페이지(http://www.moe.go.kr), 자료실, 2006.3.1. 기준.

대안특성화고등학교 성격은 <표 9>에서 보는 바와 같이 주로 지방에 있고, 도시에 있더라도 자연생태교육에 적합한 변두리 지역에 위치하고 있다. 또한 학급 수가 학년당 1~2개 학급이고 학생 수가 2개 학교를 제외하고는 학급당 20명 정도를 유지하고 있다. 교원 수는 평균 12명 정도의 적은 교사가 국민공통기본교과와 특성화 과목을 감당하는 작은 학교 형태의 성격임을 알 수 있다.

〈표 9〉 대안특성화고교 성격 (2006.3.1. 기준)

시도	학교명 (지정연도)	소재지	법인명 (전화번호)	학급수	학생수	교원수	대상 일반	대상 부적응	학교성격
부산	지구촌고 (2002년)	부산시 연제구 거제1동51	복음학원 (051 - 505 - 8656)	3	43	5	○		한국대학에 진학하려는 재외동포 청소년들 교육 21개국(기독교)
대구	달구벌고 (2003년)	대구시 동구 덕곡동75 - 5	덕성학원 (053 - 981 - 1350)	2	40	9	○		일반 학생 대상으로 무학년 선택수강을 실시하며 잠재력 개발과 공동체교육
인천	산마을고 (2000년)	인천시 강화군 하점면부근리 222 - 3	복음학원 (032 - 932 - 0191)	4	60	12	○		일반 학생 대상으로 기독교 정신을 바탕으로 한 전인교육(기독교)
광주	동명고 (1999년)	광주시 광산구 서봉동518	동명학원 (062 - 943 - 2855)	6	113	18		○	부적응 학생 중심으로 개인의 소질 개발을 위한 체험 위주 교육(기독교)
경기	두레자연고 (1999년)	경기도 화성시 우정읍화산7리 692 - 11	수곡두레학원 (031 - 358 - 8183)	6	120	16		○	부적응 학생 대상으로 행복한 사람 되기, 더불어 사는 삶 교육(기독교)
경기	경기대명고 (2002년)	경기도 수원시 권선구당수동 122	(공립) (031 - 416 - 3754)	5	72	16		○	부적응 학생 대상으로 인성교육, 노작체험 중심 교육(공립)
경기	이우고 (2003년)	경기도성남시 분당구동원동 산13 - 1	이우학원 (031 - 710 - 6902)	7	138	18	○		일반 학생 대상으로 맞춤식 교육을 실시하면서 공동체와 전인적 교육
충북	양업고 (1998년)	충북 청원군 옥산면환희리 181	청주카톨릭학원 (043 - 260 - 5077)	6	120	14		○	부적응 학생 대상으로 공동체성과 소질, 적성, 정서교육(천주교)
충남	한마음고 (2003년)	충남 천안시 동면 장송리 418 - 1	한마음교육문화재단 (041 - 567 - 5525)	3	60	6	○		일반 학생 대상으로 자기 주도 학습, 자연친화적 교육환경으로 자연을 닮은 조화로운 사람교육
충남	공동체비전고(2003년)	충남 서천군 서천읍 태월리 75 - 1	선천학원 (041 - 953 - 6292)	2	20	4	○		일반 학생 대상으로 기독교 정신, 전인적 발달, 공동체교육(기독교)

시도	학교명 (지정연도)	소재지	법인명 (전화번호)	학급수	학생수	교원수	일반	부적응	학교성격
전북	세인고 (1999년)	전북 완주군 화산면운산리 110-1	DIA 세인학원 (063-843-3939)	6	119	15	○		부적응 성적불량 학생 대상으로 사랑과 봉사교육, 5차원 전면교육(기독교)
	푸른꿈고 (1999년)	전북 무주군 안성면 진도리 865	푸른꿈학원 (063-323-2058)	3	72	10	○		일반 학생을 대상으로 한 환경·생태교육, 조화와 협동교육
전남	영산성지고 (1998년)	전남 영광군 백수읍 길용리 77	영산성지학원 (061-352-6351)	6	94	15		○	부적응 학생 대상으로 심신의 건강을 추구하는 교육(원불교)
	한빛고 (1998년)	전남 담양군 대전면 행성리 11	거이학원 (061-383-8340)	8	294	21	○		일반 학생 대상으로 지덕노체를 겸비한 인간양성교육(기독교)
경북	경주화랑고 (1998년)	경북 경주시 양북면장항리 333	삼동학원 (054-771-2363)	6	120	14		○	부적응 학생 대상으로 생명존중, 공동체적 가치교육(원불교)
경남	간디학교 (1998년)	경남 산청군 신안면외송리 122	녹색학원 (055-973-8124)	4	120	11	○		일반 학생 대상으로 자연친화적 공동체적 전인교육
	원경고 (1998년)	경남 합천군 적중면 황정리 292	원명학원 (055-932-2019)	6	94	17		○	부적응 학생 대상으로 마음공부와 공동체 가치교육(원불교)
	지리산고 (2004년)	경남 산청군 단성면호리 523	학림학원 (055-973-9723)	1	16	4		○	부적응 학생 대상으로 도움 되고 따뜻한 사람 되도록 체험 위주와 자연친화적 교육
18개 교				84	1,715	225	10	8	일반 8, 부적응 9, 외국인 1

*출처: 교육인적자원부 홈페이지(http://www.moe.go.kr), 자료실, 2006. 3.1기준.

(2) 대안특성화고교의 법적 근거

'특성화학교'라는 말은 본래 교육개혁위원회에서 미국 Dallas의 Magnet School System에서 얻어진 명칭이다. 특색 있는 학교를 마련하여 수요자인 학생이 선택하도록 교육위원회가 나서서 이끌어 간

공립 대안학교 시스템이다. 자석에 철이 붙듯 학생의 마음을 끄는 학교 프로그램에 학생이 모여들도록 공교육에 변화를 모색하자는 의미가 담겨 있다.

우리나라의 경우 학생의 모집보다는 기존의 획일적 학교운영방식을 탈피해 좀 더 학생들의 특성을 배려한 교육과정의 자율적 운영이 강조된다고 할 수 있다. 이러한 특성화학교가 우리나라에 도입된 배경은 첫째, 우리나라의 80년대 이후 시작된 대안교육운동의 영향이며, 둘째, 1994년 문민정부 등장 이후 구성된 교육개혁위원회에 의한 정부 주도의 교육개혁 추진의 영향이며, 셋째, 80~90년대를 지나며 우리나라 중·고교 학생의 중도탈락이 급증하고 청소년 범죄 행각이 크게 증가하였기 때문이다(정유성 외, 1999).

이에 정부는 1996년 12월에 학교 중도탈락자 예방 종합대책을 발표하였다. 학교모델을 다양화하며, 부적응 학생을 위한 대안학교를 설립하기로 하고, 그 형태를 정규학교와 단기과정의 프로그램형 학교로 제시하기에 이르렀다. 그러나 초반에 정부 주도로 실시하고자 하던 방침에 문제가 생겨, 민간에 의한 설립을 지원하는 방향으로 선회하고 고교설립준칙주의를 발표하였다. 이 기준에 따라 설립되는 학교 명칭을 '특성화고등학교'로 정하고 이를 1998년 3월 교육법 시행령에 반영하였다.

특성화고등학교는 특수목적고와는 달리 일반계고등학교 중에서 교육부 장관이 지정, 고시하는 고등학교로 그 법적인 근거는 초·중등교육법 시행령 제91조 '특성화고등학교'이다. 이 법령에 따르면 특성화고등학교는 초·중등교육법 시행령 제91조에 규정된 '특정 분야의 인재 양성'을 목적으로 하는 것과 '자연현장실습 등 체험 위주의 교육'을 목적으로 하는 것의 두 종류가 있다. 전자가 디자인이나 자동차, 만화와 같은 특정 분야의 전문기능 인력을 양성하기 위한 것이라면, 후자는 일반교육을 바탕으로 하되 특성화된 교육과정 운영을 통하여 특정한 가치나 인성교육을 지향하는 대안교육을 가능케 하기 위한 것이다.

또한 특성화고등학교는 국민공통기본교과 70%는 반드시 이수해야 하고 나머지 30% 특성화교과는 자율성을 갖는다. 이에 따라 이에 따라 산악등반, 심신훈련, 텃밭 가꾸기, 동물 기르기, 당구, 바둑, 배드민턴 등의 일반계 고교에서는 없는 교과목이 개설되고 있다. 대부분 노작체험 중심의 과목, 방과 후 특기·적성과목에 해당되는 것들이다. 교수방법에 있어서 교과의 성격이나 학생의 특성을 고려하여 집중이수제를 도입하기도 하고 무학년제 수업을 하기도 한다.

2) 대안특성화고교의 교육과정 연구동향 재검토

그동안의 연구동향을 살펴봄으로써 본 연구의 방향을 설정하고자 한다.

우리나라에서 대안학교에 대한 연구는 주로 정유성, 고병헌, 이종태, 강태중, 송순재 등 대안교육운동에 참여하고 있는 학자들과 양희규, 양희창 등 대안학교 설립자나 운영자들에 의해서 이루어졌다. 대안학교 실태에 대한 학술적인 연구로는 1996년 한국교육개발원의 강태중, 이종태, 이명준 3인에 의한 연구보고서가 있다. '좋은 학교의 조건과 그 구현 방안 탐색'이라는 제목으로 좋은 학교의 조건들에 대한 논의에 덧붙여, 대안교육에 대한 논의가 이루어졌다. 여기서는 대안교육의 정의와 국내외 대안교육 실천 사례를 제시하고 결론 적으로 대안교육이 '새 학교'를 구상하는 데 주는 시사점을 논의하였다.

대안학교 및 대안교육에 대한 정기간행물로는 교육개발, 환경과 생명, 한국교육연구, 교육사회학연구, 교육진흥, 한독 교육학연구, 민들레, 성공회대 논총을 비롯한 대학 논문집 등이 있다.

서울시 대안교육센터, 대안교육연대, 대안교육종합센터, 교육사랑방, 서울평화교육센터, 교육공동체, 글로벌 스쿨, 김용근의 발도로프교육, 느티나무교육문화 협동조합, 대안교육을 꿈꾸는 사람들, 부산 대안교육센터, 대안교육을 생각하는 모임, 새벽하늘, 이우교육연구소 등 대안교육 관련 단체에서는 각종 대안교육 관련 연수와 현장 교사와의 만남 그리고 교육자료 제공 등이 이루어지고 있다.

최근에는 이런 각 현장의 실천결과들과 자료를 바탕으로 한 연구 논문과 학위논문이 등장하기 시작하였다. 교육과정과 관련된 연구논문들을 살펴보면 다음과 같다.

첫째, 대안학교 교육과정 편성에 대한 연구로는 이종태(2002)의 "대안학교의 교육과정 연구"가 있다. 이 연구에서는 대안학교 교육 과정의 두드러진 특성을 내용과 형식의 다양성과 가변성에서 찾고 있다. 대안학교의 개념은 새로운 가능성을 향한 다양한 탐색의 발로라는 점에서 끝내 정형화될 수 없을지도 모르며, 정형화되는 순간 이미 그것은 대안교육이 아닐 수도 있다며 이를 무리하게 통일하거나 정형화시키려고 하는 일은 오히려 대안교육을 부정하는 것일 수 있고, 이 점은 정규학교로 인정받은 대안교육 부문의 특성화고등학교가 안고 있는 잠재적 위험 요소라고 제시했다. 그러나 이 연구는 동시에 교육의 질을 확보하기 위한 차원에서는 대안교육을 지향하는 교육과정의 기본 틀을 국가 또는 시·도 교육청 수준에서 제시해 줄 필요가 있다는 상반된 주장을 펼치고 있다.

둘째, 일반학교와 대안학교 교육과정을 비교한 연구로는 고형일·이두휴(1998)의 "일반학교와의 대안학교의 교육활동 비교 연구"가 있다. 이 연구에 의하면 두 학교 간의 중요한 차이로서 다음과 같은 두 가지 점을 들고 있는데, 일반학교가 교사와 학생들의 목표에 있어서 대학진학이라는 현실적 목표를 두고 있는 데 반해 대안학교는 대학진학과 인성교육을 동시에 중요시한다는 점과, 일반학교가 교사와 학생들의 관계가 공식적인 관계인 것에 반해 대안학교는 학생문화가 있고 공동체 의식이 강하다는 점을 가장 큰 차이점으로 들고 있다.

셋째, 특성화고등학교가 설립되고 나서부터 특성화고교의 교육계획 사례 분석이 이루어지고 있다.

이여정(2001)의 "공·사립학교와 대안학교의 교육과정과 교사의 가치관 비교"에서는 울산지역 5개의 일반학교와 경상도 전라도 소재 6개 대안학교 교사를 대상으로 교사의 교직관, 교육관 그리고 교육과정을 일부 비교·분석하였다. 여기서는 두 집단 간의 차이점을 대안학교가 특성화교과를 두고 있는 것에서 찾고 있다. 문제점으로는 학교시설과 교사 수급 문제를 가장 중요하게 다루고 있다.

김견수(2000)의 "우리나라 대안학교 교육과정의 비교 연구"에서는 98년과 99년도에 학력인가를 받은 10개 학교를 익명으로 한 연구가 이루어졌다. 여기서는 일반학교 중심의 제도와 정책에서 자유로움을 줄 것을 제언하면서도 시·도 교육청 수준에서 결정되고 있는 교육과정 편성·운영이 국가적인 지침을 마련해 줄 것을 제안하고 있다.

신은희(1999)의 "대안학교 교육과정의 실태 및 특성 분석"에서는 6개 학교를 선정하고 이를 다시 전인교육형 학교와 재적응형 학교로 나누어 교육이념, 교육내용, 교육과정 운영 특성, 교수방법 및 평가를 고찰하였다. 여기서는 대안학교가 일반학교와 교육내용은 크게 다르지 않고 방법 면에서 차이가 난다는 점과 교육내용의 조직기준을 학습자 흥미를 최우선으로 한다는 연구결과를 제시했다. 또한 대안으로는 대안교육협의회를 통한 공동해결을 방안으로 제시하였다.

여태전(2002)의 "간디학교의 대안 찾기: 그 삶과 교육에 관한 질적 연구"는 대안학교의 일상과 그곳에서 가르치는 교사는 누구인가를 질적 연구를 통하여 분석하였다. 일상은 자유롭고, 교사는 생태공동체적 삶과 실력, 실천력, 영성을 두루 갖추고 있는 사람들이라는 결론을 도출하고 있다.

김지영(2005)의 "초등학교에서의 대안교육 연구: 남한산초등학교의 실천 사례를 중심으로"에서는 남산초등학교에서의 실천 사례를 토대로 공립초등학교에서의 대안교육이 실천 가능함을 제시하고 있다. 접목 실천 조건으로는 전인적 인간교육 풍토 조성, 다양한 체험활동 강화, 학교와 학급의 규모를 줄여서 교사와 학생의 친밀도를 높이고, 학부모와의 의사소통 확대를 대안으로 제시하였다.

이선영(2004)의 "한국 대안교육의 활성화 방안에 관한 연구: 특성화고등학교를 중심으로 한 연구"에서는 대안학교의 문제로 재정난, 문제학생이 가는 곳이라는 인식을 들고 있으며, 대안으로는 학교운영에 대한 규제 완화, 재정지원 확대, 교육과정 운영의 단위학교 자율성 확대를 제시하고 있다.

최현득(2003)의 "대안학교 교육의 실태분석과 개선방안 연구"에서는 대안학교에서 이루어지는 교육의 특성을 고찰하였는데, 여기서는 교육다운 교육과 사람다운 사람에 대한 관점의 차이에서 대안교육의 질이 좌우되고 이 교육의 질은 전적으로 교사에게 달려 있다고 하면서, 대안학교 교사에 대한 교육의 필요성을 제시하였다.

박영규(2006)의 "긍정적 자아개념 형성을 위한 대안학교 교육과정 개발"에서는 경기도 공립 대안특성화고교인 경기 대명고등학교를 참여관찰을 통하여 연구하였는데, 재적응형 대안특성화고교라는 점을 감안하여 학생들이 학교에 재적응할 수 있는 기반이 갖추어져 있는가를 연구한 결과를 보면 다음과 같다. 학생들의 적응을 돕기 위한 일관된 교육이념이나 교육목표가 부족하고, 부적응을 도와줄 교육과정이 마련된 것이 아니라 다른 대안특성화고교의 교육과정을 그대로 도입하고 있다는 점 그리고 입시 위주의 학교운영 및 교사들의 대안교육 신념과 헌신적 사명감의 부족을 지적하고 있다.

이러한 연구들은 오늘의 청소년 문제 해결을 위해서 대안특성화고교의 이념을 소개하거나, 영산성지고교나 간디고교 등 주로 6개 정도의 학교들만을 대상으로 한두 개 학교의 사례를 통하여 인격교육적 관점에서 다루거나, 대안학교 학생들의 사회성을 비교·분석하여 다루었고, 주로 수업방법적인 측면에서 일반학교에 비하여 소그룹의 자율성을 가진 수업이라는 것과 규제완화와 재정난을 중요 문제점으로 제시하고 있다.

선행연구들을 통하여 알 수 있는 대안학교 연구동향은 크게 일반학교와 대안학교의 교육활동을 비교한 연구, 그리고 특성화고등학교의 교육계획 사례 분석 연구였다. 그러나 연구대상 학교가 한두 학교로 한정되어 이루어졌다.

이러한 연구로는 고유의 이념과 다양한 교과목을 각기 달리 편성하여 운영하는 대안학교의 특성을 다 파악할 수 없다. 따라서 본 연구는 그동안 연구되지 않았던 모든 대안특성화고교를 대상으로 대안특성화고교 교육과정이 현재 얼마나 탈형식성을 가지고 다양하게 운영되고 있는지와 다양성의 한계를 살펴볼 필요가 있다고 보고 연구를 시작한다.

지금까지 일반계고교와 대안특성화고교의 교육과정 성격과 운영체제를 통하여 대안특성화고교 교육과정의 다양성과 한계를 알아보기 위한 준거의 틀로서 대안적 관점을 살펴보았다.

먼저 일반계고교의 교육과정의 틀은 산업체제에 맞게 형성된 공교육의 틀을 적용하고 있다. 공교육은 개인의 능력에 근거한 경쟁사회를 추동시킴으로써 과학기술과 산업 발전에 맞는 인간 육성을 목적으로 교육과정이 만들어졌다. 그러나 학교의 학습내용이 자신의 적성, 능력, 진로에 맞지 않기 때문에 학생의 배울 필요성이나 동기가 약한 오늘날 교육위기의 주원인이 되고 있다. 그것은 획일적인 학교 교육과정으로 학생들의 적성, 능력, 진로에 상응하는 교육 프로그램을 갖추지 못할 뿐만 아니라 학생들의 학습권을 충분히 보장하지 못하는 것이어서, 학생들의 학교교육에 대한 불만으로 작용하여 교육병리 현상을 낳고 있는 실정이다.

한편 대안특성화고교들은 저마다 각기 고유의 문제의식 속에서 나름의 대안적인 교육들을 수행하기 때문에 공교육이 다 해 줄 수 없어서 나타나는 문제를 보완해 주는 제도적 장치라는 점에서 또 하나의 공교육의 틀을 유지하고 있다. 그럼에도 불구하고 대안특성화고교의 교육 현장은 '엄격하고 통제된 분위기', '획일적이고 일방적인 교육방식', '비인간화된 학교제도' 등으로 지적되고 있는 공교육의 문제점에 대한 대안으로서 공동체성을 지향하고 학생의 다양한 개성을 존중하며 자유롭고 민주적인 학교를 추구한다. 특별히 교실 밖의 다양한 경험을 통한 교육으로 감성과 지성의 조화로운 발달을 강조하고 있다는 점에서 대안성을 찾을 수 있다.

제 4 장 | 대안특성화고등학교 교육과정 운영실태

대안교육이 제도권 교육에 대한 대안을 제시해 주고 이를 통해 학교 교육의 문제점을 개선할 수 있기 위해서는 대안특성화고교의 교육과정을 보다 체계적으로 정리할 필요가 있다.

교육에서 다양성의 문제는 여러 차원에서 살펴볼 수 있다. 여기에서는 대안특성화고교의 설립이념을 토대로 교육과정이 얼마나 다양하게 편성·운영되고 있는지를 연구하고자 대안특성화고교 18개 학교의 교육과정을 교육이념, 교육내용, 교육과정 편성, 교육과정 개발 등 네 가지 분야로 나누어 살펴보고자 한다.

교육이념과 교육내용의 다양성

교육이념의 구성요소에는 여러 가지가 있을 수 있다. 조용환(1998)은 다음과 같이 말하고 있다.

대안은 하나의 안에 맞서 제시되는 다른 안(對案) 또는 하나의 안을 대신하는 새로운 안(代案)이다. 어느 경우든 현재 우리나라 학교체제의 문제점을 비판하고 나아가서 그 해결책으로 제시한 안이 대안일 것이며, 대안학교는 그러한 방안을 실천하는 새로운 형태의 학교일 것이다. 그리고 대안학교가 추구하는 이념은 기존의 관점과 다른 대안적 인간관, 교육관, 학교관에 기반을 둔 학교일 것이다.

이처럼 교육이념을 구성하는 요소에는 여러 가지가 있겠지만 여기서는 교육목표와 교육받은 인간상 그리고 어떤 사람을 선발해서 이러한 교육이념을 실현하고자 하는가를 통하여 다양성을 찾아보고자 한다.

1) 교육이념의 특성

교육이념은 지향하는 교육목표와 상정하는 교육받은 인간상 그리고 학습자의 다양성을 통하여 알 수 있다.

(1) 지향하는 교육목표

대안특성화고교가 지향하는 교육목표는 <표 10>에서와 같이 대상 학생을 고려하여 다양성을 가지고 있다.

A고에서 국어를 가르치는 윤 선생님은 학교의 교육이념을 다음과 같이 설명한다.

> "우리의 교육철학과 원리는 사랑과 자발성입니다. 아이들은 관심과 애정으로 지켜보면 스스로 성숙해집니다. 교육이란 학생들에게 변화의 계기를 제공하면 되는 것입니다."

대안특성화고교의 공통적인 교육목표의 특성은 지정의가 골고루 발달된 전인적 인간, 즉 나와 다른 모든 사람의 존엄성을 인정하고, 예의와 대의를 가진 도덕적 품성을 갖춘 인간을 기른다가 15개 학교, 사회 공동체 의식을 바탕으로 다르지만 인정하고 더불어 사는 지혜를 터득하여 공동선을 추구하는 인간을 기른다는 18개 학교 모두가 교육목표로 하고 있었고, 자연과 하나 되는 환경, 생명을 위한 자연친화적 생태교육을 한다는 학교는 10개 학교, 노작교육을 통하여 그 잠재능력을 개발하여 스스로 문제를 해결할 수 있는 자주적인 인간을 기른다는 학교는 8개 학교, 다양한 개성을 존중해 주고 개인의 존엄성을 기른다는 5개 학교, 자신의 존재에 대한 은혜와 직·간접의 도움에 감사하고, 보은하는 사람이 되게 한다는 8개 학교, 종교이념의 학교는 영성, 부적응학교는 마음, 일반학교는 품성을 갖춘 사람으로 기른다는 9개 학교, 자율적인 행동으로 자신의 삶을 책임지는 자주적인 인간을 기른다는 12개 학교, 자신의 잠재력을 일깨우고 소질을 계발하는 창조적인 인간을 기른다는 8개 학교, 그리고 심신의 건강 회복을 통한 올바른 가치관을 확립하게 한다는 3개 학교가 교육목표로 하고 있다.

〈표 10〉 대안특성화고교가 지향하는 교육목표

학교명	교육목표 비교										대상 학생을 고려한 학교별 교육목표
	전인성	공동체	자연친화	노작교육	개인존엄성	감사보은기여	마음품성영성	자주자율성	자아실현자기개발	가치관	
A	○	○	○								일반 학생 대상으로 자연친화적이고 공동체적 인간교육 지향(간디정신)
B	○	○		○	○	○	○				부적응 학생 대상으로 마음공부와, 생명존중, 공동체적 가치교육(원불교)
C		○					○	○			부적응 학생을 대상으로 마음공부, 생명존중, 공동체적 가치교육(원불교)
D	○	○	○		○			○			부적응 학생 대상으로 마음을 다스리고 심신의 건강을 추구하는 교육(원불교)
E		○		○				○			중산위권의 일반 학생을 대상으로 지덕노체를 겸비한 인간 양성(기독교)
F	○	○					○	○	○	○	부적응 학생을 대상으로 더불어 사는 유대감과 소질과 적성, 정서교육(천주교)
G	○	○		○		○		○	○		부적응 학생을 대상으로 관계성 회복에 힘쓰며, 다양한 문화와 기술의 체험학습을 통해 적성을 발견하는 교육(기독교)
H	○	○		○	○	○		○		○	부적응 학생을 중심으로 체험 위주의 교육을 통해 개개인의 소질 개발(기독교)
I	○	○		○		○			○		성적 불량 학생 대상으로 사랑과 봉사교육, 5차원 전면교육(기독교)

학교명	교육목표 비교										대상 학생을 고려한 학교별 교육목표
	전인성	공동체	자연친화	노작교육	개인존엄성	감사보은기여	마음품성영성	자주자율성	자아실현자기개발	가치관	
J		○	○			○		○			일반 학생 대상으로 생명의 가치를 일깨우는 생태생활 문화교육(기독교)
K	○	○	○		○		○	○			일반 학생 대상으로 기독교 정신을 바탕으로 한 전인교육 특기·적성교육(기독교)
L	○	○	○	○	○			○	○		부적응 학생을 대상으로 개성을 최대한 존중하는 인성교육과 노작체험(공립)
M	○	○	○				○	○			한국대학에 진학하려는 재외동포청소년(선교사 자녀 포함)에게 한국기독인의 정체성을 심어주는 복음학교(기독교)
N	○	○	○	○			○	○	○	○	일반 학생을 대상으로 더불어 사는 사람 인간존중, 자연친화, 상생의 지혜 터득, 자주적이고 자율적인 사람, 창조적 지성인, 전인적 인격체(공동설립)
O	○	○						○	○		일반 학생 대상으로 신나는 교실, 타고난 재능계발 교육시스템, 스스로 꿈을 키워 나가는 지혜로운 삶으로 인도, 전인성, 공동체성 강조(일반)
P	○	○		○				○	○		일반 학생 대상으로 기독교 정신을 바탕으로 한 전인교육, 공동체생활 체득, 자아실현 역량 강화 중심의 교육
Q	○	○	○	○				○			공동체생활교육과 특별활동인 노작을 통해서 생태생활문화교육을 지향하며, 집중식 교육
R	○	○	○					○			부적응 학생을 대상으로 능력과 개성 존중, 남에게 도움 되는 사람, 마음 따뜻한 학생, 자연의 섭리, 생명의 소중함 자각(일반)

*출처: 18개 대안특성화고교 학교 교육계획서 및 학교 발간 자료를 토대로 편집한 것임.

(2) 상정하는 교육받은 인간상

대안특성화고교의 특성은 우선 상정하는 교육받은 인간상의 다양성에서도 찾아볼 수 있다.

"우리 학생들은 간이역에 내린 사람들입니다. 정상 궤도를 달리던 인생열차가 잠깐 멈춘 사이 열차에서 내려 한눈 팔 때 열차가 떠나버렸지요. 우리 학교는 이들이 다른 열차를 탈 수 있도록 사다리 역할을 하는 곳입니다."(D고 교감)

"교육 현장에 희망을 주는 샘플을 만들고 싶었습니다. 공부 못 하고 문제 있는 아이들도 실제로는 자기 발전을 원해요. 그 아이들도 잘해 보려 혼자서 무척 애를 쓰다 결국 포기한 겁니다. 진정한 대안교육은 그들에게 바람직한 인성과 지적인 파워를 함께 길러줘야 합니다."(I고 교장)

"공부는 나중에 하더라도 먼저 인간이 돼야 해요. 더불어 사는 사회에 적응할 수 있도록 남을 배려하고 감사할 줄 아는 사람을 기르는 것이 우리 학교의 목표입니다."(D고 황교장)

<표 11>에서 보면 16개 학교가 나와 다른 남을 이해하고 적응하여 더불어 사는 공동체성을 으뜸으로 강조하고 있고, 14개 학교가 지정의가 조화로운 전인성에 역점을 두며, 8개 학교에서 다양한 개성을 존중해 주고 그 잠재능력을 개발하여 스스로 문제를 해결할 수 있는 자주적인 삶을 위한 노작교육을 강조하였으며, 5개 학교는 자연친화적인 면을 교육받은 인간상으로 꼽았다.

물론 대안특성화고교 이념적 측면에서 보면 4가지 모두를 다 중시할 것이다. 이념 면에서는 전 항목이 대체적으로 고루 제시된 것으로 보아 대안교육에 강조되는 인간상은 공동체교육, 자연친화, 노작교육, 전인교육임을 알 수 있다.

〈표 11〉 상정하는 교육받은 인간상

학교	교육목적 분류				교육목적
	공동체성	자연친화	노작교육	전인성	
A	○	○		○	지·정·의가 조화로운 인간, 역사와 사회 속에서 책임성 있는 인간, 자연과 더불어 사는 인간
B	○		○	○	마음공부를 통한 행복 가꾸기, 소중한 나, 은혜 속의 나, 마음 잘 쓰는 우리
C	○				함께 더불어 잘사는 사람
D				○	마음공부로 전인적 인성 개발
E	○				공동체적 인간 양성
F	○			○	공교육을 거부하거나 그에 적응이 어려운 학생들을 위하여 21세기 희망의 교육을 실현
G	○		○		행복하고 보람 누리는 삶, 공동체 정신, 혼 깨우치고 얼을 가다듬어 힘찬 나라 이루는 것
H		○	○	○	기독교 정신을 통하여 인성 중심 교육을 하며, 자연친화적인 교육으로 자아실현을 추구
I	○		○		지력, 심력, 체력, 자기 관리 능력, 인간관계, 진리, 이웃사랑 봉사, 재능 발휘
J	○	○			인간과 인간, 자연과 인간이 공동체임을 인식하여 함께 살아갈 수 있는 교육 실현
K	○	○		○	공동체 자연 하나님 인식
L	○	○	○	○	개성존중, 인성교육, 노작 중심, 체험 중심, 민주시민 의식배양, 건전한 사회인으로 성장
M	○			○	한국대학에 진학하려는 재외동포청소년에게 한국인 정체성, 하나님 나라 시민, 세계 청지기로 성장
N			○	○	더불어 사는 삶, 더불어 사는 사람, 자주적, 자율적, 창조적 지성인, 조화롭게 발달된 사람
O	○			○	기독교 정신에 입각한 '나눔과 섬김을 실천하며 더불어 사는 삶'
P	○		○	○	기독교 정신, 전인적 발달, 공동체생활, 자아실현
Q	○		○	○	바른 심성, 창의력과 책임감, 공동체적 삶의 방식, 자립심, 개인의 적성과 소질 개발
R	○			○	사랑의 힘으로 더 좋은 세상을 만드는 일꾼

*출처: 18개 대안특성화고교 학교 교육계획서 및 학교 발간 자료를 토대로 편집한 것임.

(3) 학습자

교육에서 다양성의 추구는 학생이 다양하다는 사실과 밀접히 연관되어 있다. 학생들은 여러 가지 점에서 서로 구별되는 다양한 특성을 지니고 있을 뿐만 아니라 동시에 다양한 소질과 능력을 갖춘 학생을 길러내는 것이 교육의 목적이기도 하다. 그러나 교육의 실제 과정에서 우리는 학생들이 동질성을 지닌 단일 집단인 것처럼 가정하고 교육을 진행하는 경우가 많다. 올바른 교육을 위해서는 학생의 다양성을 충분히 이해한 다음, 이를 교육의 과정에서 심각하게 고려할 필요가 있다.

대안특성화고교는 얼마나 다양한 학생들을 수용하고 있는가를 알아보았다. <표 12>에서 보면 외국학교를 다니다가 부모와 함께 귀국한 학생을 대상으로 하는 1개 교, 부적응 학생을 대상으로 하는 학교는 8개 교, 그리고 나머지 10개 교는 앞장의 교육목표에서 보았듯이 공교육의 대안적인 학교로 공동체성, 자연생태적, 노작교육, 전인적인 학교로 일반 학생을 그 대상으로 하고 있다.

학생 선발방법을 보면 17개 교가 중학교나 전적 고등학교의 생활기록부와 성적, 수상, 출결석 등을 반영하고, 학생과 학부모와의 심층면접을 통하여 대안특성화고교에 적응 내지는 필요성을 타진하고 있다. 그중 합숙 5개 교, 논술 5개 교, 그리고 6개 학교에서 MBTI 등 각종 인성 검사를 실시하고 있다.

학생 구성을 통한 학교 규모를 보면 적게는 16명, 많게는 294명까지 다양하다. 그렇지만 학생 수가 많은 학교일지라도 학년당 4학급씩 두고 있어서 학급 인원은 평균 20명 선을 유지하고 있다.

학생 모집시기와 기간을 보면 9월 초부터 시작해서 12월 중까지 이루어지는데 특징은 1회적인 서류나 면접으로 끝나는 것이 아니라 짧게는 1주일 길게는 한 달간 몇 차례에 걸친 전형이 이루어진다는 점이다.

학생 분포를 보면 전국을 대상으로 하고 있다. 그 이유는 대안특성화고교가 그 이념상 공교육으로는 다 줄 수 없는 것들에 대한 대안으로 설립되었기 때문에 공동체적이고 자연친화적인 학교 특성상 주로 농촌에 위치해 있고, 대다수의 학생이 대도시 학생들로 이루어져 있다. 학생의 연령 분포를 보면 17~24세가 주를 이루고 있지만, 대안특성화고교는 특별히 연령 제한을 두지 않고 있다.

〈표 12〉 학습자의 다양성

학교명	선발방법 비교						학생 수				모집시기	학교별 선발방법
	서류전형	학생부모면접	합숙	논술	검사	대상학생특성	전교생수	1	2	3		
A	○	○	○				120	40	18	22	11초	1차 서류전형 선발, 2차 2박 3일간의 체험학습, 학생과 부모 심층면접
B	○	○		○		부적응	94	27	31	36	10중	면접 70%, 생활기록부 20%, 자기소개서 10%
C	○	○				부적응	120	40	39	41	10중	생활기록부 30%, 학생면접 50%, 학부모면접 20%
D	○	○			○	부적응	94	26	35	33	10월	각종 표준화 검사, 학생과 부모면접, 생활기록부
E	○	○					294	100	100	94	10중	성적 30, 출결 6, 행동 6, 특활 6, 봉사 6, 수상 6, 면접 40%

학교명	선발방법 비교					대상학생특성	학생 수				모집시기	학교별 선발방법
	서류전형	학생부모면접	합숙	논술	검사		전교생수	1	2	3		
F		○			○	부적응	120	40	40	40	9초	1차 면접, 2차 학생과 부모의 MBTI 검사와 심층면접, 3차 교장과 전 교사 면접
G	○	○		○		부적응	120	40	40	40	10중	1차 서류전형, 2차 면접과 논술
H	○	○				부적응	113	40	38	35	10중	1차 서류전형, 2차 면접
I	○	○		○	○		119	40	40	39	10중	1차 서류(생활기록부, 성적, 학생과 부모의 계획서양식의 감상문) 기초 수능 검사, 학생과 부모의 설문, 의지조사, 2차 면접
J	○	○		○			72	23	24	25	10중	1차 생활기록부 등 서류전형, 2차 글쓰기와 면접
K	○	○	○		○		60	21	16	23	11초	1차 생활기록부 등 서류심사, 2차 1박2일 공동생활로 면접과 인성 검사
L		○			○	부적응	72	19	28	25	11초	표준화 검사 20점, 학생 면접 40점, 학부모 면접 40점
M	○	○		○	○	귀국생	43	22	13	8	12월	성적 30%, 구술과 면접 30%, 영어 국어로 글쓰기 30%, 외국수학기간 20%
N	○	○					138	81	57	-	10월	1차 서류전형, 2차 학생 학부모 심층면접
O	○	○	○				40	40	-	-	11월	1차 서류전형, 2차 2박3일 합숙캠프 심층면접
P	○	○	○				20	9	6	5	10월	생활기록부 18%, 국·영·수·성경 기초학력 30%, 수련회 면접 40%
Q	○	○	○				60	40	20	-	10말	1차 서류전형, 2차 캠프활동과 면접
R	○	○				부적응	16	16	-	-	11중	심층면접(의보 2만 이하, 생보자 우선)
계	17	18	5	5	6	1, 8, 9	1,715	664	545	466		

*출처: 18개 대안특성화고교 학교 교육계획서 및 학교 발간 자료를 토대로 편집한 것임.

2) 교육내용의 특성

우리나라의 고등학교는 교실에서 제공되는 교육내용은 대부분이 동질적이다. 학생들의 학습능력이 다르고, 경험과 삶의 역사가 다르며, 관심과 흥미가 다름에도 불구하고 모든 학생들에게 거의 동일한 교육내용이 제공된다. 교육과정이 전국 공통의 수업시수와 수업내용을 규정하고 있으며, 교육과정 해설서와 교과서가 교육내용의 동일성을 보다 구체적으로 구현해 내며, 교사용 지도서가 동일 내용을 가르치는 방법까지 동일화시킨다. 이러한 획일화의 족쇄를 깨뜨리고 학생들의 다양성을 신장시키기 위해서는 교육내용을 다양화할 필요가 있다.

대안특성화고교의 특성은 교육내용의 다양성에 있다고 할 수 있을 것이다. 대안특성화고교에서는 일반학교에서 개설하지 못하는 다양한 교과목들을 정규교과목으로 평설하고 있다. 대안특성화고교 교육과정의 특징을 내용의 다양성 측면에서 살펴보면 공동체교육, 자연생태교육, 노작교육, 전인교육으로 분류하여 살펴볼 수 있다.

(1) 공동체교육

공동체교육의 내용들을 분류해 보면 다음과 같이 42가지로 분류될 수 있으며, 아래의 과목 중에서 학교마다 이념과 목표 그리고 지역과 학생의 특성을 고려하여 편성하고 있음을 알 수 있다.

공동체교육의 내용들로서는 학교철학, 문화, 식구총회, 삶과 철학,

역사이해, 성과 문화, NGO 탐구, 대중문화 읽기, 지리산 종주, 축제 한마당, 유럽 배낭여행, 민속놀이, 합창, 향토순례, 산악등반, 유적답사, 문예창작, 가족관계, 봉사활동, 산악등반, 사회 속의 나, 해외탐방, 지역사회 봉사, 20세기 현대 세계사, 인물을 통해 본 한국사, 국제관계, 삶과 철학, 인턴십 연구, 논문 연구, 지역활동과 NGO, 통합기행, 지역사회 조사, NGO 탐구, 배낭여행, 인간관계, 해외탐방, 산악등반, 사회체험 봉사, 해외탐방, 지역활동, 산악등반, 유적답사 등이 있다.

공동체교육을 위한 과목은 주로 교내외 단체활동을 통하여 이루어지고 있음을 알 수 있다. 여기에는 해외영행, 등산, 유적답사, 단체봉사, 축제에 관한 것 등이 있다.

공동체적 가치 추구의 교육은 교과목 외에도 공동체 가치가 생활 전반에 바탕이 되게 하는 다양한 프로그램을 전개하고 있다. 가장 대표적인 프로그램으로는 기숙사생활과 학생들의 자치활동이 있는데 이러한 활동을 통하여 서로 다른 생각을 가진 사람들을 이해할 수 있도록 하며, 학교운영에 모든 학생들이 공동으로 참여하여 공동체 의식을 내면화하도록 하고 있다. 그리고 대안교육은 지역사회와 긴밀한 관계를 유지하여 교육이 삶의 과정과 유리되지 않고 학생들이 폭넓은 경험을 하도록 하며, 동시에 학교가 학부모와 지역주민의 참여 속에서 운영되게 한다. 또한 생명가치를 존중하며 모든 것을 생태적으로 사고하자는 생태주의는 현대사회의 온갖 질병을 치유할 수 있는 대안으로 주목받고 있다. 대안교육은 전통적인 교육의 문제점을 비판적으로 접근하면서 이에 대한 하나의 대안으로서 생태주의 이념을 적극적으로 수용한다.

따라서 대안교육은 이성제일주의가 아닌 이성과 함께 감성의 중요성을 인식하며, 경쟁과 출세지향주의보다는 협동을 중심으로 하는 공동체적 인간 그리고 생태적으로 합리적인 인간, 즉 자연친화적 인간 등을 그 교육의 목적으로 삼는다. 이를 위해 학생들의 이성뿐만 아니라 감성과 신체를 조화롭게 발달시키고 활용할 수 있는 능력을 키우는 교육을 하며, 학생들을 평가할 때도 이성과 감성과 신체의 조화로운 발달을 중요시한다. 또한 학습자 간의 협동을 중시하는 협력학습, 팀 프로젝트 학습방법 등을 개발하고 활용함으로써, 학생들이 상호 협동을 통해서 보다 훌륭한 결과를 얻을 수 있다는 사실을 인식할 수 있게 하며, 개인 중심의 이기주의 폐단을 극복하고자 개인과 공동체의 조화를 추구한다.

(2) 자연생태교육

자연생태교육의 내용들을 분류해 보면 다음과 같이 18가지로 분류될 수 있으며, 아래의 교과목 중에서 학교마다 이념과 목표 그리고 지역과 학생의 특성을 고려하여 편성하고 있음을 알 수 있다.

> 자연생태교육의 내용으로서는 환경생태, 자연체험, 통일생태 기행, 생태학습, 생활과 자연, 숲과 인간, 기초생태학, 생태농업 실습, 한국의 야생화, 동물 생태, 숲과 인간, 환경보전, 생태농업, 생태와 환경, 숲 생태, 인간과 환경, 생태학과 문학상상력, 생명사랑 등이 있다.

대부분의 대안특성화고교들이 자연생태교육 혹은 자연친화적인 인간을 기르고자 하는 공통된 특징을 갖고 있다. 여기에는 생태 경험학습, 동물, 식물, 환경에 관한 것으로 이루어져 있다. 대안교육은 생태주의적 세계관 함양에 효과적이며 이러한 생태주의의 교육적 적용은 모든 대안교육에 좀 더 적극적으로 이루어져야 할 것이며, 나아가 제도권 교육에서도 실천적으로 접목되어야 할 것이다.

(3) 노작교육

노작교육의 내용들을 분류해 보면 다음과 같이 112가지로 분류될 수 있으며 아래의 과목 중에서 학교마다 이념과 목표 그리고 지역과 학생의 특성을 고려하여 편성하고 있음을 알 수 있다.

노작교육의 내용들로는 다음과 같은 것들이 있다.

기르기로는 채소, 동물, 분재가 있고, 만들기로는 공예, 디자인공예, 목공예, 도예, 목공실습이 있으며, 체육으로는 구기, 택견, 검도, 볼링, 농구, 탁구, 태권도, 배드민턴 등이 있고, 음악으로는 사물, 민요, 국악, 합창, 합창·합주가 있고, 실용음악, 생활음악이 있으며, 미술로는 사진, 만화, 서예, 판화, 미술실기 등이 있다. 생태입문과 생활기술로는 농사, 농촌생활, 단체노작, 도자기 공예, 죽물 공예, 생활 도자기, 제과·제빵, 생활의학, 민간의학의 이론과 실제 I, 민간의학의 이론과 실제 II, 생활원예, 생태건축, 생태농업, 집 짓기, 텃밭 가꾸기, 옷 만들기, 우리 옷 연구, 음식 만들기, 생활의상, 생활원예, 조리, 한국조리, 헤어미용, 직업연구, 직업실습, 창작실습, 작물재배, 한지공예, 생활요리, 생활체험, 홈패션, 천연염색 등이 있다. 그리고 미디어교육, 생활과 문화, 컴퓨터 일반, 컴퓨터와 음악, 문화초대석, 컴퓨터그래픽, 사무자동화 일반, 문서실무, 영화개론, 영화실기, 영화보기, 글쓰기, 테마학습, 성과 문화, 현장체험 및 실습, 열린 사고, 열린 교육, 연극세계, 과제연구, 기초연기, 사진·영상, 컴퓨터 일반, 상황극 만들기, 중국어 회화, 직업연구, 직업실습, 영화와 과학, 문화이해, 우리 춤 우리 가락, 연극, 연극Ⅰ, 연극Ⅱ, 연극Ⅲ, 풍물Ⅰ, 풍물Ⅱ, 진로와 직업, 삶과 종교, 기획탐방, 현장실습, 우리 문화의 이해, 문예창작, 영화예술의 이해, 대중매체의 이해, 과학적사고 및 실험, 테마학습, 과제연구, 서예, 문학여행, 종이접기, 현대무용, 직업연구, 현장체험학습 등이 있다.

노작교육에는 의식주, 단체노작, 체육, 음악, 미술, 연극영화, 목공예, 컴퓨터 교과로 이루어져 있다. 이처럼 다양한 과목들을 편성·운영하고 있는 것은 오늘날 학교교육은 인간이 자기 삶을 꾸려 나갈 수 있게 하는 과정이라기보다는 오히려 모든 인간을 제도와 조직 속에서 동일한 표준형 인간으로 만들어 가고 있는 실정이라서 학교는 인간다운 인간을 기르는 본연의 목적과 독창성과 협동성을 잃어버린 기계적인 인간만을 키우고 있다. 따라서 정신의 황폐화에 대한 대안으로 건강한 육체에 건강한 정신이 깃든다는 생각에서 노동의 교육적 의미를 이처럼 부여하고 있는 것으로 보인다. 노작교육은 체험과 공동체성을 통한 교육과 치유를 꾀하는 것인데 실제로 노작교육을 통한 시간들을 통하여 정신과 마음이 치유되는 사례들이 대안특성화고교에서 입증되고 있다. 그러나 과목의 종류에 있어서도 주로 흙에서의 노작과 산과 자연을 이용한 것이며, 가축이나 바다를 이용한 것은 없고, 청소년기의 특성상 체육, 음악, 미술을 통한 재능을 표현하려는 학생들이 주로 대안특성화고교를 찾는 특성이 많다는 점을 감안하고 보면 예술교과 또한 지극히 빈약성을 보이고 있는 실정이다.

(4) 전인교육

전인교육의 내용들을 분류해 보면 다음과 같이 37가지로 분류될
수 있으며 아래의 과목 중에서 학교마다 이념과 목표 그리고 지역과
학생의 특성을 고려하여 편성하고 있음을 알 수 있다.

전인교육의 내용을 보면 표현예술로서 디자인 공예, 우리 춤 우리
가락, 합창 합주 등이 있고, 마음공부법으로서 요가, 행동예절, 종이접
기, 단전호흡, 마음일기, 생활명상, 요가 등이 있다. 그리고 성교육, 생
활음악, 생활예술, 가야금, 궁도, 서예, 퀼트, 피리, 목공예, 애니메이
션, 유화, 수벽치기 등이 있고, 청소년 성장 프로그램에는 내 속의 나,
심력 훈련, 인간관계 훈련, 자기 관리 훈련, 생활명상, 심성계발, 예절
생활 등이 있으며 학교이념 실현 교과로는 창조와 과학, 기독교 세계
관, 기독교와 경제, 칼빈주의, 집단상담, 5차원 전면교육, 초빙강연 등
이 있다.

전인교육을 위한 특성화교과는 주로 예술과목과 종교적인 과목으
로 편성되어 있음을 알 수 있다. 이는 체육, 음악, 미술을 통한 치유
와 종교적인 수양을 통한 영성 수련에 전인교육의 비중을 두고 있는
것임을 알 수 있다. 전인교육은 주로 예술과 종교를 통하여 심신의
조화와 균형적인 인간 육성을 실현하고 있다.

이상의 교육내용을 정리하면 <표 13>과 같다.

<h2 style="text-align:center">〈표 13〉 교육과정 내용의 비교</h2>

	공동체교육	자연생태교육	노작교육	전인교육
A	학교철학: 학교문화, 식구 총회, 삶과 철학, 교양심화: 역사이해, 숲 생태, 성과 문화, NGO 탐구, 대중문화 읽기 – 지리산 종주, 체험학습 학생회 활동, 간디인 한마당, 유럽 배낭여행		자립: 텃밭 가꾸기, 집 짓기, 음식, 옷 만들기 직업연구, 직업실습	감성: 표현예술, 디자인공예, 우리 춤 우리 가락, 합창 합주
B	민속놀이, 합창, 향토순례		생활의학, 창작실습, 작물재배,	마음공부 훈련, 마음일기
C	산악등반		컴퓨터 일반, 텃밭 가꾸기, 생활도자기	마음공부법, 요가, 행동예절, 종이접기, 단전호흡
D	산악등반, 유적답사, 팀 프로젝트	환경생태	현장학습, 단체노작, 기르기(채소, 동물, 분재), 만들기(공예, 목공예, 도자기), 체육(택견, 검도, 볼링, 농구, 탁구), 음악(사물, 민요, 국악, 합창), 미술(사진, 만화, 서예, 판화)	마음일기, 생활명상, 요가, 성교육
E	지식교과: 문예창작, 환경영어, 인간과 환경, 인간과 환경(생태학과 문학상상력, 환경영어, 생명사랑, 영어로 역사 읽기)	체험교과: 자연체험, 통일 생태기행	자립교과: 생태입문, 생활기술, 생활기술(도자기공예, 죽물공예, 옷 만들기, 제과·제빵, 생활의학, 생태건축, 생태농업, 한지공예, 생활요리, 천연염색, 텃밭 가꾸기	감성교과: 생활예술, 생활음악, 생활예술(가야금, 우리 춤, 궁도, 서예, 퀼트, 피리, 목공예, 애니메이션, 유화, 수벽치기)
F	가족관계, 봉사활동, 산악등반	생태학습	미디어교육, 현장학습, 노작활동, 진로지도	청소년 성장 프로그램,
G	사회 속의 나	생활과 자연	생활과 문화	내 속의 나
H		숲과 인간	생활원예, 컴퓨터 일반, 컴퓨터와 음악, 문화초대석, 배드민턴, 한국조리, 컴퓨터그래픽, 사무자동화 일반	
I	산악등반, 사회봉사, 해외탐방		영화개론, 글쓰기, 테마학습, 태권도, 단체노작	심력 훈련, 인간관계 훈련, 자기관리 훈련
J		생태농업, 기초생태학, 생태농업 실습, 한국의 야생화, 동물 생태, 연극 I, 숲과 인간, 환경보전	민간의학의 이론과 실제 I, 민간의학의 이론과 실제 II, 목공실습, 미술실기 I, 연극 II, 풍물 I, 연극 III, 풍물 II, 구기, 합창·합주, 도자기, 성과 문화, 우리 옷 연구	

	공동체교육	자연생태교육	노작교육	전인교육
K	지역사회봉사	생태농업	현장체험 및 실습, 생활의상, 음식, 생태건축, 열린 사고 열린 교육, 연극세계	
L			현장체험학습, 과제연구, 생활원예, 실용음악, 기초연기, 사진·영상, 컴퓨터 일반, 상황극 만들기, 조리, 헤어미용, 미술실기, 태,권도, 중국어 회화	생활명상, 심성계발
M	20세기 현대 세계사, 인물을 통해 본 한국사, 국제관계			
N	삶과 철학, 인턴십 연구, 논문 연구, 지역활동과 NGO, 통합기행, 지역사회 조사, NGO 탐구, 배낭여행		농사, 디자인공예, 생활의학, 옷 만들기, 음식 만들기, 직업연구, 직업실습, 도예, 생활원예, 생태건축, 연극, 영화와 과학, 문화이해, 우리 춤 우리 가락	
O	인간관계	생태와 환경	진로와 직업, 삶과 종교, 기획탐방, 현장실습, 우리 문화의 이해, 문예창작, 영화예술의 이해, 대중매체의 이해, 과학적 사고 및 실험	예절생활
P	해외탐방, 산악등반, 사회봉사		테마학습, 영화개론 및 실기, 과제연구, 검도, 진로와 직업, 노작활동	창조와 과학, 기독교 세계관, 기독교와 경제, 칼빈주의
Q	사회체험: 봉사, 해외탐방, 지역활동		자기계발: 서예, 연극, 풍물, 문학여행, 한지공예, 종이접기, 생활음악, 농촌생활, 현대무용, 영화보기, 천연염색생활체험: 목공예, 생태건축, 홈패션, 음식 만들기, 농사, 직업지도: 직업실습, 직업연구, 문서실무, 현장체험학습	
R	산악등반, 유적답사		노작학습, 현장체험	집단상담, 초빙강연, 감성교육

*출처: 18개 대안특성화고교 학교 교육계획서 및 학교 발간 자료를 토대로 편집한 것임.

대안특성화고교의 교육과정이 지향하는 교육이념의 특성은 대체적으로 공동체 안에서의 자주적이고 전인적인 개인의 발달에 있다. 또한 일반학교 공동체에서 어울리지 못하는 학생들이 대부분이라는 점을 감안하여 개인과 공동체를 통합시켜 보려는 일련의 교육철학적 흐름과도 맥을 같이할 뿐 아니라 공교육에서 추구하는 교육적 인간상과도 그리 다르지 않음을 알 수 있다. 대안특성화고교의 교육이념과 목표는 교육받은 인간상의 다양화를 추구하고 있음을 알 수 있는데, 이것은 대상 학생이 다양하다는 측면에서 바람직하다 하겠다. 그럼에도 불구하고 문제가 있다. 그 문제란 학생들의 관심과 진로를 고려해 볼 때 나타날 수 있는 것이다. 즉 학교 위치가 도시와 농촌 어디에 있느냐에 따라 학교 환경은 달라지고, 학생들의 문화도 다를 수밖에 없다. 또한 설립 주체의 대부분이 종교재단이라서 그 학교의 이념에 따른 교육과정이 편성될 수밖에 없는 한계를 지니게 된다.

대안특성화고교의 특성은 교과의 다양성에서도 찾아볼 수 있다. 일반학교에서 개설하지 못하는 다양한 교과목들을 정규교과목으로 개설하여 이수하게 하는 데 그 특성이 있다. 대안특성화고교 교육과정의 특징을 내용의 다양성 측면에서 살펴보면 공동체교육, 자연생태교육, 노작교육, 전인교육 등으로 볼 수 있다. 그러나 이러한 교육 내용이 8개 학교는 극히 제한된 몇 가지 과목으로 개설되어 있는데 이는 담당할 강사의 빈곤이나 시설이 학교 안에나 지역에도 제한되어 있기 때문이다.

교육과정 편성과 개발의 다양성

우리나라에는 오로지 한 종류의 학교만이 존재한다고 혹자는 말한다. 그 이유는 한국 어디에 있는 학교를 방문해 보더라도 그 학교만의 특색은 없고, 나머지 학교와 거의 대부분의 면에서 동일하기 때문이다. 여기서는 학생들의 다양한 필요와 요구에 부응하기 위하여 특색 있게 운영되고 있는 대안특성화고교의 교육과정의 편성과 개발의 획일성과 다양성을 알아보기 위하여 시·도 교육청 편성지침과 단위학교의 특색 있는 교육과정 개발 정도를 살펴보고자 한다.

1) 교육과정 편성방향

(1) 시·도 교육청의 교육과정 편성

교육과정 편성에서 시·도 교육청이 지정하는 이수과목 편성은 <표 14>와 같다. C고의 경우는 6개 과목을 적용하고 있으나, N고의 경우는 11개 과목을 시·도 교육청에서 이수과목으로 지정하고 있음을 알 수 있다.

〈표 14〉 시 · 도 교육청 지정이수과목

학교	과목	단위	지정과목
C	6	30	국어생활4, 정보사회와 컴퓨터4, 체육과 건강6, 일본어Ⅰ6, 한문6, 종교4
D	8	34	국어생활4, 시민윤리4, 인간사회와 환경4, 생활과 과학4, 정보사회와 컴퓨터4, 체육과 건강4, 일본어Ⅰ6, 논리학4
F	10	64	한문4, 가족관계6, 생태학습4, 봉사활동10, 산악등반12, 미디어교육4, 현장학습6, 노작활동6, 종교6, 상담 · 진로지도6
G	7	34	시민윤리4, 정보사회와 컴퓨터4, 체육과 건강6, 영어회화6, 일본어4, 생태와 환경6, 철학4
I	4	28	문학8, 수학Ⅰ8, 영어Ⅰ8, 교양4
M	9	20	실용수학4, 생활과 과학4, 체육과 건강4, 중, 일, 러, 스4, 철학, 종교4
N	11	28	시민윤리4, 정보사회와 컴퓨터4, 체육과 건강, 음악과 생활, 미술과 생활4, 중 · 독 · 프Ⅰ4, 진로와 직업4, 생태와 환경4, 영어회화4

*표의 7개 학교는 시 · 도 교육청 지정과목을 엄격하게 적용하고 있었다.
*출처: 18개 대안특성화고교 학교 교육계획서 및 학교 발간 자료를 토대로 편집한 것임.

(2) 단위학교 교육과정 편성

제7차 교육과정은 크게 국민공통기본교육과정과 선택중심 교육과정의 체제로 이루어져 있다. 그리고 시간 배당은 교과나 과목의 중요도를 보여주고, 이수 시간을 결정하게 되는 기준이 된다. 대안특성화고교 18개 교의 교육과정 편성과 이수에 대한 교육과정 현황은 <표 15>와 같다.

대안특성화고교의 교육과정 편성에서 알 수 있는 것은 대부분 국민공통기본교육과정과, 재량활동, 특별활동은 국가교육과정에서 인문계 고교에 제시한 편제를 벗어나지 않고 있다. 차이가 나타나는 점은 선택중심 교육과정과 재량활동의 하위 영역이다. 선택중심 교육과정은 크게 보통교과와 전문교과(특성화교과)로 구분이 되고 있다. 전문교과(특성화교과)를 별도로 설정하지 않고 있는 경우는 3년간 교과 시간의 30~35% 정도를 특성화하여 운영한다고 하는 지침이 있고, 이에 의거해 특성화교과를 별도로 제시하고 있는 경우이다. 또한 전문교과를 특성화교과라고 언급하여 이에 대한 시간을 배당하는 경우에서는 각 교과를 나열하는 경우와 영역으로 구분하고, 각 교과를 나열하는 경우로 구분되고 있다. 이것은 특성화고등학교가 현행 국가수준의 교육과정의 편제의 틀을 유지하고 있으며, 이들을 운영하는 데서 약간의 차이가 있을 수 있음을 짐작할 수 있다.

다음으로 시수 배당을 살펴보면 다음과 같다. 시수(단위)의 배당에서 공통적인 부분과 차이가 나타나는 부분이 있다. 국민공통기본교과의 경우 56단위는 공통적으로 이수하고 있으며, 선택중심 교육과정에는 보통교과에 일반선택이 21~60단위, 심화선택은 8~88단위로 편차가 크게 나타나고 있다. 전문교과에서도 32~66단위로 편차가 크게 벌어지고 있다. 재량활동과 특별활동은 각각 12단위로 거의 동일하였으며, 총 이수 단위는 216단위가 대부분을 이루고 있다. 일반선택과 심화선택은 고교 졸업 후 사회에 진출하기 위한 최종 교육의 의미를 지닌 학생과 대학을 진학하는 학생을 위한 배려에서 이들의 선택 비중이 달라질 수 있다. 그러므로 일반선택과 심화선택에서 어느 쪽의 비중이 크냐에 따라 그 학교가 지향하는 바의 유형을 파악할 수 있다.

〈표 15〉 교육과정 편성 및 시수 비교표

학교	교과구분	국민공통	일반선택	심화선택	재량활동	특별활동	특성화교과	이수단위계	주요 특성화 과목		
	기준단위	56	24 이상	112 이하	12	4		216	주요 특성화 과목		
A		56	101 / B / 82 개설		12	12	34 이상	216	-학교철학: 학교문화, 식구총회, 삶과 철학, -감성: 표현예술, 디자인공예, 우리춤 우리 가락, 합창 합주 -자립: 텃밭 가꾸기, 집 짓기, 음식·옷 만들기	-교양심화: 역사이해, 숲 생태, 성과문화, NGO 탐구, 대중문화 읽기 -특기·적성: 홈페이지 제작, 컴퓨터음악, 영화로 보는 세상, 유럽 배낭여행	-진로 선택(진학): 언어탐구, 수리탐구, 사회탐구, 과학탐구, 외국어탐구 -진로 선택(직업): 직업연구, 직업실습
B		56	82		12	12	54	216	마음공부훈련, 마음일기 생활의학	민속놀이, 합창, 향토순례	창작실습, 작물재배
C		56	96		12	12	40	216	컴퓨터 일반, 텃밭 가꾸기, 마음공부법	산악등반, 요가, 행동예절	종이접기, 생활도자기, 단전호흡
D		56	28	72	18	12	34	224	마음일기, 생활명상, 요가, 산악등반, 현장학습, 단체노작, 비교종교, 환경생태, 성교육	기르기(채소 동물, 분재), 만들기(공예, 목공예, 도자기),체육(택견, 검도, 볼링, 농구, 탁구)	음악(사물, 민요, 국악, 합창), 미술(사진, 만화, 서예, 판화), 유적답사, 팀 프로젝트
E		56	36	80	2	12	30	216	체험교과: 자연체험, 통일생태기행(텃밭 가꾸기) 감성교과: 생활예술, 생활음악, 생활예술(가야금, 우리 춤, 궁도, 서예, 퀼트, 피리, 목공예, 애니메이션, 유화, 수벽치기)	자립교과: 생태입문, 생활기술, 생활기술(도자기공예, 죽물공예, 옷 만들기, 제과·제빵, 생활의학, 생태건축, 생태농업, 한지공예, 생활요리, 천연염색	지식교과: 문예창작, 환경영어, 인간과 환경, 인간과 환경(생태학과 문학상상력, 환경영어, 생명사랑, 영어로 역사읽기)
F		56	24~70 (특성포136)		12	12	66	216	가족관계, 봉사활동, 청소년 성장 프로그램	생태학습, 산악등반, 미디어교육, 현장학습	노작활동, 종교, 상담 및 진로지도
G		56	48	88	12	12		216	생활과 자연	생활과 문화	사회 속의 나, 내 속의 나
H		56	104		12	12	32	216	생활원예, 숲과 인간, 컴퓨터 일반	컴퓨터와 음악, 문화초대석, 배드민턴	한국조리, 컴퓨터그래픽, 사무자동화 일반
I		56	28	인60 자64 예68	12	12	인53 지53 예43	인221 자225 예229	심력 훈련, 인간관계 훈련, 자기 관리 훈련	영화개론, 글쓰기, 해외탐방, 테마학습	산악등반, 태권도, 단체노작, 사회봉사(심화포)

학교	교과구분	국민공통	일반선택	심화선택	재량활동	특별활동	특성화교과	이수단위계	주요 특성화 과목		
	기준단위	56	24 이상	112 이하	12	4		216			
J		56		74	12	12	48 (+교양14)	216	생태농업, 기초생태학, 생태농업 실습, 한국의 야생화, 동물 생태, 연극 I	민간의학의 이론과 실제 I, 민간의학의 이론과 실제 II, 숲과 인간, 환경보전, 목공실습, 미술실기 I	연극 II, 풍물 I, 연극 III, 풍물 II, 구기, 합창·합주, 도자기, 성과 문화, 우리 옷 연구
K		62		104	2	12	36	216	생태농업, 현장체험 및 실습	생활의상, 음식, 생태건축, 열린 사고	열린 교육, 연극세계, 지역사회봉사
L		56	34	102	12	12	선택에 포함	216	생활명상, 심성계발, 현장체험학습, 과제연구, 생활원예	실용음악, 기초연기, 사진·영상, 컴퓨터 일반	상황극 만들기, 조리, 헤어미용, 미술실기, 태권도, 중국어회화
M		56	21	36	12	12	80	217	한국어(KSL) I·II, 독서, 회법(생활한국어), 작문(생활 속의 글 쓰기), 문학(한국문학 감상), 한국근현대사, 세계사	20세기 현대 세계사, 인물을 통해 본 한국사, 한문, 제2외국어심화(중, 일, 러, 스) I, 지역연구 I, 지역연구 II	language Art I·II / ESL I·II, critical thinking / ESL III, 이문화소통, current event, 시사토론, SAT, Toeic, 국제관계
N		56	28	8-78	12	12	0-68	216	삶과 철학, 인턴십 연구, 논문 연구, 지역활동과 NGO, 통합기행, 농사, 디자인공예, 생활의학	옷 만들기, 음식 만들기, 직업연구, 직업실습, 도예, 생활원예, 생태건축, 지역사회조사	연극, NGO 탐구, 배낭여행, 영화와 과학, 문화이해, 우리 춤 우리 가락
O		56	24	56 (48-64)	12	12	56 (52-60)	216	생태와 환경, 진로와 직업, 삶과 종교, 인간관계, 예절생활	기획탐방, 현장실습, 우리 문화의 이해, 문예창작	영화예술의 이해, 대중매체의 이해, 과학적 사고 및 실험
P		56	60	28	12	12	51	219	창조와 과학, 기독교 세계관, 기독교와 경제, 칼빈주의	영화개론 및 실기, 해외탐방, 테마학습, 산악등반	과제연구, 검도, 진로와 직업, 노작활동(사회봉사)
Q		56	38	58	12	12	40	216	자기계발: 서예, 연극, 풍물, 문학여행, 한지공예, 종이접기, 생활음악, 농촌생활, 현대무용, 영화보기, 천연염색	생활체험: 목공예, 생태건축, 홈패션, 음식 만들기, 농사 사회체험: 봉사, 해외탐방	직업지도: 직업실습, 직업연구, 문서실무, 현장체험학습, 지역활동
R		56	112		12	12	58	216	집단상담, 초빙강연	감성교육, 산악등반, 현장체험	노작학습, 유적답사
			R	70							

*출처: 18개 대안특성화고교 학교 교육계획서 및 학교 발간 자료를 토대로 편집한 것임.

2) 교육과정 개발방향

(1) 단위학교 교육과정 개발

대안특성화고교의 교육과정은 30% 정도를 학교 독자적으로 독특한 과목을 개발하여 운영할 수 있도록 되어 있다. 교육과정이 단위학교에서 얼마나 활발하게 개발되고 있는지는 <표 16>과 같다.

〈표 16〉단위학교의 교육과정 개발 정도

학교	공통필수	선택과목	특성화교과	특별활동
A	- 학교문화, 식구총회, 삶과 철학, 이동 학습, 졸업학습 실시	-	- 감성교과, 자립교과, 교양심화, 특기·적성으로 나누어 실시	- 지리산 종주, 체험학습 학생회활동, 간디인 한마당 등 운영
B	- 교사, 학부모, 외부 인사로 조직되는 교육과정위원회에서 편성	- 교사, 학부모, 외부 인사로 조직되는 교육과정위원회에서 편성	- 교사, 학부모, 외부 인사로 조직되는 교육과정위원회에서 편성	- 교사, 학부모, 외부 인사로 조직되는 교육과정위원회에서 편성
C	- 영어, 수학 부교재 개발 추진 중	-	- 농업, 종교 부교재 개발 중	-
D	- 기준단위 엄정 이수	- 도 지정과목은 반드시 선택, 기타 및 선택과목 역시 검인정도서에서 선택	- 마음공부, 생활명상, 생활요가 등 학교 자체 개발 실시	- 정규 교육과정에 허용된 틀 안에서 창의적 활용
I	- 일반 공통교과 적용	- 교과 재량 선택을 통해 학교이념 관련 교육	- 3분묵상 및 태권도 산악훈련, 테마학습, 대학탐방, 역사탐방	- 방과 후 활동을 통한 다양함 지양 - 교사의 지원 한계
L	- 국가 및 교육청의 지정에 따름	-	- 특성화 필수교과와 선택 특성화교과를 학교에서 개발	- 화요일 6, 7교시를 특별활동시간으로 운영, 체험학습으로 단체활동 수행

학교	공통필수	선택과목	특성화교과	특별활동
N	-7차 교육과정의 국민공통기본교과 반드시 이수	-학교 선택이 아닌 학생 개별선택 가능 단 교사 수급이 문제	-다양한 과목 개설 후 학생이 한두 과목 개별 선택	-체험 위주의 교육과정으로 단위학교에서 자체개발 후 시행
O	-영어 수학의 경우 독자 교재와 교수법 사용	-과학, 사회교과의 경우 교과협의회를 통해 개발	-특성화교과협의회를 통해 개발	-학생 수요조사와 현실을 고려하여 적극 편성
Q	-현행 제7차 교육과정을 준수	-현행 제7차 교육과정을 준수	-학교에서 자체 개발한 특성화교과가 있으나 재정과 시설 여건 한계로 적용 제약	-본교 특색의 활동을 개발(해외이동 수업, 극기체험 등)
R	-국민공통기본교과	-사회, 과학, 외국어교과 선택	-방과 후 활동으로 편성	-7차 교육과정의 틀 속에서 자유롭게 운영

*표의 10개 학교는 단위학교에서 교육과정 개발이 활발히 이루어지는 학교이다.
*출처: 18개 대안특성화고교 학교 교육계획서 및 학교 발간 자료를 토대로 편집한 것임.

A고의 경우 학교이념을 반영하기 위한 교과를 중심으로 개발하고 있다. B고 같은 경우는 교사, 학부모, 외부 인사로 조직되는 교육과정위원회에서 편성하고 있으며, C고와 같이 부교재를 개발하여 활용하는 경우도 있다. L고와 같은 경우 특성화 필수교과와 선택 특성화 교과를 학교에서 개발하고 있으며, O고와 같이 학생 수요조사를 통하여 편성하는 경우도 있다.

(2) 학교 독자적 필수과목 개발

대부분의 학교들이 독자적으로 교과목을 개발하여 필수이수과목으로 편성·운영하고 있다. 이들 학교가 개발하여 편성·운영하고 있는 과목은 <표 17>과 같다.

〈표 17〉 학교 독자적 개발에 의한 이수 필수과목

학교명	단위	독자적 개발에 의한 필수이수과목
A	23	*학교철학＝간디문화4, 식구총회6, 삶과 철학6, 이동 학습4, 졸업작품3 (5과목)
B	32	마음공부4, 마음일기8, 생활의학4, 합창6, 창작실습6, 작물재배4
C	28	컴퓨터 일반6, 텃밭 가꾸기6, 마음공부법4, 산악등반4, 요가4, 행동예절4
D	42	마음일기6, 생활명상6, 생활요가6, 산악등반6, 현장학습6, 단체노작6, 비교종교2, 환경생태2, 성교육2
E		－ 학생선택 자유 －
F	60	가족관계6, 생태학습4, 봉사활동10, 산악등반12, 미디어학습4, 현장학습6, 노작활동6, 종교6, 상담진로지도6
G	2	인성, 성, 환경, 경제, 자연체험, 전통문화체험2 － 재량으로만 －
H	32	농업이해4, 사무자동화 일반4, 배드민턴4, 미술이론2, 컴퓨터와 음악2, 문화초대석4, 생활원예4, 컴퓨터 일반6, 한국조리2, 숲과 인간4
I	53	심력 훈련12, 인간관계 훈련4, 자기 관리 훈련4, 영화개론2, 글쓰기2, 해외탐방2, 테마학습2, 산악등반6, 태권도12, 단체노작(사회봉사)7
J	68	생태농업4, 기초생태학4, 생태농업 실습8, 한국의 야생화4, 동물 생태4, 연극Ⅰ2, 민간의학의 이론과 실제Ⅰ2, 민간의학의 이론과 실제Ⅱ2, 생태입문2, 통합기행6,
K	40	생태농업6, 현장체험 실습4, 의상 음식 건축4, 열린 사고, 열린 교육4, 연극세계4, 졸업작품4,
L	16	생활명상4, 심성계발8, 현장체험학습4
M	27	비교종교4, 과제연구7, Independent Study4, 20세기 현대 세계사3, 인물을 통해 본 한국사2, language Art Ⅰ / ESL Ⅰ,language Art Ⅱ / ESL Ⅱ,critical thinking / ESL Ⅲ 택4 이문화 소통3

학교명	단위	독자적 개발에 의한 필수이수과목
N	12	삶과 철학4, 인턴십 연구4, 논문 연구4
O		-학생선택 자유-
P	16	기독교 세계관4, 영화개론 및 실기4, 해외탐방2, 산악등반2, 검도2, 노작활동2
Q		-학생선택 자유-
R		-학생선택 자유-

*출처: 18개 대안특성화고교 학교 교육계획서 및 학교 발간 자료를 토대로 편집한 것임.

대부분의 대안특성화고교에서는 자체적으로 개발한 과목에 대해 엄격하게 시·도 교육청의 승인 절차를 받는 체계적인 절차는 거의 이루어지지 않고 있고, 또한 학교 독자적인 개발·개설 과목의 대부분이 교재 형태로 이루어지지 않고 있음을 알 수 있다.

(3) 선택이수과목 개발

대안특성화고교는 선택이수과목을 학교 독자적으로 개발하여 학생들로 하여금 선택이수하도록 편성하고 있는 경우도 있다. 선택권이 학생에게 전적으로 주어져 있는 특성화교과목은 <표 18>에서 알 수 있듯이 학교의 자율성에 기초하여 학교 나름대로 교육이념과 철학을 기반으로 한 교과목을 개발하여 독특한 교육을 전개하고 있는 것으로 나타났다. 특히 학교 독자적으로 개발하여 편성·운영하지만 그 가운데에서도 선택이수하도록 한 것은 학생들의 개성과 재능 그리고 진로에 따라 자유롭게 선택할 수 있는 학습자 중심의 교육과정의 운영이라 할 수 있다.

〈표 18〉 학교 독자적 개발에 의한 선택이수과목

학교명	단위	학교 독자적 개발에 의한 선택과목
A	28	감성＝표현예술, 디자인, 우리 춤 우리 가락, 합창 합주{4과목} - 4 자립＝의(옷 만들기, 소품 만들기), 식(한국전통 요리, 서양 요리, 빵·과자 만들기), 노작(과수, 텃밭, 화훼, 허브, 채소, 쌀농사, 주(집 짓기, 생태건축, 생태공원, 생태조경)(21과목) - 3 교양심화＝역사 이해, 숲 생태,, 성과 문화, NGO 탐구, 대중문화 읽기, 지역사회 조사, 영화비평, 시사비평, 삶 읽기, 명작비평, 사진, 건축 이론, 락음악 이해, (31과목) - 2 특기·적성＝홈페이지 제작, 수지침, 영화 제작, 만화 창작, 단전호흡, 생활요가, 배낭여행, 산책, 숲속 생활, 바둑, 장기, 십자수, 종이접기, 수화 등 (50과목) - 3 진학진로 선택＝언어탐구, 수리탐구, 사회탐구, 과학탐구, 외국어탐구(5과목) - 4 직업진로 선택＝직업연구Ⅰ·Ⅱ(6), 직업실습Ⅰ·Ⅱ·ⅢⅣ(6), (11과목) - 12
B	16	학생선택 특성화 - 16
C	12	종이접기4, 생활도자기4, 단전호흡4
D	28	기르기＝채소2, 애완동물2, 분재2, 만들기＝공예2, 목공예2, 도자기2, 체육＝택견2, 볼링2, 농구4, 탁구4, 수영2, 배드민턴2, 음악＝사물2, 민요2, 국악연주2, 악기연주2, 합창2, 음악감상2, 미술＝소묘2, 조소2, 판화2, 사진2, 만화2, 서예2, 현장조사2, 유적답사2, 팀 프로젝트2(총 36 중 28)
E	30	체험＝자연체험6, 감성＝생활예술4, 생활음악2, 자립＝생활기술6, 지식＝문예창작4, 환경영어4, 인간과 환경4
F	16	청소년 성장 프로그램16
H	6	컴퓨터그래픽, 사무 자동화(컴퓨터그래픽)6
J	21	숲과 인간, 환경보전(택1)4, 목공실습, 미술실기Ⅰ(택1)3, 연극Ⅱ, 풍물I(택1)2, 연극Ⅲ,풍물II(택1)2, 구기, 합창·합주, 도자기(택1)4, 성과 문화, 우리 옷 연구(택1)3, 비교문화, 국제문제(택1)3
K		- 학교필수로만 운영 -

학교명	단위	학교 독자적 개발에 의한 선택과목
L	28	과제연구8(필), 생활원예10, 조리10, 태권도10, 컴퓨터 일반10, 사진영상10, 기초연기10, 상황극10, 실용음악10, 헤어미용10, 미술실기10, 중국어회화Ⅰ10 총 택28
M	28	한국어(KSL)ⅠⅡ, 독서, 화법(생활한국어), 작문(생활 속의 글쓰기), 문학(한국문학 감상)(택4)16, current event, 시사토론4 SAT, Toeic4, 수공예4
N	32	체험=지역활동과 NGO4, 통합기행6, 농사4, 디자인공예, 생활의학, 옷 만들기, 음식 만들기4, 진학진로=언탐, 수탐, 사탐, 과탐, 외탐4, 직업연구Ⅰ·Ⅱ, 직업실습Ⅰ·Ⅱ8, 특기·적성=고전강독, 과학실험, 수학의 눈, 문예창작, 작곡실기, 기악, 성악, 우리 춤 우리 가락, 실용음악, 힙합댄스, 영화와 과학, 문화 이해, 만화 창작, 애니메이션, 컴퓨터그래픽, 사진, 영상창작, 한국미술, 목공예, 철공예, 도예, 생활원예, 생태건축, 지역사회 조사, 연극, NGO 탐구, 배낭여행, 캠핑-2
O	56	교양인성=생태환경2, 진로와 직업4, 삶과 종교4, 인간관계4, 예절생활2, 체험=기획탐방4, 현장실습2, 진학진로=언탐, 수탐, 과탐, 외탐, 취업진로=진로 및 직업, 현장적응 훈련Ⅰ·Ⅱ·Ⅲ 8, 특기·적성=우리 문화, 문예창작2, 영화예술, 대중매체2, 과학사고, 과학사2, 기악성악2, 풍물, 국악, 댄스, 밴드4, 연극, 사진, 그래픽, 애니메이션4,, 노작과 자연, 생태농업2, 음식·옷 만들기2, 요가, 태권도, 검도, 레크레이션4
P		창조와 과학6, 기독교와 경제4, 칼빈주의4, 테마학습2, 산악등반4, 과제연구3, 검도8, 진로와 직업2, 노작활동4
Q	40	사회체험=봉사활동6, 해외 이동4, 농사8, 자기계발=서예, 연극, 풍물, 글쓰기, 문학여행, 한지공예, 일어회화, 종이접기, 생활음악, 농촌생활, 현대무용, 영화보기, 천연염색4, 생활체험=목공예, 생태건축, 홈패션, 음식 만들기6, 진학진로=언어, 수리, 사회, 과학, 외탐6, 직업진로=직업실습, 직업연구, 문서실무, 현장체험학습, 지역활동6

*표의 15개 학교는 학교 독자적 선택이수과목을 적용하는 학교이고 나머지는 일반학교와 별로 다르지 않기 때문에 생략하였다.
*출처: 18개 대안특성화고교 학교 교육계획서 및 학교 발간 자료를 토대로 편집한 것임.

지금까지 교육과정 편성과 개발의 다양성을 분석해 보았다.

대학입시에서는 입학생의 학업능력을 그들의 언어, 수리, 논리능력을 확인하는 국어, 영어, 수학을 가장 중요한 시험과목으로 점수비중을 두고 있어 이것들을 중심으로 학습하고 진학하라는 단순한 메시지를 보내고 있다. 대학수학능력시험에 대비해 216단위 중 145~175단위를 수학능력시험 포함 과목에 배정하고 있다. 그 결과 대안특성화고교도 국민공통기본교육과정은 충실하게 지키고 있으며, 선택중심 교육과정에서 차별화가 나타나고 있다. 이와 같은 것은 정규학교의 국가수준 교육과정 편성·운영지침에서 이들에 대한 사항을 규정하고 있기 때문인 것으로 보인다. 선택중심에서도 특성화전문교과의 영역에서 이수 단위, 필수와 선택과목 등에서 30% 정도를 특성화교과로 운영한다는 점에서는 그 학교 학생들의 특성이나 지역 여건 이념 등을 고려하여 편성할 수 있다는 것은 바람직하다.

따라서 대안특성화고교의 특성화교육과정은 각 학교별로 학교의 특성을 반영하여 매우 다양하게 구성되고 있다. 노작을 비롯한 생활자립교과는 대부분의 학교에서 찾아볼 수 있고 마음의 수양을 위한 과목도 5개 학교에 개설되어 있다. 그 밖에 전체적인 특징으로는 주지과목보다는 인간관계나 심성을 연마하기 위한 과목들이 주류를 이루고 있고, 체험이나 직접활동을 위주로 하는 과목들이 많이 편성되어 있다. 그리고 전체 학생들의 교외활동이 많은 것으로 보인다. 산악등반을 비롯하여 다양한 현장체험학습, 답사, 여행, 봉사활동이 그것이고 아울러 실습, 창작, 제작, 재배 등 활동 중심의 교과도 다수 편성되어 있는 것으로 나타났다. 또한 두드러진 특성으로는 진학진로를 위한 교과목과 직업진로를 위한 교과목을 구분하여 이수하게 함으로써 인성을 기본으로 한 상태에서 진로로 직업준비를 할 수 있도록 재능을 따라 특성화교육을 하고 있어 특성화교과는 다양하게 편성되어 있다는 것은 바람직하다 할 수 있다.

그러나 교육과정 이수방식에서는 대부분의 학교가 국민공통기본교육과정을 10학년에 집중이수하도록 편성하고 있는 등 일반계고교와 크게 다르지 않음을 알 수 있다.

또한 단위학교의 특색 있는 교육과정 개발 정도를 보면 4개 학교만이 공통필수와 선택과목에 한하여 독자적인 교재를 재구성하여 사용하고 있으며 나머지 학교는 일반교과서를 그대로 사용하고 있다. 그리고 학교 독자적 개발에 의한 선택이수과목을 보면 14개 학교는 학교 독자적으로 개발하여 학생들의 개성과 재능 그리고 진로에 따라 자유롭게 선택할 수 있는 학습자 중심의 교육과정을 운영하고 있지만 그것도 몇 과목에 한정되어 있고, 나머지 학교는 특성을 찾아보기 어려운 실정이다. 따라서 학교당 한 과목씩 특성화하여 대안특성화고교 연대를 통한 교육과정 개발팀을 구성하여 모든 과목에 걸쳐서 연구·개발하고 보급하는 시스템이 필요하다고 하겠다.

제 5 장 | 대안특성화고등학교
교육과정
운영방식의 특징

일반계고교 교육과정은 여러 차원에서 획일적으로 운영된다. 수업 집단의 편성, 수업차시의 편성 등은 전국의 거의 모든 학교에서 비슷한 방식으로 이루어진다. 수업 집단은 최근 들어 열린 교육과 수준별 수업의 일환으로 부분적으로 탄력성 있게 편성되는 경우가 있기는 하지만, 여전히 대부분의 학교에서 그리고 대부분의 수업시간에 대집단 수업이 이루어지고 있다.

반면에 대안특성화고교는 일반계고교에 비하여 학교 교육과정을 보다 탈형식성을 가지고 운영하고 있다. 교육과정 운영방식을 경험학습의 인정 여부, 진급 및 교과 이수 인정방식, 교육과정의 재구성 정도, 특성화교과목 운영 정도, 교사와 학생의 관계, 학교생활 전반의 평가방식을 통하여 대안특성화고교 교육과정 운영방식의 특징을 살펴보고자 한다.

1.

경험학습의 인정 여부

일반계고교에서는 대부분 교실수업을 학습으로 인식한다. 그러나 대안특성화고교는 학교 밖에서 이루어지는 다양한 체험활동을 교과목으로 명시해 두고 학습으로 인정하는 과목들이 많다. 학습으로 인정받는 학교 밖 교육활동들을 보면 다음과 같다.

첫째, 지역사회활동이나 며칠간의 체험학습은 학습으로 인정받는다.

대안특성화고교들은 교실에서뿐만 아니라 한 달에 한 번씩 3~4일 동안 이동식 수업을 하고, 1년에 3회 정도 있는 체험 이동 학습 때는 각 학년마다 3박4일 정도로 나름대로의 일정을 잡아 연극도 보고 직접 배우도 만나는 시간을 갖는가 하면 대학이나 방송국을 견학하기도 하고 늪에 가서 생태조사를 하기도 하며 양로원이나 장애자 시설을 찾아 모든 시간을 봉사활동으로 보내기도 한다. 뿐만 아니라 1년에 한 번은 모든 선생님과 전교생이 등산을 하며 매월마다 생일축하파티와 체육대회 및 단오제 같은 행사들이 연달아 있는데 모두 학생들이 주체가 되어 직접 기획하고 발표하고 참여하면서 꾸려 나가고 선생님들은 곁에서 지원을 해 주는 정도이다(A고).

둘째, 직업과 진로교육을 겸한 산업체 현장체험학습을 실시하는데 사회의 특정 영역이나 직업현장에의 참여를 교육과정으로 인정하는 경우이다. 지역사회의 유능한 직업인들을 찾아가 특강을 받는 특강이 직업진로 선택이라는 교과목에 있다.

직업진로 선택교과에는 직업연구와 직업실습 과목이 있는데 이는 자신의 진로나 꼭 배워 보고 싶은 것을 중심으로 지역에서 찾아 이용할 수 있는 것이면 어떤 형태도 직업과 관련된 것은 가능하다고 한다. 이것은 학생의 취미에 따라 양봉, 도예, 버섯재배 등 학교에서 시설을 둘 수 없는 경우가 주로 이루어지게 된다(A고).

셋째, 한 달에 4, 5일쯤 과제를 가지고 가서 학부모와 함께 공부하는 가정학습의 기간이 있다.

한 달에 4, 5일쯤 가정학습의 기간을 두고 이를 공식적인 교육과정의 일환으로 운영하고 있는데 이러한 가정학습은 학생이 전국에서 모여 있고, 가족과 떨어져 있는 기숙사 학교인 특징을 살려서 시행하는 제도이가. 집에서 가족과 함께 할 수 있는 과제가 주어지거나 공부하기 좋은 과제를 가지고 가서 학부모와 함께 공부하는 기간이다(A고).

넷째, 단기적인 여행을 통한 체험학습을 학교의 특성화된 교육과정으로 보다 적극적으로 추구하는 경우이다.

매 학기 국토순례 및 문화유적지 탐방활동을 수업으로 인정한다. 입학 전 학교 적응 프로그램으로 신입생과 교사 전원이 참여하며 매년 2월 마지막 주 3박4일간에 걸쳐 새내기 모꼬지를 실시하고 있다. 매년 2학기에 3박4일 일정으로 1학년은 지리산 종주를, 2학년은 제주도 자전거 하이킹을 통하여 자연생태체험과 자기 발견과 극기, 동기 간의 관계성 회복, 인간과 자연의 올바른 만남과 관계성 회복을 목적으로 하고 실시하고 있다. 매 학기마다 국토순례 및 문화유적지 탐방 활동을 하고 있으며, 3주 집중학습＋1주 체험학습의 문화체험, 국토순례, 극기 훈련을 한다(Q고).

다섯째, 자연생태체험활동을 주당 2시간 편성하여 유기농법으로 작물을 재배하고 수업으로 인정한다.

무와 배추는 공통으로 가꾸어 수확한 후 식당에서 반찬거리로 활용하며, 감자, 옥수수, 토마토 등을 조별로 선택 재배케 한다. 또한 황토나 치자, 쑥 등 천연재료를 이용한 염색과 잡초와 쑥을 이용한 효소 만들기를 실습한다. 뿐만 아니라 음식 만들기나 제과, 제빵, 옷 만들기, 대나무 공예, 도예 등의 강좌를 개설함으로써 자립경제교육의 기반을 다지도록 하고 있다. 지리산 등반이나 서해안 탐사 혹은 동학혁명 유적지 탐사 등 심도 있는 자연현장 생명문화공동체교육도 지향한다(E고).

여섯째, 해외 이동 수업을 활용하여 학교 밖 경험학습을 공식화하는 경우이다.

해외 이동 수업은 학생 중심의 교과 통합 프로그램이라는 측면에서

의미가 있으며 교과 측면에서는 학생들 스스로 사전조사를 하고 발표함으로써 정보를 사전에 공유하며 모든 일정에 학생들의 자치적인 의견이 반영될 수 있도록 하고 있다(G고, L고, E고). 이러한 해외 이동 수업은 보름 정도의 일정으로 1학년은 중국을 방문하고, 2학년은 일본을 방문한다. 해외 이동 수업의 모든 준비는 학생들에 의해 이루어지며 몇 달 전부터 학생들은 게시판에 각종 도면과 사진을 붙여 놓는 등 한껏 들떠 절로 학교생활이 즐겁다고 한다. 작년에 중국을 방문한 한 학생은 "중국에서 우리 또래의 탈북 청소년들을 만나 보니 내가 너무 풍족한 생활을 하고 있음을 실감했다."라고 소감을 밝혔다. 그 외 지역문화 시설을 활용한 많은 문화체험 기회도 가질 수 있는 다양한 행사를 계기교육을 통하여 실시하고 있다(G고, C고).

일곱째, 3학년 때 직업전문학교 등의 위탁교육과정을 운영하고 있는데 직업전문학교에서 직업교육을 받고 소속 학교의 졸업장을 받는다.

이것은 학생의 진로와 적성을 고려하여 학교에서는 시설과 강사의 수급 부족으로 선택할 수 없는 교육과정을 다양화하기 위하여 학생이 희망할 경우 3학년 때 직업전문학교 등의 위탁교육과정을 운영한다(L고). 교육기간은 3학년에 한해 1년간 정부의 전액 지원으로 월요일 하루만 원소속 학교에서 공통 필수교과 6시간 이상 12단위를 이수하고 나머지 화~토요일은 직업학교에서 전문교과와 특별활동 및 학교활동을 이수하게 된다. 여기에는 정보산업학교와 인정직업전문학교가 있으며 청소년들이 좋아할 만한 다양한 교육과정들이 개설되어 있는데 학생들의 노력 여부에 따라 자격증을 따는 학생도 있고 자격증을 딴 학생은 대학 특례입학의 기회도 주어진다.

여덟째, 자기 주도적 학습관리 시스템(LMS: Learning Management System)을 활용하여 개별적으로 학습을 하고 이를 교육과정에 반영하는 경우이다.

전자 매체와 텍스트 양식의 발달은 기존의 아날로그식 교육과정 운영제도의 변화에 직접적인 영향을 미칠 수 있는 중요한 요인 가운데 하나이다. 그런 만큼 일부 대안특성화고교에서는 새로운 시스템을 도입하고 적극적으로 활용하려고 하는 데에서 교육과정 운영에 있어서 형식적 틀에서 벗어날 수 있는 대안적인 가능성을 찾기도 한다. 예컨대 자연고등학교가 도입한 LMS 시스템은 좋은 보기이다. 자연고등학교에서는 개별 학생의 지적, 정의적 발달 수준 상황에 따른 맞춤식 학습지도가 가능하도록, 학습자 진단 및 자기 주도적 심화·보충학습 기능을 온라인상에 제공하고, 학습자의 축적된 학습 자료를 사전 분석하여, 매 수업에서 학습자 특성에 최적화된 수업방식을 준비하도록 하고 있다. 이를 위하여 사이버 학습용 솔루션을 도입하고 있는데 전자칠판(GVA) 및 동영상 스트리밍 강의를 통해 인터넷 사이버 학습공간에서 시간과 공간의 제약 없이 사전·사후 학습을 구현하고 있으며 학습자는 자신의 실력 향상에 대한 진단을 온라인 평가(My-Test) 솔루션을 통해 진단 평가와 맞춤식 학습 처방을 제공받기도 한다.

진급 및 교과 이수 인정방식

진급 및 이수 인정방식에서는 연령에 따른 진급 및 졸업제보다는 학습 진도에 따른 진급 및 졸업제 형식을 취한다. 학교에서 이루어지는 이수방식을 학교별로 살펴보면 다음과 같다.

1) 국민공통기본교과의 이수방식

국민공통기본교과는 학생의 배경, 특정 생활 영역, 직업 분야와 관계없이 배워야 하는 교과를 말하는 것이다. 특성화고교의 경우에도 이에 대한 이수 단위는 현행 국가수준 교육과정에서 규정하고 있다. 이에 대한 분석을 <표 19>에서 보면, 특성화고교는 국민공통기본교과의 이수 단위는 56단위 이상 필수적으로 이수하게 하고 있다. 그리고 이들의 이수가 국민공통기본교육과정을 10학년인 고1에 11개 학교가 집중되어 있고, 11학년인 고2에서도 7개 학교가 이수하도록 편성·운영하고 있다. 이는 현행 국가수준 교육과정에서 교원 및 시설 여건과 학생 요구를 반영해 11학년에서도 일부 교과를 편성할 수 있도록 하는 지침에 의거한 것으로 보인다. 그래서 각 학교는 학교의 실정과 학생의 요구를 반영하려는 흔적이 보이고 있다.

국민공통기본교과를 학교의 실정에 맞게 재구성하여 가르치는 학교는 9개 학교가 있고 나머지는 그대로 사용하고 있다. 재구성하는 교과는 학교마다 다소 차이가 있지만, 국어, 영어, 수학, 과학의 경우가 많았고, 사회, 기술·가정 교과도 이루어지고 있으며 음악, 미술 교과를 재구성하는 학교도 있었다. 교재 재구성의 담당자가 교과 담당교사인 경우가 6개 학교, 교사 공동인 경우가 1개 학교, 담당교사와 외부 관련 교사, 외부 전문가 공동인 경우가 1개 학교, 담당교사와 함께 학생 의견을 반영하여 재구성하는 경우가 1개 학교였다.

〈표 19〉 국민공통기본교과의 이수방식

학교명	기준 56	국어 8	도덕 2	사회	국사	수학 8	과학 6	기술가정 6	체육 4	음악 2	미술 2	영어 8	국민공통기본교과의 학년별 배정	
				10									1학년	2학년
A	56	8	2	6	4	8	6	6	4	2	2	8	○	
B	56	12	4	6	8	8	6	12	4	2	2	8	○	○
C	56	8	2	10		8	6	6	4	2	2	8	○	
D	56	8	2	10		8	6	6	4	2	2	8		○
E	56	8	2	6	4	8	6	6	4	2	2	8	○	
F	56	8	2	6	4	8	6	6	4	2	2	8	○	
G	56	8	2	6	4	8	6	6	4	2	2	8	○	○
H	56	8	2	6	4	8	6	6	4	2	2	8	○	○
I	56	8	2	6	4	8	6	6	4	2	2	8	○	○
J	56	8	2	6	4	8	6	6	4	2	2	8	○	○

학교명	기준 56	국어 8	도덕 2	사회	국사	수학 8	과학 6	기술가정 6	체육 4	음악 2	미술 2	영어 8	국민공통기본교과의 학년별 배정	
				10									1학년	2학년
K	62	8	2	10		8	6	6	4	2	2	8	○	
L	56	8	2	6	4	8	6	6	4	2	2	8	○	
M	56	8	2	6	4	8	6	6	4	2	2	8	○	
N	56	8	2	10		8	6	6	4	2	2	8	○	
O	56	8	2	6	4	8	6	6	4	2	2	8	○	
P	56	8	2	6	4	8	6	6	4	2	2	8	○	
Q	56	8	2	6	4	8	6	6	4	2	2	8	○	○
R	56	8	2	6	4	8	6	6	4	2	2	8	○	

*숫자는 이수 단위를 나타냄.
*○표는 국민공통기본교과의 이수 학년임.
*출처: 18개 대안특성화고교 학교 교육계획서 및 학교 발간 자료를 토대로 편집한 것임.

2) 일반선택과목 이수방식

일반선택과목에서도 대안특성화고교의 경우, 일반계고교에 비해 보다 많은 융통성을 부여하고 있다. 일반선택과목의 비교는 <표 20>에 제시되어 있다.

〈표 20〉 일반선택과목 이수

학교명	이수단위	국어	도덕	사회	수학	과학	기술·가정	체육	음악	미술	외국어	한문교련	교양
		국어생활	시민윤리	인간사회와환경	실용수학	생활과과학	정보사회와컴퓨터	체육과건강,	음악과생활	미술과생활	독·프·스·중·일·러·아I	한문	철학, 논리학, 심리학, 교육학, 생활경제, 종교, 생태와환경, 진로와직업
	24 이상	4	4	4	4	4	4	4	4	4	6	6	4
A	32	국도사택4			수과기택4			4	음미4		독중일6	4	철학4 논심교생.진4
B	20				6		4	4	음미4			2	
C	28	4					4	4			일6	6	종교4
D	34	4	4	4			4	4			일6		논리학4
E	36				4	4	4	4		4	중6	6	철학4
F	20						4				일8	4	철학4
G	48		4	4			4	6	6	6	일4		생태6 철4 종진4
H	49	8			4	4		4	4	4	중일4	5	생태4 종심철8
I	24	4					4				중일6	6	종4
J	24				4	4	4	2		6		4	
K	48	4	4				4	4	4	4	중일6	6	철종4 생태4 진4
L	28	4			6	4	6						생태4
M	21(26)				4	4	2(4)	4			중일러스3(6)		철종4
N	34	국수택4	4				4	체음미택4			독프중일6		철논심교4 진4 생태4

학교명	이수단위	국어	도덕	사회	수학	과학	기술·가정	체육	음악	미술	외국어	한문교련	교양
O	20	국도택4					4	체음미택4				4	심교4
P	60	4 독학8			수 l 8		4	체음미실기4			영 l 8 영회8 중일6	6	종4
Q	38		4			4	4	4	음미4		중일6	6	철논심교4 진2
R	42	4	4					4	4	4		6	철4 논4 생태4 진4

*숫자는 이수 단위를 나타냄.
*출처: 18개 대안특성화고교 학교 교육계획서 및 학교 발간 자료를 토대로 편집한 것임.

우선, 총 이수 단위를 비교해 보면, 적게는 20단위에서 많게는 60 단위까지 다양하게 설정하고 있다. 국민공통기본교과의 이수 단위와 달리 대안특성화고교별로 상당한 융통성을 발휘하고 있는 것으로 볼 수 있다. 이는 보통교과와 전문교과의 총 이수 단위를 조정 운영할 수 있도록 한 국가수준 교육과정에 의한 것으로 보인다.

다음으로 각 교과군별로 보다 많은 강조가 두어지는 과목을 볼 때, 각 군별로 균형을 유지하고 있는 경향을 보이고 있으며, 10개 교 이상이 선택한 각 과목은 국어생활, 정보사회와 컴퓨터, 한문 등 이고, 체육·음악·미술에 해당하는 군에서는 이들 세 교과 영역 중 택일을 하거나 균등하게 선택하도록 하고 있다. 외국어 영역에서는 중국어와 일본어를 택하는 경우가 많다. 또한 시·도 교육청이나 학 교가 지정한 교과가 이들에 다수 포함되어 있다. 이들 과목과 군의 전체적 경향에서는 지적 체계를 중시한 교과보다는 수행력을 중시하 거나 기초적인 성격에 해당하는 교과가 주를 이루고 있어 대안특성화고교가 추구하는 교육내용의 방향을 추정할 수 있다.

일반선택의 경우 국가교육과정에서는 24단위 이상 이수하도록 되어 있다. 그러나 대안특성화고교의 경우 국민공통기본교과 외에는 특성화교과로 설치·운영할 수 있다. 모든 고등학교에서 이수 단위의 차이가 있지만 일반선택과목을 <표 20>과 같이 이수하도록 편성·운영하고 있었다. 국가교육과정에서 제시하고 있는 일반선택과목 이수 단위 기준인 20단위 이상을 편성하고 있으며, G고와 K고의 경우는 48단위, P고는 60단위로 이 기준을 초과하여 편성하고 있었다. 따라서 일반선택과목의 경우 모든 대안특성화고교에서 국가교육과정이 제시한 기준단위를 편성하여 운영하고 있다고 할 수 있다.

3) 심화선택과목 이수방식

심화선택 역시 일반계고교에 비해 융통성이 비교적 많이 부여되고 있다. 심화선택과목의 비교는 <표 21>에 제시되어 있다.

〈표 21〉 심화선택과목 이수

	과목군	국어	도덕	사회	수학	과학	기술·가정	체육	음악	미술	외국어	한문
학교	심화선택교과 112 이하	화법8, 독서8, 작문8, 문법4, 문학8	윤리와 사상4, 전통윤리4	한국지리8, 세계지리8, 경제지리6, 한국근현대사8, 세계사8, 법과사회6, 정치8, 경제6, 사회문화8	수학 I 8, 수학 II8, 미분과 적분4, 확률과 통계4, 이산수학4	물리·화학·생물·지구과학 I (각4), 물리·화학·생물·지구과학 II(각6)	농업과학6, 공업기술6, 기업경영6, 해양과학6, 가정과학6	체육이론4, 체육실기4 이상	음악이론4, 음악실기4 이상	미술이론4, 미술실기4 이상	영 I 6, 영 II8, 영회화8, 영독해8, 영작문8, 독프스중일러아 II6	한문고전6
A	82	독작학8	4	한지, 세지, 정사6, 한근, 세8, 경, 경자6	수 I · II8, 미확이4	물화생지 I 4 물화생지 II6	농공기가6	체음미 4			영어8 독중일 II 4	6

	과목군	국어	도덕	사회	수학	과학	기술·가정	체육	음악	미술	외국어	한문
B	50	문학8		한근4, 법6, 사4	수 I 6	생 I 6	농4				영회회6 영어독해6	
C	70	독 8 , 문8		한근8, 경제6, 사문6	수 I 6, 수 II 6	생 I 4	농4				영회회8 영어독해6	
D	28	문4		세지 4, 법 6			농6				영회회8	
E	108	문8, 화4, 독8	윤4 전4	세8, 한근8, 한지8	수 I 8, 수 II 8, 미확이 4,	물화지 I 4, 생 I 4 생 II 6, 물화지 II 6					영회회8 영어독해8	
F	40	독학6,	윤4 전4	한지6, 한근6	수 I 6			체음미 실기8				
G	86	독8, 학10		한지6, 한근6, 사문6	수 I 8 확6	생 I 4		체실4	실4	미실4	영 I 8, 영회회6 영어독해6	
H	49	독화 학5	윤4 전4	한근4, 사문4	수 I 4	물·생 I 6			음미실4		영 I 8, 영회작독6	
I	116	독학8	인. 예 = 윤8	인·예=사문8, 한근8, 정4	공 = 수 I 8 자 = 수 II 8,미 I 4	자 = 화 I 4, 화 II 4 생 I 4, 생 II 4	공 = 체음미, 실기4 예 = 체이4, 체실4	예 = 이 4,실4	예 = 이 4 ,실4		영 I 8, 영회8	
J	50	독4, 학8	윤4	한지4, 세6 (사문, 한근)	수 I 8 확미4	(화·생)					영어8 일 II 4 (영회)	
K	56	문8, 작독4	윤4	한지, 세지4, 한근8 사문4	수 I 8	생화 I 4					영 I 8 중일회화4	
L	58	문 8 , 독8		한근, 수 II 6 사문, 물 I 6 법, 생 I 6	수 I 8						영 I 8 영독8	
M	한인36	한국어(KSL) I · II, 독서, 법, 작, 학 택 4 16		한근4, 세4, 20세기 현대 세계사4, 인물한국사4								4
	재외46			지역연구 I 4, 지역연구 II 4		language Art I / ESL I 4,language Art II / ESL II 4, critical thinking / ESL III8, 이문화소통3, current event, 시사토론8, SAT, Toeic6, 국제관계2,					중일러스 I 3	

	과목군	국어	도덕	사회	수학	과학	기술·가정	체육	음악	미술	외국어	한문
N	96	독 , 작, 학 8, 화, 문4	윤전4	한지, 세지, 한근, 세, 정, 사8 경, 경지, 법8	수 ㅣ , ㅣㅣ8 미, 확, 이4	물화생지 ㅣ4 물화생지 ㅣㅣ8	농공가4	4	4	4	영ㅣ·ㅣㅣ 독작8, 영회회8 중일ㅣㅣ4	4
O	64	작학4	윤전4	한지, 한근, 세, 사8 법, 생활경제 4	수 ㅣ , ㅣㅣ8 미, 이4	물화생지 ㅣ8 물화생지 ㅣㅣ8	농공가4				영ㅣ·ㅣㅣ4 영독작4 일중ㅣ4	
P	28		윤4 전4	사문8, 한근8, 법4	수ㅣㅣ8 미4	화ㅣ4, 화 ㅣㅣ4 물ㅣ4, 물 ㅣㅣ4		이 8 , 실8	이 8 , 실	이 8 , 실		
Q	70	학 8 , 독작8	윤전4	한근4, 세, 한지, 사문8	수ㅣ8 미확4	생ㅣ4, 물화지ㅣ4		체음미 실기4			영ㅣ8 영회, 독6	
R	94	화 4 , 독 8 , 작 8 , 문 4 , 학8	윤4, 전 4	정8, 경6, 세8	수ㅣ8	화ㅣ4 생ㅣ4					영ㅣ8 영ㅣㅣ8	

*숫자는 이수 단위를 나타냄.
*출처: 18개 대안특성화고교 학교 교육계획서 및 학교 발간 자료를 토대로 편집한 것임.

심화선택과목은 일반선택과 마찬가지로 이수 단위의 총계에서 각 학교별로 차이가 나타나고 있다. 각 교과군에서 10개 교 이상 선택하고 있는 과목은 문학, 윤리와 사상, 한국 근·현대사, 사회문화, 수학Ⅰ, 영어Ⅰ 등이 이에 해당한다. 여기서도 시·도 교육청이 선택한 과목, 학교가 선택한 과목, 학생이 선택한 과목 등으로 구분이 되고 있다. 교과군별로는 국어·도덕·사회과군이 가장 많고, 외국어군, 수학·과학·기술·가정 교과군, 체육·음악· 미술 교과군의 순이었다. 이를 볼 때, 지적인 체계를 중시하는 교과보다는 정보와 사회문제 등에 대한 비판적 시각을 기르고자 하는 교과에 보다 많은 비중이 두어지고 있음을 알 수 있다.

<표 21>에서 보면 알 수 있듯이 심화선택과목의 이수 단위에 대

해서는 학교마다 다소 차이가 있기 때문에 일률적으로 이수 단위를 표기하기가 어렵다. 앞에서 언급했듯이 대안특성화고교의 경우 국민공통기본교육과정 이외의 경우는 학교의 자율에 따라 교과목을 설치하여 편성·운영할 수 있다. 그렇지만 일반선택과 마찬가지로 심화선택에 있어서도 학교에 따라 편성 과목을 달리하지만 국가교육과정에서 제시한 과목을 편성하여 이수하도록 하고 있음을 알 수 있다. 실제로 심화선택과목의 경우 대학입시를 고려하여 '심화선택과목+특성화교과목'으로 편성·운영하고 있는 것으로 나타났다. 따라서 대안특성화고교의 경우도 국민공통기본교과 외에도 일반선택과 심화선택에서도 국가교육과정이 제시하고 있는 교과목을 편성·운영하고 있음을 알 수 있다. 이러한 배경에는 크게 2가지의 이유가 있는 것을 알 수 있는데 그 하나는 졸업이수 단위(총 이수 단위)인 216단위를 맞추어야 한다는 점과 또 다른 하나는 학교의 한정된 인적·물적 자원에 의해 학교 자체적으로 일반선택과 심화선택이수 단위를 모두 특성화교과로 개발하여 운영하는 데 한계가 있다는 점을 들 수 있다.

4) 특성화교육과정 과목 이수

특성화교육과정 과목 편성 및 이수를 보면, 일반계고교의 전문교과에 해당하는 것을 특성화고등학교에서는 특성화교과라는 이름으로 설정하여 이에 대한 과목을 배정하고 있다. 이를 분석한 결과는 <표 21>에 제시되어 있다.

특성화교과에서는 필수로 되어 있는 학교지정 교과와 학생이 자유로이 선택할 수 있는 교과로 구성되어 있다. 그러나 대부분 학생의 자유 선택권이 많이 주어지고 있으며, 학교지정 필수교과는 학교의 이념이나 철학과 관련된 과목에 부여되고 있다. 그래서 각 학교의 고유이념을 추구하려는 의지를 보이고 있다.

국가수준의 교육과정에 제시된 전문교과의 구분에서 수산·해운에 관한 교과는 전혀 없으며, 예술에 관한 영역, 음악, 미술, 연극영화, 문예창작, 체육 등에 해당하는 교과에 많은 비중이 두어지고 있다. 그것도 국가수준의 교육과정에 제시되지 않지만, 유사한 과목의 명칭이 많이 등장하고, 학교별로도 상이하여 통일된 과목을 열거하기 어려울 정도이다.

농업과 공업에서는 3~8개 정도의 과목이 등장하고 있는데, 모두 생태와 관련된 과목으로 되어 있다. 이는 대안학교의 소재지가 주로 농촌에 있으며, 생태 위주의 이념을 구현하고자 하는 취지에서 등장한 것으로 보인다. 이들 영역에 필수교과가 부여되는 것을 보면, 미루어 짐작할 수 있다. 상업에 관한 교과에서는 전반적으로 컴퓨터그래픽과 관련된 과목이 등장하고 있다.

정규 국가수준 교육과정에 등장하지 않은 영역으로서 진로 선택이나 학교철학, 체험활동의 영역을 별도로 설정하고, 이들 과목을 제시하고 있다. 이는 전문교과를 특성화교과라고 언급하고 있는 것처럼 특성화고교에서 가장 많은 자율성을 발휘할 수 있고, 학생에게도 가장 많은 선택권을 주고 있다는 점이 그 특징으로 제시된다. 그리고 보통교과의 심화선택과목을 특성화 과목으로 제시하고 있기도 하여 이들 영역 간의 교체 편성도 가능함을 말해주고 있다. 그러므로 이 영역에서 필수와 선택에 해당하는 교과와 이를 규정하는 주체, 예컨대 시·도 교육청, 학교, 학생 등, 선택의 폭과 깊이 정도에 따라 특성화학교의 형태나 지향점 등의 윤곽을 파악할 수 있다. 또한 체험활동 등을 강조함으로써 정규학교에서 교과서를 가지고 수업하는 단조로움을 극복하고, 학생의 흥미 등을 유도함으로써 학교 적응력을 높이기 위한 노력을 보이고 있다.

재량활동은 학교 교육과정의 편성·운영의 자율성과 학생의 자기주도적 학습능력을 신장시키기 위해 설정한 것으로 <표 21>에 의하면, 재량활동의 이수 단위는 일반학교와 비교해 큰 차이를 보이지 않고 12단위로 되어 있다. 그러나 재량활동을 구분하는 데서 교과재량과 창의적 재량으로 구분을 하는 것만이 아니라 특성화 영역이라든지, 전통 문화 영역 등을 삽입함으로써 학교 교육과정 편성의 특색을 드러내기 위한 노력이 보이고 있다. 그러나 특성화 영역의 대부분 과목은 소위 특성화교과로 구분하고 있는 전문교과 영역에 제시된 교과와 유사한 점을 보이고 있다. 그래서 단위학교에서 운영을 어떻게 할 것인지에 대한 측면과 매우 밀접하게 관련되어 있다고 볼 수 있다.

특별활동은 교과와 상호 보완적 관련 속에서 학생의 심신을 조화롭게 발달시키기 위하여 실시하는 교과 이외의 활동으로서 <표 21>를 보면, 각 학교에서 특별활동에 대해서는 구체적인 편성과 운영에 대한 언급을 하고 있지 않아 이에 대한 논의를 하기 어렵다. 특별활동의 총 이수 단위와 내용이 제시된 학교로 미루어 볼 때, 대안학교가 추구하고자 하는 방향을 달성하기 위한 내용으로 구성하려는 흔적이 보인다는 것이다.

〈표 22〉 특성화교육과정 과목 편성 및 이수

학교	단위	학교철학 (학교지정)	학생선택 혹은 구분 없음	재량	특활
A	51+24	*학교철학=학교문화4, 식구총회6, 삶과 철학6, 이동학습4, 졸업작품3(5과목)-총23	*감성=표현예술, 디자인공예, 우리 춤 우리 가락, 합창 합주(4과목)-4 ＊자립=＊의(옷 만들기, 소품 만들기, ＊식(한국전통 요리, 서양 요리, 빵·과자 만들기, ＊노작(과수, 텃밭, 화훼, 허브, 채소, 쌀농사,＊주(집 짓기, 생태건축, 생태공원, 생태조경)(21과목)-3 ＊교양심화=역사이해, 숲 생태, 성과 문화, NGO 탐구, 대중문화 읽기, 지역사회 조사, 영화비평, 시사비평, 삶 읽기, 명작비평, 사진, 건축이론, 락음악이해(31과목)-2 ＊특기·적성=홈페이지 제작, 수지침, 영화 제작, 만화 창작, 단전호흡, 생활요가, 배낭여행, 산책, 숲 속생활, 바둑, 장기, 십자수, 종이접기, 수화 등(50과목)-3 ＊진학 진로 선택=언어탐구, 수리탐구, 사회탐구, 과학탐구, 외국어탐구(5과목)-4 ＊직업진로 선택=직업연구Ⅰ·Ⅱ(6) 직업실습Ⅰ·Ⅱ·Ⅲ·Ⅳ(6)(11과목)-12	교과10, 간디문화2-12	12
B	48+24	마음공부4, 마음일기8, 생활의학4, 합창6, 창작실습6, 작물재배4-총32	학생선택특성화-16	창의2, 마음공부2, 성과 문화4, 집단상담4 총12	12
C	40+24	컴퓨터 일반6, 텃밭 가꾸기6, 마음공부법4, 산악등반4, 요가4, 행동예절4-28	종이접기4, 생활도자기4, 단전호흡4-12	유적답사, 진로직업4, 마음찾기2	12
D	70+12	마음일기6, 생활명상6, 생활요가6, 산악등반6, 현장학습6, 단체노작6, 비교종교2, 환경생태2, 성교육2=42	기르기=채소2, 애완동물2, 분재2 만들기=공예2, 목공예2, 도자기2 체육=택견2, 볼링2, 농구4, 탁구4, 수영2, 배드민턴2 음악=사물2, 민요2, 국악연주2, 악기연주2, 합창2, 음악감상2 미술=소묘2, 조소2, 판화2, 사진2, 만화2, 서예2	현장조사2, 유적답사2, 팀 프로젝트2(총36 중28)	12
E	30		체험=자연체험6 감성=생활예술4, 생활음악2 자립=생활기술6 지식=문예창작4, 환경영어4, 인간과 환경4	2	12
F	76+24	가족관계6, 생태학습4, 봉사활동10, 산악등반12, 미디어학습4, 현장학습6, 노작활동6, 종교6, 상담진로지도6	청소년 성장 프로그램16	12	12

학교	단위	학교철학 (학교지정)	학생선택 혹은 구분 없음						재량	특활
G	0 + 24								교과8, 인성, 성, 환경, 경제교육, 전통문화체험2	12
H	32 + 24	생활원예4, 숲과 인간4, 컴퓨터 일반6, 컴퓨터와 음악2, 문화초대석4, 배드민턴4, 한국조리2	컴퓨터그래픽, 사무자동화 일반6						농업이해4, 미술이론2, 사무자동화 일반6	12
I	53 + 24	심력 훈련12, 인간관계 훈련4, 자기 관리 훈련4, 영화개론2, 글쓰기2, 해외탐방2, 테마학습2, 산악등반6, 태권도12, 단체노작(사회봉사)7							국어2, 인간관계2, 자기관리2, 진로직업2, 종교·철학2, 성교육., 역사문화탐방2	12
J	48 + 24	생태농업4, 기초생태학4, 생태농업 실습8, 한국의 야생화4, 동물 생태4, 연극Ⅰ2, 민간의학의 이론과 실제Ⅰ2, 민간의학의 이론과 실제Ⅱ2	숲과 인간, 환경보전4,	목공실습, 미술실기Ⅰ3	연극Ⅱ, 풍물Ⅰ2	연극Ⅲ, 풍물Ⅱ2	구기, 합창·합주, 도자기4	성과 문화 연구3	성교육, 한국문화정체성 교육, 고전연구, 인터넷활용교육, 사물놀이	12
K	40 + 14	생태농업6, 현장체험실습4, 의상음식건축4, 열린 사고 열린 교육4, 연극세계4, 졸업작품4							2	12
L	44 + 24	생활명상4, 심성계발8, 현장체험학습4 - 16	과제연구8 (필)	생활원예10, 조리10, 태권도10,	컴퓨터 일반10, 사진영상10	기초연기10, 상황극10	실용음악10, 헤어미용10, 미술실기10	중국어회화Ⅰ10 총 택28	중국어Ⅰ6, 진로직업4, 인성, 근로정신, 한국문화정체성2	12

학교	단위	학교철학 (학교지정)	학생선택 혹은 구분 없음						재량	특활
M	36 (44)	비교종교4, 생물,화학4, 수학18, 체음실기4, 수공예4, 과제연구7, 진로와 직업1, Independent Study4								
N	44+24·	살과 철학4, 인턴십 연구4, 논문 연구4	체험=지역활동과 NGO4, 통합기행6, 농사4, 디자인공예, 생활의학, 옷 만들기, 음식 만들기4	진학진로=언탐, 수탐, 사탐, 과탐, 외탐4, 직업연구Ⅰ·Ⅱ, 직업실습Ⅰ·Ⅱ8	특기·적성=고전강독, 과학실험, 수학의 눈, 문예창작,	작곡실기, 기악, 성악, 우리 가락, 실용음악, 힙합댄스, 영화와 과학, 문화이해	만화 창작, 애니메이션, 컴퓨터 그래픽, 사진, 영상창작, 한국미술, 목공예, 철공예, 도예	생활원예, 생태건축, 지역사회조사, 연극, NGO탐구, 배낭여행, 캠핑-2	12	12
O	56+24	교양인성=생태환경2, 진로와 직업4, 삶과 종교4, 인간관계4, 예절생활2	체험=기획탐방4, 현장실습	진학진로=언탐, 수탐, 과탐, 외탐, 취업진로=진로 및 직업, 현장적응 훈련Ⅰ·Ⅱ·Ⅲ8	특기·적성=우리 문화, 문예창작2, 영화예술, 대중매체2, 과학사고, 과학사2		기악성악2, 풍물, 국악, 댄스, 밴드4, 연극 사진, 그래픽, 애니메이션4	노작과 자연, 생태농업2, 음식·옷 만들기2, 요가, 태권도, 검도, 레크리에이션4	생활철학4, 자기관리4, 창의4	12
P	48+24	기독교 세계관4, 영화개론 및 실기4, 해외탐방2, 산악등반2, 검도2, 노작활동(사회봉사)2	창조와 과학6	기독교와 경제4	칼빈주의4, 테마학습2	산악등반4, 과제연구3	검도8, 진로와 직업2	노작활동(사회봉사4	12 성교육, 역사문화탐방	12
Q	40+24	사회체험=봉사활동4, 해외 이동4, 농사8	자기계발=서예, 연극·풍물, 글쓰기, 문학여행, 한지공예	일어회화, 종이접기, 생활음악, 농촌생활, 현대무용, 영화보기, 천연염색4		생활체험=목공예, 생태건축, 패션, 음식 만들기6	진학진로=언어, 수리, 회, 과학, 외탐6	직업진로=직업실습, 직업연구, 문서실무, 현장체험학습, 지역활동6		12
R	0+24	집단상담6, 초빙강연6	감성교육6, 산악등반6	현장체험6, 노작학습6	유적답사2	(특성화는 재량으로)			12	12

*숫자는 이수 단위를 나타냄(단위항목의 앞은 학교지정과 선택+뒤는 재량·특별활동의 시수)
*출처: 18개 대안특성화고교 학교 교육계획서 및 학교 발간 자료를 토대로 편집한 것임.

일반계고교에서는 연령에 따라 학년이 구성되고 학년에 따른 교육 과정대로 수업을 하며 3개 학년을 마치면 졸업을 하게 된다. 그러나 대안특성화고교는 학교의 정해진 교육과정이 아니라 학습과정 및 진도를 학생에게 맞추어 운영하는 특징을 가지고 있다.

첫째, 학년과 학급을 해소, 취미 적성별로 '과(科)'를 구성하여 무학년·무학급제 이동식 수업을 한다.

급격한 학력편차를 극복하고 개개인의 적성과 소질에 맞는 개별화 교육을 실천하기 위해 학년과 학급을 해소, 무학년·무학급제 이동식 수업을 하는데 취미 적성별로 '과(科)'를 구성한다(D고).

둘째, 학생들은 학교가 개발한 특성화 과목 중에서 본인이 좋아하는 과목을 선택해서 개인별로 맞춤식 시간표를 짠다(A고, D고, C고, Q고, N고).

학교는 학생들에게 금번 학기에 개설하는 과목에 대한 교수-학습 계획서를 공고한다. 이는 학생의 교과 선택 범위와 재량권을 확대하여 자율권을 주기 위함이며, 개개인의 능력의 차이를 인정하는 개별화 수업이다. 따라서 학생은 스스로 자신의 관심과 장래희망에 따라 교과를 조정하고, 개별화된 학습시간을 마련할 수 있게 되는데 국어, 영어, 수학 등의 과목 중 각 학기에 듣고 싶은 과목들을 대학에서처럼 선택해 수업받을 수 있다. 대학진학을 목표로 하는 친구들에게는 거기에 알맞은 교과를 선택하여 수강하게 되며 공부보다는 감성이나 손재주를 살리려는 친구들에게는 거기에 알맞게 교과를 정해 신청하고 학교는 학생이 선택한 시간표를 따라 지도한다.

이를 실천하기 위해 학교는 매 학기말에, 학생과 학부모에게 교육 과정을 설명하고, 다음 학기에 수강을 희망하는 교과를 먼저 수강예 비조사를 실시하여 파악한 후, 개설 가능성을 충분히 검토하고, 개설 교과 리스트를 공고한다. 그런 다음 권장이수 모형과 교수학습계획을 공고하면 학생들은 수강신청과 동시에 연구계획서를 제출하면 된다. 수강신청 후에도 본인의 사정에 따라 수강신청 변경도 가능하다.

셋째, 학생 스스로가 세운 목표에 따라 방법을 달리하고 개개인의 능력의 차이를 인정하는 개별화된 수업으로 수준별 이동 수업을 하기 때문에 학생들은 연령이나 학년에 구분되어 수업을 받지 않는다.

특히 선수학습의 차이가 심한 영어, 수학 과목을 수준별 이동 수업을 실시함으로써 학생들이 자신의 능력수준에 맞는 학습을 선택할 수 있도록 다양한 교육기회를 제공하고 열린 수업을 지향하여 학생 스스로가 학습의 주체로 설 수 있도록 함으로써 학습에 흥미를 잃지 않고 지속적으로 학습에 임하는 바탕을 닦아, 스스로 학습을 계획하고 수행할 수 있는 능력을 갖추고, 탐구 의욕을 신장시켜 종합적 사고능력을 기르도록 한다(모든 대안특성화고교).

넷째, 학습능력이 부족한 학생을 위한 특별보충 교육과정을 운영한다.

특별보충학습은 교과과정의 최저평가요소를 근거로 평가를 실시하여 학기말 총괄 평가에서 해당 단계 학습목표치 영어 50%, 수학 45% 이상을 도달하지 못한 학생을 대상으로 방학 중 1개월간의 특별보충과정에 참여하며, 과제학습도 병행하여 실시한다. 성취 여부를 방학 중 특별보충과정 종료 직전 재평가를 실시하여 재차 수준 미달 학생은 다음 학기 초 2개월간의 특별보충과정에 참여하는데, 주중 과제가 주어진다(I고).

3.

교육과정의 재구성 정도

국민공통기본교육과정으로 주어지는 교과를 학생들의 적성, 능력, 진로를 고려하여 다양한 학생들의 수준과 요구에 맞게 재구성하는 일은 학생의 학업 성취와 흥미에 중요한 작용을 하게 된다. 대안특성화고교는 교육과정을 어떻게 재구성하여 운영하는지 학교별로 살펴보면 다음과 같다.

1) A고의 수업방식은 다음과 같다

적은 수의 과목을 집중적으로 공부하는 집중식 수업을 한다. 배우고 싶을 때 배우고 싶은 것을 배운다. 이 학교에서는 학생의 수업 선택권이 매우 중시된다. 대학교처럼 각 교과마다 여러 가지 과목을 개설해 두면, 학생들이 학기 초에 자신의 능력과 적성에 따라 듣고 싶은 과목을 선택해 수강신청을 한다. 이 학교 김선일(19·3년) 군의 수강신청 사례를 보면 다음과 같다.

이번 학기의 경우 국어는 △표현과 의사소통 △삶을 가꾸는 글 쓰기 과목이, 영어는 △기초영어 △고급영어Ⅰ △고급문법Ⅰ, Ⅱ 과목이, 과학은 △가치를 꿈꾸는 과학 △생명의 신비 등이 선택과목으로 개설됐다. 각 과목에는 1단위부터 3단위까지 주어져 있는데, 한 학기당 최소 이수 단위만 채우면 된다. 이에 따라 학생들은 모두 개인별 시간표를 갖게 된다. 물론 수업이 없는 시간도 있다. 이 시간에는 주로 도서관에서 책을 읽거나 운동을 한다. 학교 인근 산과 들로 놀러 나가기도 한다. 우리 학교에서는 어느 누구도 공부를 강요하지 않는다며, 각자 자기에게 필요하거나 관심이 있는 과목을 골라 공부할 수 있어서 배움이 즐겁다고 말했다(A고 3학년, 김선일 군).

학생 스스로가 세운 목표에 따라 방법을 달리하는 개별화된 수업을 할 수 있다고 한다. 일반계고교와 다른 점은 자신이 원하는 대로 시간표를 짜서 공부할 수 있고 노동을 하기도 하는데 공부를 강요당하지 않는다. 학습자의 요구를 수용하여 학생 스스로 자신의 관심과 장래희망에 따라 교과를 조정하고, 개별화된 학습시간을 마련하므로 국어, 영어, 수학 등의 과목 중 각 학기에 듣고 싶은 과목들을 대학에서처럼 선택해 수업받을 수 있다. 대학진학을 목표로 하는 친구들에게는 거기에 알맞은 교과를 집중적으로 듣기도 하며 공부보다는 감성이나 손재주를 살리려는 친구들에게는 거기 알맞게 교과를 정해 공부한다. 학생들은 자기 주도적인 시간표 구성과 학습을 해 나갈 수 있다는 것을 자랑스러워한다.

하루 일과는 산책과 텃밭 가꾸기로 시작해요. 오전은 지식교과 학습을 하고, 오후에는 감성교과 학습이 이루어져요. 지식교과는 국어, 영어, 수학, 과학, 역사 등을 학년 구분 없이 수준별로 진행해요.

오후에는 2시간 동안 미술, 음악, 명작감상, 텃밭 가꾸기, 옷 만들기 같은 감성교과를 학습한 후 동아리활동을 해요. 여기서 이루어지는 학습에는 시험으로 평가하지 않고, 학기 중에 두 번, 공부한 공책과 리포트를 전시하는 행사를 가져요. 산속에 있는 학교지만 문명과 떨어져 있지는 않아요. 전자기타나 인터넷은 물론이고 청소년잡지와 연예인에게도 관심이 많아요(A고 2학년 학생).

배움이 있는 곳 어디라도 옮기는 장소에 한정되지 않는 이동식 수업을 하고 있는데 학교의 교실뿐만 아니라 지역사회 자체가 학습의 도장이며 두 달에 한 번씩 3~4일 동안 이동식 수업을 하고 있다.

1년에 3회 정도 있는 체험 이동 학습 때는 각 학년마다 나름대로의 3박4일 정도의 일정을 잡아 연극도 보고 직접 배우도 만나는 시간을 갖는가 하면 대학이나 방송국을 견학하기도 하고 우포늪에 가서 생태조사를 하기도 한다. 또는 양로원이나 장애자 시설을 찾아 모든 시간을 봉사활동으로 보내기도 한다. 1년에 한 번은 모든 선생님과 전교생이 지리산 종주를 하며, 매월마다 생일축하파티, 체육대회, 단오제 같은 행사들이 연달아 있는데 모두 학생들이 주체가 되어 직접 기획하고 발표하고 참여하면서 꾸려 나가고 선생님들은 곁에서 지원을 해 주는 정도이다. 방학 중에는 선생님과 함께 해외로 어학, 문화연수를 하고 있다. 풍물반, 제빵반, 애니메이션 감상부, 역사 사랑회, 영화 감상반, 일어 동아리, 연극반, 플룻반, 나들이반, Rock Group 등의 동아리들이 있다.

과목 선택의 폭이 넓은 단계별·수준별 수업이다. 학생들은 연령이나 학년에 구분되어 수업을 받지 않는다. 영어나 수학 같은 과목은 학생마다 능력에 따라 단계별 수업을 받는다고 한다.

> 학생이 교육의 주체가 되는 활동으로 글쓰기, 토론, 연구 발표 등이 있는 토론 발표식 수업이다. 교과에 따라서 차이는 있지만 강의식 수업보다는 학생들이 직접 토론하는 토론식 수업을 하고 직접 현장에 가서 현장학습을 많이 합니다(A고 교감).

학생이 교육 주체가 되는 글쓰기, 토론, 연구 발표 등의 학습을 하는데 수업 진행에서 학생들의 창의력과 자유로운 토론을 매우 존중하며, 교사의 일방적인 지도에 의한 수업이 아니라 학생들로 하여금 어떤 주제를 스스로 도출, 토론하고 결론을 짓도록 유도한다.
주입식 교육을 탈피하여 학생과 교사가 함께 진리를 탐구해 나가는 세미나식, 발표식 수업이다.

> 선생님께서 시는 분석하는 것이 아니라 시는 느낌으로 배우는 거라 하셨는데 시에 대해서 애착도 가고 재미있어 지루하지 않아요(A고 1학년생).
> 일단 아이들이 재미있어 하고요, 20명이 안 되는 아이들이니까 교사가 아이들 개개인을 다 살펴봐 줄 수도 있고 교사에게 수업에 대한 자율권을 보장해 주기 때문에 교사가 노력만 한다면 아주 재미있고 창의적인 수업이 가능하기 때문에 아이들이 지루해하지 않는 것 같아요(A고 국어 교사).

학생들이 교육의 주체가 되어 연구하고, 글을 쓰고 발표하며 토론하는 방식을 강조하고 있다. 교사들은 학생들을 고무하고 격려하며 방향을 제시해 준다는 점에서 여전히 교육을 이끌어 간다고 말할 수 있지만, 교사는 역시 참여자의 위치에 선다.

수업에 필요한 교재는 다양하며, 제도권의 교과서를 전적으로 의존하지 않는다. 그리고 특강이 교과목에 있다. 지역사회의 유능한 직업인들을 찾아가 배우기도 하고 그들이 학교에 와서 가르치기도 한다. 우리 시대 큰 선생님들로부터 특강을 받고, 그분들을 찾아뵙고 좋은 말씀을 듣고 있다.

수업 외 활동에서의 교육을 보면 공동체생활을 통해 성숙한 인간관계 형성을 위해 기숙사생활과 클럽활동 그리고 식구총회 등을 한다.

의식주를 해결하고 자립심을 기르기 위해 텃밭 가꾸기와 옷 만들기나 집 짓기와 음식 만들기 그리고 생명에 대한 경외심으로 노작활동을 한다.

1층 교실에서는 7명의 남녀 학생들이 커다란 자를 들고 한복 재단에 열중하고 있다. 옷 만들기 수업시간이다. 대학에서 의류 디자인을 전공할 3학년 여학생이 조교로 나서 서툰 솜씨의 남학생을 돕고 있다. 안 교사는 의식주를 혼자서 해결할 수 있도록 가르치는 것이 수업 목표 중 하나라며 텃밭 가꾸기와 옷 만들기 이외에 집 짓기 수업도 하고 있다고 소개한다(A고 안 교사).

더불어 사는 법과 민주주의 원리를 익히는 식구총회, 저녁모임 등을 가진다. 식구총회에서는 교사와 학생들이 모두 참여하여 현안에 대한 토의와 토론을 거쳐 문제 해결을 시도하고 특히 학교의 학습 분위기를 나쁘게 한다든가 정해진 규칙을 어길 경우 신구총회에서 학생 스스로가 본인의 견해를 밝히고, 학생들이 규칙을 어긴 사항에 대해 벌칙을 정한다.

　　자발적이고 협력심, 자립심을 기르는 클럽활동, 동아리활동 등을 한다. 감성을 발달시키기 위해 미술, 음악, 풍물 등을 배운다. 자연과 조화된 인간을 기르기 위하여 노동의 중요성을 경험시키고자 하고 노작과 생명농업, 생태건축과 같은 교과목을 통해 자연친화적인 삶을 살수 있도록 한다(A고 교무부장).

　감성교육과 정의적 영역의 발달을 위한 학교행사로서 동아리활동, 주를 여는 시간, 물레제, 직업체험학습 등이 있다.

　학생들의 생활지도는 학생들 자신 스스로가 학교생활 속에서 공공질서를 어기거나 남에게 불편을 주는 사항은 식구총회에 상정하여 규칙을 어긴 학생의 의견과 개전의 정이 있는지를 들어보고 학생들이 벌칙을 내려 이행하도록 하고 있다. 일반적인 생활지도의 모든 덕목을 중심으로 전 영역을 지도하고 있다.

　학생회활동(학급활동, 학급회의), 클럽활동, 동아리활동(제빵반, 팝송반, 신문부, 풍물반, 소식지 편집, 여행반, 연극부, 애니메이션 감상부, 성악반, 미술반, Rock Group)이 활성화되어 있다.

　그리고 가정학습 기간이 있다. 기숙사 학교인 특징을 살려 한두 달에 4, 5일쯤 가정학습의 기간을 둔다. 집에서 공부하기 좋은 과제를 가지고 가서 학부모와 함께 공부하는 기간이다.

2) B고의 수업방식은 다음과 같다

학생의 자기 주도적 학습으로 전환시키는 데 있다. 따라서 자기 주도적 학습이 가능하기 위해서는 학생의 수준을 정확히 진단하고 그것에 맞는 교육 프로그램을 제공함으로써 가능해진다. 특히 수준별 이동 수업이 잘 이루어지고 있다고 한다.

> 수준별 수업을 하는 과목은 영어와 수학입니다. 그리고 수준은 3등급으로 나누어서 수업을 하고 고등학교 1학년이라도 능력이 우수하면 고등학교 3학년과 같이 수업하고, 고등학교 3학년이라도 수준이 낮으면 1학년과 함께 수업을 합니다(B고 수업계 담당교사).

선수학습의 차이가 심한 영어, 수학 과목을 수준별 이동 수업을 실시함으로써 학생들이 자신의 능력수준에 맞는 학습을 선택할 수 있도록 다양한 교육기회를 제공하고 열린 수업을 지향하여 학생 스스로가 학습의 주체로 설 수 있도록 하고, 학습에 흥미를 잃지 않고 지속적으로 학습에 임하는 바탕을 닦아, 스스로 학습을 계획하고 수행할 수 있는 능력을 갖추고, 탐구 의욕을 신장시켜 종합적 사고능력을 기르도록 한다.

수준별 이동 수업 운영원칙은 첫째, 먼저 정규수업시수 범위 내에서 실시하고, 각 분반에 따라 지정된 교실로 이동하여 학습한다. 둘째, 분반배치는 진단고사 실시결과를 원칙으로 하되 진단 평가의 차이가 근소할 시에는 학생의 희망을 반영할 수 있다. 셋째, 정규수업 운영 및 여타 과목의 수업진행에 지장이 없도록 하고, 학생들로 하여금 학습에 열의와 흥미를 가질 수 있도록 수업준비 및 진행에 최선을 다한다.

모든 교과수업에서 자기 주도적 학습능력을 신장시키기 위해 학생 중심으로 자기 학습체제를 확립하고, 학습하는 방법을 학습한다.

그리고 다양한 학습방법 실현에 있다. 교수방법은 주입식 방법에서 탈피하고 교과와 단원의 특성에 맞는 토의학습, 실험·실습학습, 조사학습 등 다양한 학습방법을 적용한다.

3) C고의 수업방식은 다음과 같다

자연현장실습 등 체험 위주의 교육에 중점을 두고 있는데 학생들은 텃밭일이 무엇보다 가장 신나는 시간이라고 한다.

> 학교 뒤 100평의 텃밭에서 채소를 가꾸는데 황소개구리도 보고 참 좋아요. 저를 비롯한 모든 학생들은 모두 자기 몫의 텃밭을 가지고 있어요. 상추, 옥수수, 참외, 수박, 안 키우는 것이 없죠. 처음엔 호미질, 삽질하기가 싫었는데 작년에 직접 수확을 해 보고 생각이 달라졌어요(C고 2학년 학생).

학생 중심 교육과정 편성이다. 개개인의 개성과 적성을 고려한 수요자 중심의 교육 실시, 학생 개개인의 인격과 품성을 소중히 여기고 개인의 개성과 소질을 계발·양성하는 개별화 교육에 역점을 둔다.

수업부담을 최소화하는 능력별 수업이다. 특화된 교육을 개설하여 교육에 자율적으로 참여할 수 있는 교육 풍토 조성과, 수준별 교육은 물론이고, 학습 환경을 개선하여 학력 신장에 주력한다.

다양한 현장체험학습이다. 심성계발 훈련, 지리산 종주등반 훈련,

해양 훈련, 테마여행, 야간담력 훈련 등 단체활동과 다양한 현장학습을 통한 참여와 체험 중심의 실천교육을 실시한다.

그리고 일일교사 활용을 통한 자원봉사제도가 활성화되어 있다. 학생들에게 꼭 필요한 사회 분야의 특별교육과, 어려운 환경을 딛고 사회적으로 존경을 받는 선배나 학부모를 초대하여 교육을 할 수 있는 기회를 제공하기 위하여 자원봉사 교사 초빙 교육을 실시한다.

4) D고의 수업방식은 다음과 같다

수업활동에서의 교육방법적 특성은 무학년·무학급제 이동식 수업을 한다. 이는 급격한 학력편차를 극복하고 개개인의 적성과 수질에 맞는 개별화 교육을 하기 위함이며, 이를 실천하기 위해 학년과 학급을 해소, 취미 적성별로 '과(科)'를 구성한다.

수준별 수업으로 과목 선택의 폭을 넓혔다. 종래의 획일적인 교육과정을 지양하고 학생 개개인의 능력을 따라 수준별 수업을 배치, 학습부진아들로 하여금 단계에 맞추어 공부할 수 있도록 선택과목을 늘려 수강신청을 하게 하고 그 신청한 교과목에 따라 이동식 수업을 할 수 있도록 한다.

교수-학습계획서의 작성과 공고이다. 이는 학생의 교과 선택 범위와 재량권을 확대하여 자율권을 주기 위함이다.

소규모 학교를 지향하여 최소 학급 인원수를 유지함으로써 개개인의 능력의 차이를 인정하는 개별화 수업이 기능하다. 그러므로 학생들은 학교가 개발한 특성화 과목 50개 중에서 본인이 좋아하는 과목을 선택해서 개인별로 자기 시간표를 짠다. 그러므로 모든 학생의 시간표가 다르다. 또한 본인이 수강신청을 많이 하면 2학년 때에도 졸업을 할 수 있다.

또한 수업 외 활동에서의 교육은 다음과 같다.

노작활동은 심신의 치유를 가져오는 중요한 교과로 자리 매김하고 있다.

> 학생과 선생 전원이 참가해 농사를 짓는 '단체노작'이 필수과목인데, 육체노동을 통해 삶의 진리를 배우는 소중한 과정인 셈이지요(D고 수업계 담당교사).

전원기숙사생활을 한다. 공동생활을 통해 민주적 절차를 익히고 가정에서 하지 못하는 인성지도를 한다.

> 학생들은 전원기숙사생활을 한다. 학년이 아니라 '영상영화과', '생명사랑과' 등 9개 과에 10명 정도의 1~3학년 학생이 함께 생활하며 공동체생활을 배우고 있고, 같은 방에서 선생님도 함께 24시간 생활한다. 아이들이 '드래곤 머니(Dragon Money)'라고 부르는 용돈은 선생님이 부모님으로부터 직접 받아 아이들이 필요할 때마다 나누어줘 탈선을 방지한다. 지난 12일 저녁 교무실 풍경을 보면 "선생님 드라이브 좀 시켜 줘요. 기분 좀 풀게." "가서 당구나 쳐. 노래방 가든지." 밤은 언제나 학내 노래방의 노랫소리로 가득하다. 흡연실, 당구장도 있고 학생들의 건전한 연애는 선생님들이 막지 않는 학교라고 한다(D고).

수업방법은 형식이나 체계에 구애받지 않으면서 소규모 학교를 지향하고 있다. 노동의 중요성을 일깨우기 위한 노작교육의 실천은 특히 부적응 학생 중심의 교육을 하는 학교로서 지식보다는 경험을 통한 교육방법을 강조하고 선도와 교화 중심의 상시 상담체계를 갖추고, 극기 훈련, 심성계발 훈련 등과 같은 학생 중심의 다양한 교육방법의 시도는 학교의 특성을 잘 드러내고 있다.

5) E고의 수업방식은 다음과 같다

보통교과 과정에서도 새로운 교수방법으로 학습모형을 개발, 운영하고 있다. 국어과의 Power Point Teaching 학습법이나 영어과의 Pops Class 학습법 그리고 철학과의 철학교실 학습법 등이 그것이다. 수준별 이동 수업으로 공통영어와 공통수학을 능력별 수준별로 4개 반으로 나누어 학생들이 능력과 수준에 맞는 반을 찾아 이동하여 수강하고 있다. 방과 후 또는 매주 1회 묵학(默學)시간을 이용하여 독서와 독후감 작성에 시간을 할애하며 방학 중 '한빛 필독 도서목록'을 제시하여 양서를 읽히고 있다. 정보화 교육은 정규교과와 특별활동시간, 인터넷 교실 및 정보처리 기능사반을 편성해 운영하고 있다.

이 학교 졸업생은 교지에 실린 글을 통하여 이 학교의 수업 분위기를 읽을 수 있었다.

나는 엔지오(NGO) 활동가가 되고 싶었다. 박원순 변호사를 존경하고, 그런 사람이 되는 게 꿈이었다. 동네에 이 학교에 다니는 형에게서 학교 이야기를 듣고, 내 꿈을 이루려면 이 학교에 가야 한다는 생각이 들어서 부모님 반대를 무릅쓰고 입학했다. 첫 지리수업시간에 선생님이 칠판에 한국 지도를 그리시더니 독도를 가리키며 '이게 무슨 섬이냐?'고 묻더라. 아이들이 '독도'라고 하니까 선생님이 '다케시마다. 브리태니커 사전에도 그렇게 나와 있다.'고 하셨다. 아이들이 항의를 했더니 '그럼 이 섬이 독도라는 것을 증명해 보라. 나를 설득해보라.'고 하셨다. 그때 '역시 여기에 오길 잘했다.'는 생각이 들었다. 철학과를 선택한 것도 '법은 왜 지켜야 하는가?'와 같은 토론을 벌이는 '철학사 여행' 수업을 들으면서 결정한 것이다. 여러모로 학교생활과 진로가 자연스럽게 연결된 것 같다(E고 이상형, 2004년 졸업).

특성화교과 과정은 자연친화 학습으로 텃밭 가꾸기 수업을 주 2시간 편성하여 유기농법으로 작물을 재배하게 한다. 무와 배추는 공통으로 가꾸어 수확한 후 식당에서 반찬거리로 활용하며, 감자, 옥수수, 토마토 등을 조별로 선택 재배케 한다. 또한 황토, 치자, 쑥 등 천연재료를 이용한 염색과 잡초와 쑥을 이용한 효소 만들기를 실습한다. 음식 만들기, 제과·제빵, 옷 만들기, 대나무 공예, 도예 등의 강좌를 개설, 자립경제교육의 기반을 다지고 있다. 지리산 등반, 서해안 탐사, 동학혁명 유적지 탐사 등 심도 있는 자연현장학습과 생명문화공동체교육을 지향한다. 정의·평화 교육(평화와 인권), 생태교육(생태학), 밀알노동 교육(역사와 노동), 고도기술 시대의 생명존중 교육(생명공학과 생명의 가치), 공동체교육(공동체 이론과 실제), 인간의 자기 성찰 교육(자기 성찰 공부), 영성교육(영성과 생명) 등의 과목이 개설되어 있는데 이는 모두 현장체험 중심의 수업으로 진행된다.

6) F고의 수업방식은 다음과 같다

이 학교의 교수학습 자료는 신문잡지, 일반서적, 시청각자료, 검인정교과서, 연구모임학술지, 직접제작자료 등을 사용하고 있으며 교무실이 따로 없고 대신 '교육 지원실'이 있다. 교육 지원실의 기능은 다음과 같다.

교육 지원실은 교사들이 행정업무를 처리하기 위해 가끔 들르거나 교사·학생의 휴게실로 쓰인다. 방송시설도 마음대로 이용할 수 있어, 점심시간에 흘러나오는 음악이 마음에 들지 않으면 누구나 들어와 새로운 음반으로 갈아 끼우는 모습을 쉽게 볼 수 있다(F고 풍경).

또한 교실은 학년·반으로 나누어지는 일반학교와는 달리 과목별로 나뉘어 있다는 것이 특징이다.

국어실, 영어실, 수학실이 있는데 이 교실의 이름도 학생들의 흥미를 유발하고 부담을 느끼지 않도록 명칭을 붙여 사용하고 있는데, 국어과목을 수업하는 곳은 '버들내', 과학실은 '유레카', 사회실은 '집강소', 컴퓨터실은 '클릭', 가사(家事)실은 '인생과 사랑'이라는 팻말을 붙여 놓았다. 각 교실은 담당교사의 집무실이기도 하다. 교실마다 담당교사의 책상이 있고, 교사는 이곳에서 학생들을 기다린다. 물론 학생들은 수업시간표에 따라 교실을 옮겨 다닌다. 운동복 차림, 반바지에 슬리퍼를 신은 모습, 혹은 아직도 잠에서 덜 깬 부스스한 얼굴로……. 그러나 이를 탓하는 교사는 없다. 여기에선 학교 혹은 선생님의 이름으로 이루어지는 강제는 거의 없다고 한다(F고 풍경과 교무부장교사).

이 학교의 교장과 모든 교사는 격려하고 지지해 주면 아이들은 저절로 자란다는 소신 속에 아이들의 수업 분위기는 다른 어떤 학교보다도 부드러운 것이 특징이다.

7) G고의 수업방식은 다음과 같다

이 학교의 교수학습 자료는 일반참고서, 직접제작자료, 검인정교과서, 연구모임학술지, 일반서적으로 이루어진다.

> 진학을 위하여 교과서를 충실히 하고 다만 학습방법에서는 많은 참고자료를 보여 주므로 직접 확인하고 이해 위주로 수업을 진행한다고 한다(G고 교무부장교사).

이 학교의 수업 형태는 학년별로 2개의 수준으로 구분하여 분반수업을 하고 있는데 그 이유는 학생들의 학업성취에 대한 일반적인 경향이 학습의욕과 기초학력의 부진을 보이고 있기 때문이라고 한다.

> 학습의욕이 부진하기 때문에, 기초학력에 절대적으로 요구되는 영어와 수학 등의 학습에서 많은 어려움을 겪는다. 초·중학교 때부터 시작된 학습의욕의 부진과 기초학력의 부진 현상이 빠른 시간 내에 회복되지는 않지만, 이를 위해서 영어와 수학에서 수준별 수업을 실시하고 있다. 학기 초에 실시하는 학력평가와 정기고사 결과를 토대로 학업성취도를 판별하여 학년별로 2개의 수준으로 구분하여 분반수업을 하고 있다(G고 교무부장교사).

또한 학생 개개인의 적성과 소질에 맞는 수준별 개별학습을 하고 학생들의 교과 선택의 폭을 넓혀 준다. 이것으로 채워 주지 못하는 부분을 위해 방과 후 '공부방' 운영을 한다. 대부분의 교사가 기숙사에서 학생들과 같이 생활하므로, 방과 후 학생들의 학습욕구를 채워 줄 수 있다는 것이 이 학교 교무부장교사의 설명이다.

'공부방'이라는 보충학습제도는 공식적으로 실시하는 수업시간이 아니라, 희망하는 학생을 대상으로 하여 국어, 영어, 수학 교사가 자발적으로 실시하는데, 학생들의 학습의욕이 저조하기 때문에 모든 학생들이 참여하지 않는 데에 아쉬움이 있다. 또한 개별학습지도는 학생 개개인이 희망하는 교과의 담당교사를 통해 학습받는 것으로서 자신의 부족한 학력을 보충하는 데에 많은 도움을 얻고 있다고 한다(G고 교무부장교사).

그리고 국토순례 및 문화유적지 탐방활동이나 세계여행 등 체험활동을 통한 전일제 수업의 편성이 많은 특징을 가지고 있다.

교육목표에 따라 자연, 인간, 사회와 미적 세계에 대해 직접 보고, 듣고, 느끼고 체험하여 폭넓은 그리고 살아 있는 지식을 습득할 수 있는 체험학습 교육을 실시하고 있다. 입학 전 학교 적응 프로그램으로 신입생과 교사 전원이 참여하며 매년 2월 마지막 주 3박4일간에 걸쳐 새내기 모꼬지를 실시하고 있다(G고 교무부장교사).

뿐만 아니라 폭넓은 교육과정을 구현하고 있는데 졸업작품 연구 및 환경탐사나 신문제작 연구 그리고 지역사회 연구 등을 통한 자기 주도적 프로젝트 수업을 학습에 도입하고 해외 이동 수업도 하는데, 해외 이동 수업은 학생 중심의 교과 통합 프로그램이라는 측면에서 의미가 있으며 교과 측면에서는 학생들 스스로 사전조사를 하고 발표함으로써 정보를 사전에 공유하며, 모든 일정에 학생들의 자치적인 의견이 반영될 수 있도록 하고 있다.

현지 교과구성은 일반교과 통합수업, 자연체험학습, 문화탐방, 역사탐방, 사회문제교육 등으로 이루어진다. 활동욕구가 높은 청소년기에 교실수업의 형식을 탈피하여 시기적으로 집중력이 떨어지고 변화가 필요한 때를 선택하여 현장을 답사한다는 것은 교육 및 문화적으로 훌륭한 자극제가 되고 있다.

모든 학생들이 기숙사생활을 의무적으로 하고 있지만, 신입생들은 가정을 떠나 기숙사생활을 해 본 경험이 거의 없기 때문에 낯선 환경에서 새로운 사람들과 어울려 생활하는 데 대해 두려움을 가지고 있다. 학생들은 이 활동을 통해 새로운 학교 환경에 대한 친숙감을 느끼며 과거의 나약한 자신의 모습을 벗어버리고 새롭게 시작하고자 하는 의지를 갖게 되며, 공동체생활을 통한 타인과의 관계 형성 훈련도 하고 있다.

지리산 종주는 1학년을 대상으로 매년 2학기에 실시된다. 육체적 한계를 극복하고 정신력으로 자신을 이겨 나가는 극기력을 함양하고, 조별로 이동하면서 손을 잡고 이끌어 주며 동기애를 느끼는 활동이다. 또한 산행을 통해 실생활에서도 활용할 수 있는 지식을 습득하며, 자연생태체험학습도 병행하고 있다.

제주도 자전거 하이킹은 2학년을 대상으로 매년 2학기에 실시된다. 3박4일 일정으로 자연생태체험을 중심으로 활동이 이루어지며 자기 발견과 극기, 동기 간의 관계성 회복, 인간과 자연의 올바른 만남과 관계성 회복을 목적으로 하고 실시하고 있다. 전국 그리고 세계 각국에 두레공동체운동 관련 기관 및 마을이 있기 때문에 다른 학교에 비해 현장체험 기회가 많고, 비용 마련도 수월하다.

매 학기마다 국토순례 및 문화유적지 탐방활동을 하고 있으며, 방학기간에는 전교생이 중국 자매마을에 한 달 정도 머물며 봉사활동과 민족문화 현장학습을 한다. 올해는 보름 정도의 일정으로 1학년은 중국, 2학년은 일본을 방문한다. 벌써 학생들은 게시판에 각종 도면과 사진을 붙여 놓는 등 한껏 들떠 있다. 작년에 중국을 방문한 한 학생은 중국에서 우리 또래의 탈북 청소년들을 만나 보니 내가 너무 풍족한 생활을 하고 있음을 실감했다고 소감을 밝혔다고 한다(G고 교무부장교사).

8) I고의 수업방식은 다음과 같다

이 학교의 수업방식에서 볼 수 있는 특징으로는 먼저 학력 수준별 교육이다. 각 교과는 학습자의 학습능력과 학습내용 간에 상승작용이 일어날 수 있도록 학습자의 능력수준에 알맞은 차별적·선택적 교육과정을 제공한다. 학습내용의 위계가 분명한 영어·수학 교과를 단계별로 세분화한 '단계형 수준별 교육과정'과 기본학습내용을 중심으로 심화학습 또는 보충학습이 가능하도록 하는 국어·사회·과학·교과의 '심화·보충형 수준별 교육과정'으로 구별하여 운영한다. 그 이유를 연구담당교사는 이렇게 말한다.

학생들의 능력수준에 따라 교육의 내용이나 방법을 제공해 줌으로써, 학습에 있어서 그들의 잠재적 가능성을 최대한 실현시키도록 하고, 부진한 학생에게도 그들의 수준에 가장 적합한 교육내용과 방법을 제공함으로써, 그들 수준에서 이룰 수 있는 최고의 학습을 이루게 하자는 것이라고 한다(I고 연구담당교사).

또한 학습능력이 부족한 학생을 위한 특별보충 교육과정을 운영하고 있다. 그 방법은 다음과 같다.

학기 중 특별보충학습은 교과과정의 최저평가요소를 근거로 평가를 실시하여 학기말 총괄 평가에서 해당 단계 학습목표치가 영어 50%, 수학 45% 이상을 도달하지 못한 학생에게 방학 중 1개월간의 특별보충과정에 참여하게 하며 과제학습도 주어진다. 방학 중 특별보충과정이 종료되기 직전 재평가를 실시하여 재차 수준 미달 학생은 다음 학기 초 2개월간의 특별보충과정에 참여하는데 과제 부여와 검사가 이루어지고 있다(I고 연구담당교사).

이 학교는 전인교육을 지향한다는 측면에서 5차원 전면교육을 실시하고 있다. 5차원 전면교육이란 우리 인간에게 있어서 우리를 구성하고 있는 5가지 요소, 즉 지력, 심력, 체력, 자기 관리 능력, 인간관계를 아주 조화롭게 발전시켜서 진정 실력 있는 사람으로 길러내는 것이다. 따라서 이러한 5가지 요소를 중점적으로 교육시키고, 그 결과를 평가하고 있다. 그 평가의 구체적인 지표는 아래의<표 23>과 같다.

〈표 23〉 I고교의 학기별 학생평가내용 사례

학년	3학년 ○ ○ ○
기독교	오래전부터 구원의 신앙을 체험하고 구원에 대해 자신만의 확신을 가지고 있음. 목회하시는 아버지를 통해 신앙이 탄탄한 편. 교회에서는 자신의 달란트를 이용해 자신의 신앙을 더욱 다져 가고 있음.
지력	지적인 능력이 좋은 편이나 거기에 대한 목표의식이 뚜렷한 편은 아님. 수시모집을 하며 한 번의 실패로, 전보다 학습에 대한 의욕이 낮아지고 많이 힘들어했지만 스스로 겸손해질 수 있는 기회가 되었고 새로운 마음으로 다시 준비할 만큼 좋은 결과가 있었음.
입력	활발하기보다는 무뚝뚝한 편이라서 그런지 자기의 감정을 적극적으로 표현하지는 않고 상황에 대해 적절히 반응하는 정도에 그침. 자신이 바라보는 관점에 대해 설득하기보다는 설명하는 방식을 좋아함. 그러나 친구들과의 관계에서는 활발히 반응을 보이는 적극성을 보임.
체력	특별히 몸에 문제가 있는 것은 아니지만 몸이 약해서 공부를 하며 지쳤음. 지금은 많은 휴식을 통해 원기가 많이 회복됨. 태권도나 체육을 좋아하고 남자들이 하는 활동을 즐겨하는 만큼 기초체력을 위해 남다른 노력이 필요함.
자기 관리력	목표의식이 있으나 그것을 향해 많은 것을 버리기보다는 현재의 일에 충실하며, 있는 만큼을 가지고 활용하려 하는 편. 자신의 목표가 있을 때 시간을 구체적으로 계획하지 않고 자신의 생각과 상황에 따라 적절하고 융통성 있게 주도하는 것을 더 즐김.
인간관계력	친구들과의 관계가 좋은 편이나 소수의 친구와 절친한 편. 모든 동료들에게서 사랑을 받는 편임. 자신을 낮추고 섬기는 모습과, 속한 공동체에서 남들과 더불어 성실히 의무를 감당하는 모습이 필요함.

*출처: I고교의 2003학년도 1학기 학생평가 기록

교사들이 사용하는 교육 자료가 실생활과 많은 연관을 가지고 있으며, 대부분의 교사가 두 과목을 담당하기 때문에 많은 자료를 확보하려는 교사들의 노력이 돋보인다.

수업을 할 때 주로 사용하는 교수-학습 자료는 신문·잡지와 직접 제작한 자료, 연구모임자료 및 일반서적 등이 비교적 고르게 활용된다. 교사들이 학습에 활용하고 있는 매체는 컴퓨터, TV, OHP, VCR, 녹음기, 실물 화상기 등을 이용하여 수업에 임하고 있다. 특성화 수업에 필요한 카메라, 장기, 바둑, 조리 실습대, 낚시도구, 사물놀이에 필요한 전통악기 등도 있으며 볼링수업 때에는 시내에 있는 볼링장으로 자리를 옮긴다고 한다(I고 연구담당교사).

9) L고교의 수업방식은 다음과 같다

이 학교는 목표 지향적 평가에 힘쓰며 평가 결과의 교육적 분석 및 활용으로 학생의 학습 곤란도를 해소시켜 주려고 노력하고 있으며 학생들의 학업 성취 수준을 고려하여 능력에 맞게 선택할 수 있게 하고 개인차에 합당하는 교육을 하고 있다. 뿐만 아니라 부적응 학생을 위한 교육과정의 운영을 위해 특성화교과에서 인성 위주의 교과와 취미와 직업기술과 관련한 교과를 편성하여 탄력적으로 운영하고 있다는 점이 가장 특징적인 면이라고 할 수 있다.

교과교사 외에 전문 분야의 자격증 소지자를 강사로 선임하여 교육과정을 운영한다. 그리고 학교 적응력이 일정수준으로 향상되고 학교에서 선택할 수 없는 교육과정을 다양화하기 위하여 학생이 희망할 경우 3학년 때 직업전문학교 등의 위탁교육과정을 운영한다. 직업반에 가서 요리사 자격증을 3개씩이나 딴 학생도 있으며 대학에도 특별전형으로 입학했다(L고 교무부장교사).

10) N고의 수업방식은 다음과 같다

자기 주도적 탐구 중심 수업방식이다. 모든 교과는 학생활동 중심의 자기 주도적 학습능력을 신장시킬 수 있는 교수학습방법을 개발하며, 조사, 연구, 실험, 발표, 토론 등의 탐구 중심의 수업방식을 중시한다.

> 영어수업시간: 한 학생이 책상 위에 걸터앉아 교재를 보는 등 학생들이 자유로운 자세로 강의를 듣고 있다.
>
> 이번엔 빗소리를 표현해 보세요. 음악 야외수업이 진행되고 있었다. 5명의 학생이 20여 명의 아이들 앞에서 냄비, 도마, 플라스틱 드럼통을 뒤집어 놓고 막대기로 신나게 두드리고 있었다. 아이들은 조별로 시냇물이 흐르는 소리, 빗소리, 파도소리를 '난타' 형식으로 연주하면서 물에 대한 다양한 느낌을 표현했다.
>
> 비디오카메라로 연주 장면을 찍던 안 교사가 학생에게 소감을 물었다. 학생은 시냇물 소리를 잔잔하게 표현하는 게 제일 어려웠다고 대답했다. 안 교사는 이 수업은 '생태 프로젝트'의 하나로 학교 근처의 동막천을 살리자는 주제라며 "음악 시간에는 물을 주제로 작사, 난타 공연, 음악 듣고 감상문 쓰기를 한다."라고 설명했다(N고의 수업풍경).

탐구수업을 위한 기초 학습내용의 공유를 추구하고 있는데 이를 통하여 학생들은 시공간의 제한을 받지 않으면서 자기 주도적으로 공부를 할 수 있다.

> 탐구학습 공유를 위하여 인터넷 전자칠판 또는 동영상 강의 시스템 등을 활용하여, 사전에 학생들에게 필요한 선수학습 자료를 제공함으

로써 모든 학생의 이해와 참여가 가능하도록 한다. 다량의 지식의 전달 및 이해를 위한 집중식 강의가 필요한 경우는, 별도의 시간을 공지하고 수업의 목적을 설명하여, 학생들의 자발적인 학습이 가능하도록 해 주었다(N고 교무부장교사).

일반학교에서는 50분 수업에 10분 휴식이 시작과 끝을 알려주는 벨소리와 함께 정해져 있지만 이 학교에서는 집중이수방식의 시간표를 구성하고 있는데 2시간을 연속하는 블록단위로 100분 수업시간을 구성하고 있다.

학기를 전·후반기로 구분하여, 집중식 에포크 수업을 실시하는데 동시에 수강하는 과목 수를 줄이고 단위 수가 큰 과목이나 연속적 수업이 보다 효과적인 과목은 전 학기에 걸쳐 배정하여 수업에 대한 집중력을 높였다(N고 교무부장교사).

이 학교의 또 하나의 특징은 11, 12학년에 가서는 무학년 선택중심 교육과정을 운영하므로 학생들에게 개인별 맞춤식 시간표를 제공한다는 점이다.

2학년인 한나라 군은 만화를 즐겨 그린다. 그의 꿈은 만화가나 애니메이션 감독이 되는 것이다. 그래서 이번 학기 특기·적성 수업으로 '영상 창작'과 '한국미술'을 선택했다. '만화 창작'이나 '애니메이션'처럼 자신의 진로와 좀 더 직접적으로 관련된 과목도 있지만 다음 학기로 미뤘다. 관련 과목을 폭넓게 수강하면서 기초를 다지려는 생각에서다. 2학년 학생들은 디자인공예, 생활의학, 옷 만들기, 음식 만들기 등 네 개의 필수과목 가운데 반드시 두 과목 이상 이수해야 한다. '지역활동과 엔지오(NGO)', '통합기행', '인턴십 연구'도 학교 쪽이 제시한 수강 필수과목이다. 여느 학교에서는 찾아볼 수 없는 특이한 이름의 필수과목과 자신이 선택한 특기·적성 과목으로 이루어진 한나라 군의 수업시간표는 세상에 단 하나밖에 없는 개성적인 모양새를 자랑한다(N고 2학년 한나라 군).

N고등학교 2학년 한나라 군의 시간표

블록		월	화	수	목	금	토
1	8:40~10:20	시민윤리		영어회화		지구과학	
2	10:40~12:20		지구과학	기술가정	영어작문		지역사회와 NGO 또는 동아리활동
		점심시간					
3	2:00~3:40		옷 만들기	한국미술	한국문학		
4	4:00~5:40		영상창작			사회문화	

이러한 개별맞춤식 수업방법은 다음과 같은 과정을 통하여 이루어진다.

1단계에서는 수강예비조사를 하는데 학교는 매 학기말에, 학생과 학부모에게 교육과정을 설명하고, 다음 학기에 수강을 희망하는 교과를 파악한 후, 개설 가능성을 충분히 검토하고, 개설 교과 리스트를 공고한다.

2단계는 권장이수 모형을 발표하는데 다음 학기의 교사 수급 및 학교 여건을 고려하여, 다양한 진로계열 구성에 적합한 여러 교육과정 이수 모형을 제공함으로써, 학생들의 선택에 도움을 주며 또한 교육과정의 현실적 운영을 가능하도록 한다.

3단계로 교수-학습계획을 공고하는데 개설할 과목에 대한 교수-

학습계획은 매 학기 시작 전에 학생들에게 공고한다(교과목의 명칭, 이수 단위 수, 교과 학습목표, 주요 학습내용, 교재(교과서), 참고자료(부교재), 과제물, 담당교사, 담당교사의 약력 및 전공, 학생활동 준비 사항, 학교가 지원하는 사항, 평가의 방법).

4단계 수강신청에서는 매 학기 개시 전 일정 기간 동안 학생들은 자신의 학습계획에 따라 수강신청을 하고, 수강신청 결과에 따른 개인별 시간표를 작성한 다음 연구계획서를 제출하게 되는데 선택과목의 수강신청 시에 연구계획서를 함께 제출한다.

마지막 단계에서는 수강신청 변경할 수 있다. 신학기 시작 후 일정 기간을 두고, 수강 과목을 변경할 수 있는 기회를 제공한다(N고 교무부장교사).

인터넷 사이버 학습관리 시스템을 운영한다. 이를 위하여 사이버 학습용 솔루션 도입(전자칠판(GVA) 및 동영상 스트리밍 강의를 통한 사전·사후 학습을 강화하고 온라인 평가(My-Test)와 진단 평가와 맞춤식 학습 처방을 하고 있다.

뿐만 아니라 학생들의 다양한 체험활동 기회가 주어지는데 '해외연수 및 교환학생 제도', '자연을 벗 삼은 활동과 농사·원예', '몸공부', '노작교육', '도제수업'을 한다.

고1은 농사를 체험교과로 정해 1년 동안 학교 텃밭에서 학생들이 직접 농사를 짓는다. 2학년 때는 목공, 도예, 요리, 염색, 퀼트 등 6개 중에서 골라 심화과정을 배운다. 3학년이 되면 결산 과정으로 흥미 있는 분야의 논문이나 연구보고서를 지도교사와 함께 1년간 연구해 그 결과물을 낸다(N고 교무부장교사).

11) H고의 수업방식은 다음과 같다

이 학교의 특징은 주위 자연환경을 활용한 현장체험교육을 강화했다는 점이라고 정 교장은 말하고 있다.

> 학교 측이 학생 20명인 학급당 담임교사를 2명씩 배치하는 등 학생들에 대해 세심한 관심을 기울이면서 학생들의 특기와 적성을 살릴 수 있도록 주변의 산 등 주위 자연환경을 활용한 현장체험교육을 강화했다며, 미술시간에는 학교 옹벽(3.5×80m)에 자연의 아름다움을 체험하도록 4계절 벽화를 그리고 농업시간에는 '내 나무 심기' 등을 실시하고 있다고 한다(H고 교장).

실력은 인품과 병행될 때 빛을 발할 수 있고 교육은 개성과 창의성을 찾고 존중하는 것이라는 생각으로 이 학교는 묵상의 시간을 수업 시작 전에 실시한다. 이러한 취지를 생활지도부장 교사는 다음과 같이 말하고 있다.

> 모두 문제학생이라기보다 관심의 대상에서 밀려나면서 개성과 창의성을 존중받지 못했기 때문이라며 학생 중심의 교육을 통해 이를 극복하도록 하고 있다며, 매일 1교시 후 20분씩 각 교실에서 교사의 지도 아래 묵상 시간을 갖고 모든 행사를 기도로 시작해 기도로 끝내는 등 항상 학생 스스로 자기 자신을 되돌아보도록 지도한 결과라고 한다(H고 생활지도부장 교사).

12) Q고의 수업방식은 다음과 같다

이 학교는 자기 주도적 학습(Self-Directed Learning) 방법과 학생 중심의 열린 교육을 추구한다.

> 개인별 맞춤식 교육과정이 편성되어 있는데, 영, 수 과목인 경우 수준별, 단계별 수업을 2단계로 분반하여 운영하며, 3주 집중학습과 1주 문화체험, 국토순례, 극기 훈련 등 체험학습을 매년 실시하고 있다. 또한 수업은 오전에는 지식교과수업으로 한정하고, 오후에는 자립 및 감성교과수업을 하는데 특히 오후 수업은 자기 주도적 학습을 하기 위해 자기 취미와 적성에 따라 자기가 원하는 동아리활동 및 개인별 소질·적성 개발 활동만을 한다(Q고 수업계담당교사).

또한 다양한 국내·국외 체험학습을 통한 실천교육에 중점을 두고 있다.

학년	학기	전반기	후반기
1	1	3, 4, 5월 해외 이동 학습: 중국	5, 6, 7월 국내 체험학습
	2	국가공통기본과정 집중학습	
2	1	3, 4, 5월 해외 이동 학습: 영어권	5, 6, 7월: 국내 체험학습
	2	일반선택 및 심화과정 집중학습	
3	1	일반선택 및 심화과정 집중학습: 수능 준비+직업지도	
	2	수능 준비	수능 이후-졸업 논문 및 작품 발표

학생들이 학교생활 중 달성할 교육과정을 개인별로 설정해 놓고

있는데 1인당 1악기를 습득할 것, 1인당 1외국어(영어) 필수, 1인당 1운동, 1인당 1봉사활동, 1인당 1취미활동으로 삶의 질과 진로에 도움을 준다는 취지를 갖고 운영하고 있다.

뿐만 아니라 인간품, 정보품, 세계품이라는 디지털 3품 교육을 통하여 전인교육을 기본으로 시대적 필요를 가르친다는 취지에서 수업을 이끌어 간다.

인간품: 무한한 잠재능력을 가진 학생들에게 다양한 학습체험과 경험의 기회 제공으로 학생 자신의 소질과 능력 계발, 상호 협력을 통하여 나 아닌 우리라는 생각을 인식하고, 더불어 살아가는 민주시민으로서의 자질 향상을 위한 인성교육, 인간품성의 내용(인의예신), 한마음신문화의 본질(개성 존중, 공동체적 정신과 생활), 성공적인 리더십 훈련, 체계적인 환경생태교육, 체험학습 실시(참여, 탐방, 표현), 한국학 특성화 프로그램 운영, 생활관 생활을 통한 공동체 윤리의식 배양을 한다.

정보품: 정보화 사회의 필요능력(인터넷 능력, 프리젠테이션 능력, 휴먼네트워킹 능력 - 홈페이지 이지빌더, 파워인맥), 사이버 매너, 고등학교수준에 적합한 정보 마인드 형성, 이론과 실제의 겸비를 한다.

세계품: 중국어와 영어, 일본어 기본능력, 국제매너, 다양한 외국문화 등 체험학습, 외국어 집중학습에 의한 어학연수, 다양한 외국문화 등 체험학습, 외국어 집중학습에 의한 어학연수를 한다(Q고 수업계담당교사).

그리고 생활관도 학교라는 개념을 가지고 운영하는데 이는 전국에서 모인 학생들이 기숙사생활을 통하여 서로를 돕고 이해하는 마음을 배우고 공동체 정신을 키워 이웃사랑의 길을 실천하도록 한다. 단체생활의 어려움을 통해 인내와 사회성을 증진시키고, 자신의 생활을 스스로 처리해 가는 자립심을 기르고자 전원기숙사생활을 하고 있다.

이 학교에는 식사시간이 가장 즐겁다. 왜냐하면 수업시간에 직접 먹을거리를 재배하며 자연과 함께하는 시간이 교육과정에 배정되어 있어서 수업시간에 재배하고 수확한 것이 식탁에 제공되기 때문이다

학교 뒤편에는 채소 가든이 있는데 여기서는 사계절 학생들의 식탁을 책임질 채소들이 자라고 있다. 이십여 가지가 넘는 채소의 씨를 뿌리고 가꾸고 수확하면서 우리 학생들은 자연친화적인 교육으로 흙의 소중함을 배우고 자연을 벗처럼 사랑하는 마음과 고마움을 배우게 된다는 것이다 그래서 텃밭에 있는 시간과 식탁은 마냥 신나고 즐겁기만 하다고 한다(Q고 2학년 학생).

이상에서 알 수 있듯이 교과교육과정의 재구성 정도를 보면 일반학교가 교과교육과정에 한정되는 데 반해 대안특성화고교는 통합교육과정을 운영하고 있다.

첫째. 국어실, 영어실, 수학실 하는 식으로 교실은 과목별로 나뉘어 있다. 각 교실은 담당교사의 집무실이기도 하다.

교실마다 담당교사의 책상이 있고, 교사는 이곳에서 학생들을 기다

리며 학생들은 수업시간표에 따라 교실을 옮겨 다니는 과목별 교실 운영을 한다. 따라서 교실은 과목별로 나뉘어 있어 국어실, 영어실, 수학실이 정해져 있는데 이 교실의 이름도 학생들의 흥미를 유발하고 부담을 느끼지 않도록 부른다. 예) 국어과목을 수업하는 곳은 '버들 내', 과학실은 '유레카', 사회실은 '집강소', 컴퓨터실은 '클릭', 가사 (家事)실은 '인생과 사랑'이라는 팻말을 붙여 놓는다. 각 교실은 담당 교사의 집무실이기도 하지만 정말 좋은 점은 그 과목의 관련 수업자 료가 교실 벽면 및 다양한 공간 활용이 가능하고 기자재의 사용이 용 이하다는 점과 학생들이 그 과목의 박물관 같다는 이미지를 갖고 흥 미 있어 한다는 점이다. 학생들은 수업시간표에 따라 교실을 옮겨 다 니는데 운동복 차림, 반바지에 슬리퍼를 신은 모습, 혹은 아직도 잠에 서 덜 깬 부스스한 얼굴로…… 그러나 이를 탓하는 교사는 없다. 여기 에선 학교 혹은 선생님의 이름으로 이루어지는 강제는 거의 없고 학 생과 교사 교실이 즐겁다(F고).

둘째, 전일제 수업 진행 등 적은 수의 과목을 집중적으로 공부하 는 집중이수방식의 시간표로 구성되어 있다.

2시간을 연속 블록단위로 100분간 집중식 에포크 수업을 실시하고 있다. 학기를 전·후반기로 구분하여, 1년을 4분기로 운영하는데 이수 과목을 전·후반기로 배분하여 운영한다. 수강하는 과목 수는 줄이고 단위 수가 큰 과목이나 연속적 수업이 보다 효과적인 과목은 전 학기 에 걸쳐 배정하고 있다(N고).

셋째, 모든 교과는 학생활동 중심의 자기 주도적 학습능력을 신장 시킬 수 있는 다양한 교수학습방법을 개발하여 학생 자기 주도적 프로젝트 수업을 실시한다.

여기에는 졸업작품 연구, 환경탐사, 신문제작 연구, 지역사회 연구, 토의학습, 실험·실습학습, 조사학습 연구 발표식, 세미나식, 조사, 연구, 실험, 글쓰기, 토론 등을 통한 자기 주도적 탐구 중심 수업방식 등 학생이 교육의 주체가 되는 활동으로 교과와 단원의 특성에 맞는 다양한 학습방법을 적용한다. 수업 진행 면에서도 학생들의 창의력과 자유로운 토론을 매우 존중하며, 교사의 일방적인 지도에 의한 수업이 아니라 학생들로 하여금 어떤 주제를 스스로 도출, 토론하고 결론을 짓도록 유도한다(A고, O고, Q고).

교사들은 학생들을 고무하고 격려하며 방향을 제시해 준다는 점에서 여전히 교육을 이끌어 간다고 말할 수 있지만, 교사는 역시 참여자의 위치에 선다(A고, B고). 학생이 수업의 중심이 되도록 한다는 점에서 졸업작품 연구, 환경탐사·신문제작 연구·지역사회 연구 등 전일제 수업으로 진행하면서 자기 주도적 프로젝트 수업을 실시한다(G고). 탐구수업을 위한 기초 학습내용의 공유를 위해서는 인터넷 전자칠판 또는 동영상 강의 시스템 등을 활용하여, 사전에 학생들에게 필요한 선수학습 자료를 제공함으로써 모든 학생의 이해와 참여가 가능하도록 한다. 다량의 지식의 전달 및 이해를 위한 집중식 강의가 필요한 경우는, 별도의 시간을 공지하고 수업의 목적을 설명하여, 학생들의 자발적인 학습이 가능하도록 한다(N고). 그리고 '성·연령·장애인 통합교육 및 사회참여 활동', '다양한 협동 경험 쌓기', 합리적 의사소통을 통한 문제 해결력 향상에 중점을 둔 수업을 진행한다.(N고)

넷째, 수업에 필요한 교수학습 자료는 제도권의 교과서를 전적으로 의존하지 않고 다양하며, 실생활과 많은 연관을 가지고 있다.

수업에 필요한 교재는 다양하며, 제도권의 교과서를 전적으로 의존하지 않고 다양한 교수학습 자료를 이용하고 있는데 주로 사용되는 교재는 검인정교과서, 일반서적, 신문잡지, 시청각자료, 연구모임학술지, 직접제작자료 등으로 이루어지며(G고, F고, I고). 교사들이 사용하는 교육 자료가 실생활과 많은 연관을 가지고 있다.

특성화교과목 운영 정도

　대안특성화고교 교육과정의 범주는 특성화교과목에서 그 차별성을 찾아볼 수 있다. 이를 학교별로 살펴보면 다음과 같다.

　대안특성화고교의 전문교과는 특성화교과라는 이름으로 주어진다. <표 24>에서와 같이 대안특성화고교가 특색 있는 교육은 국민공통과목, 일반과목은 비슷하지만 수업방법이 자유롭고 작은 학교인 데서 오는 특성만으로도 충분히 학습자 중심의 교육을 할 수도 있음을 보았다. 그러나 대안특성화고교의 특징은 역시 다양한 욕구의 학생에게 다양한 개성을 살려 줄 수 있도록 과목 편성이 얼마나 특색이 있는가에 좌우된다. 이러한 특성화교과는 대안학교에서 자율적으로 교육과정을 편성·운영할 수 있도록 재량권이 주어졌다. 즉 특성화교과목의 기본 이수 단위 수만 정해 주고 과목 선택과 운영방법은 학교수준 교육과정의 편성·운영권이 주어졌다. 특성화고등학교로 설립인가를 내어준 것처럼 학교의 특성에 따라 과목 선택과 운영방법 및 지도교사 확보도 많은 융통성을 보이고 있다.

〈표 24〉 특성화교과 편성 및 시수 비교

구분 학교	특성화 교과 시수	주요 특성화 과목		
A	34 이상	- 학교철학: 학교문화, 식구총회, 삶과 철학 - 감성: 표현예술, 디자인공예, 우리 춤 우리 가락, 합창 합주 - 자립: 텃밭 가꾸기, 집 짓기, 음식·옷 만들기	- 교양심화: 역사이해, 숲 생태, 성과 문화, NGO 탐구, 대중문화 읽기-지리산 종주, 체험학습, 학생회활동, 간디인 한마당 - 특기·적성: 홈페이지 제작, 컴퓨터음악, 영화로 보는 세상, 유럽 배낭여행	- 진로 선택(진학): 언어탐구, 수리탐구, 사회탐구, 과학탐구, 외국어탐구 - 진로 선택(직업): 직업연구, 직업실습
B	54	마음공부훈련, 마음일기 생활의학	민속놀이, 합창, 향토순례	창작실습, 작물재배,
C	40	컴퓨터 일반, 텃밭 가꾸기, 마음공부법	산악등반, 요가, 행동예절	종이접기, 생활도자기, 단전호흡
D	34	마음일기, 생활명상, 요가, 산악등반, 현장학습, 단체노작, 비종교, 환경생태, 성교육	기르기(채소, 동물, 분재), 만들기(공예, 목공예, 도자기), 체육(택견, 검도, 볼링, 농구, 탁구)	음악(사물, 민요, 국악, 합창), 미술(사진, 만화, 서예, 판화), 유적답사, 팀 프로젝트
E	30	체험교과: 자연체험, 통일생태기행(텃밭 가꾸기) 감성교과: 생활예술, 생활음악, 생활예술(가야금, 우리 춤, 궁도, 서예, 퀼트, 피리, 목공예, 애니메이션, 유화, 수벽치기)	자립교과: 생태입문, 생활기술, 생활기술(도자기공예, 죽물공예, 옷 만들기, 제과·제빵, 생활의학, 생태건축, 생태농업, 한지공예, 생활요리, 천연염색	지식교과: 문예창작, 환경영어, 인간과 환경, 인간과 환경(생태학과 문학상상력, 환경영어, 생명사랑, 영어로 역사읽기)
F	66	가족관계, 봉사활동, 청소년 성장 프로그램,	생태학습, 산악등반, 미디어교육, 현장학습	노작활동, 종교, 상담 및 진로지도
G	선택에 포함	생활과 자연	생활과 문화	사회 속의 나, 내 속의 나
H	32	생활원예, 숲과 인간, 컴퓨터 일반	컴퓨터와 음악, 문화초대석, 배드민턴	한국조리, 컴퓨터그래픽, 사무자동화 일반
I	인53 자53 예43	심력 훈련, 인간관계 훈련, 자기 관리 훈련	영화개론, 글쓰기, 해외탐방, 테마학습	산악등반, 태권도, 단체노작, 사회봉사(심화포)
J	48 (+교양14)	생태농업, 기초생태학, 생태농업 실습, 한국의 야생화, 동물생태, 연극 I	민간의학의 이론과 실제 I, 민간의학의 이론과 실제 II, 숲과 인간, 환경보전, 목공실습, 미술실기 I	연극 II, 풍물 I, 연극 III, 풍물 II, 구기, 합창·합주, 도자기, 성과 문화, 우리 옷 연구
K	36	생태농업, 현장체험 및 실습	생활의상, 음식, 생태건축, 열린 사고	열린 교육, 연극세계, 지역사회봉사,
L	선택에 포함	생활명상, 심성계발, 현장체험학습, 과제연구, 생활원예	실용음악, 기초연기, 사진·영상, 컴퓨터 일반	상황극 만들기, 조리, 헤어미용, 미술실기, 태권도, 중국어회화

구분\학교	특성화 교과 시수	주요 특성화 과목		
M	80	한국어(KSL) Ⅰ·Ⅱ, 독서, 화법(생활한국어), 작문(생활 속의 글 쓰기), 문학(한국문학감상), 한국근현대사, 세계사	20세기 현대 세계사, 인물을 통해 본 한국사, 한문, 제2외국어 심화(중, 일, 러, 스)Ⅰ, 지역연구Ⅰ, 지역연구Ⅱ	language Art Ⅰ·Ⅱ/ESL Ⅰ·Ⅱ, critical thinking/ESL Ⅲ, 이문화소통, current event, 시사토론, SAT, Toeic, 국제관계,
N	0-68	삶과 철학, 인턴십 연구, 논문연구, 지역활동과 NGO, 통합기행, 농사, 디자인공예, 생활의학	옷 만들기, 음식 만들기, 직업연구, 직업실습, 도예, 생활원예, 생태건축, 지역사회 조사	연극, NGO 탐구, 배낭여행, 영화와 과학, 문화이해, 우리춤 우리 가락
O	56 (52-60)	생태와 환경, 진로와 직업, 삶과 종교, 인간관계, 예절생활	기획탐방, 현장실습, 우리 문화의 이해, 문예창작	영화예술의 이해, 대중매체의 이해, 과학적 사고 및 실험
P	51	창조와 과학, 기독교 세계관, 기독교와 경제, 칼빈주의	,영화개론 및 실기, 해외탐방, 테마학습, 산악등반	과제연구, 검도, 진로와 직업, 노작활동(사회봉사)
Q	40	자기계발: 서예, 연극, 풍물, 문학여행, 한지공예, 종이접기, 생활음악, 농촌생활, 현대무용, 영화보기, 천연염색	생활체험: 목공예, 생태건축, 홈패션, 음식 만들기, 농사, 사회체험: 봉사, 해외탐방	직업지도: 직업실습, 직업연구, 문서실무, 현장체험학습, 지역활동
R	58	집단상담, 초빙강연	감성교육, 산악등반, 현장체험	노작학습, 유적답사

*출처: 18개 대안특성화고교 학교 교육계획서 및 학교 발간 자료를 토대로 편집한 것임.

1) A고의 특성화 과목 및 운영은 다음과 같다

필수과목은 명상 감상, 삶과 철학, 자립기초, 진로와 직업, 농업, 생태와 환경, 생계 실천, 이동 수업, 산악등반이고, 선택과목은 건축, 농업, 축산 중에서 4단위 택일로 현장 위탁교육이 가능하며, 대중문화, 영화개론, 대중매체, 컴퓨터 2단위 택일이다. 소묘, 소조, 판화, 만화, 도자기, 회화, 디자인은 2단위 택일로 전문인 초빙 수업이 가능하고, 합창, 악기연주, 작곡, 풍물로 4단위 택일로 전문인 초빙 수업이 가능하다.

특성화교과의 운영방식은 쓸모 있는 교육을 하기 위한 교육방식으로 한 인간이 독립적이고도 자족적인 인간으로 떳떳이 살아가는 데 진정 필요한 것들을 가르쳐야 한다고 학교 헌장에 명시되어 있고(학교 헌장, 1999), 학생들은 그러한 것에 공감대를 형성하고 있다.

> 나는 맨 처음에는 이런 것을 왜 하는지 그런 생각이 들었다. 하진만 이제는 많은 것을 느꼈고, 도시의 복잡함을 벗어나 나 자신에 대한 여러 가지 모습도 생각해 보게 되었다(2학년 김치원).

그리고 특별활동은 따뜻한 인간관계를 형성, 협력하고 일하는 능력을 기르기 위한 학급활동, 건전한 취미와 특기를 계발하기 위한 클럽활동, 학생회와 행사활동으로 나뉘는 학교활동 등의 3개 영역으로 편성·운영한다. 동아리활동의 가장 큰 특징은 자발적이고 주체적이라는 것이다. 동아리는 학생들이 주체가 되어 공통의 관심을 가진 사람들의 모임이다. 학생들은 두 개 이상의 동아리에 소속되어 활발한 활동을 하고 있다. 여기에는 제빵반, 팝송반, 신문부, 풍물반, 소식지 편집부, 나들이(여행)반, 연극부, 애니메이션 감상부, Rock Group, 성악반, 미술반 등이 있다.

2) B고의 특성화 과목 및 운영은 다음과 같다

이 학교의 특성화교과목과 이수 단위는 총 54단위를 이수하도록 편성·운영하고 있다. 특성화교과의 영역은 문화탐방, 심성계발, 체육 분야, 체험학습, 노작활동, 극기 훈련 등으로 편성되어 있다. 특성화교과의 운영방식은 학교의 특성에 맞게 자율적으로 교과목을 편성하지만 운영도 자율에 맡겨두고 있다. 교과활동에서 보통교과는 지적능력이 부족하기 때문에 실천적이고 활동적이 특성화교과에 많은 비중을 두고 교육한다.

마음공부와 마음대조 일기 쓰기는 심성계발을 위해 모든 교육력을 집중시키고 있는데, 마음대조 일기란 심신작용 처리 건을 기재하는 것을 말한다. 즉 하루 동안 자신의 몸과 마음이 어떤 작용을 일으키고 어떤 반응을 하였는지를 살펴보고 기재하는 일기이다.

> 마음 일기란 매일 매일 그 날의 생활 가운데서 특정한 한 사건을 주제로 삼아 그 일을 둘러싼 상황의 전개와 자신의 심리적·신체적 상태의 흐름과 그것을 인식하며 취한 심리적 또는 신체적 행위 및 그것에 대한 결과와 그 일이 벌어진 것을 관찰하며 느껴진 감상 또는 특별한 일이 있지 않더라도 자신이나 삶 또는 자연의 법칙에 관하여 알게 된 원리 등을 기록한 것이다(B고 수업계 담당교사).

그리고 실천적이고 경험적인 학습을 하기 위해 야외학습을 실시한다. 특히 다양한 체험학습을 위해 다양한 영역을 경험할 수 있도록 계획하여 실천한다. 특히 봉사활동, 유적지 조사활동, 직업과 진로교육을 겸한 산업체 현장체험학습, 극기 훈련, 노작학습, 테마여행 등을 실천한다.

3) C고의 특성화 과목 및 운영은 다음과 같다

특성화교과를 보면 구성원들의 특성에 비추어 실생활과 관계가 있는 체험활동과 견학 및 조사학습 그리고 농작물을 가꾸는 노작학습 등으로 구성되어 있다.

특성화교과의 설정과목은 필수과목으로 전자계산 일반, 프로그래밍Ⅰ, 원예조경, 텃밭 가꾸기, 마음공부, 산악등반, 요가, 행동예절, 유적답사이고, 선택과목은 종이접기, 생활도자기, 서예, 독서, 고전문학강독, 문예창작, 현장조사, 응용실험, 컴퓨터 실습, 프로젝트 등이 개설되어 있다.

오전에는 일반교과 공부를 하고, 오후에는 문화유적답사, 텃밭 가꾸기와 같은 특성화 수업을 하는데, 외부강사의 집중적인 교육이나 야영을 하는 등반훈련 등 필요에 따라서 1박2일 또는 2박3일로 운영되기도 한다. 그리고 매달 1회 이상의 현장학습이나 학교 안에서의 교육뿐만 아니라 학교 밖에서의 체험학습의 장을 많이 마련한다. 이러한 특성화교과의 수업 운영은 교내 및 각계의 전문 강사 및 단체들로 구성된 자원봉사를 원칙으로 운영한다(C고 교무부장교사).

4) D고의 특성화 과목 및 운영은 다음과 같다

운영방식은 일반 교과와 함께 무학년·무학급제로 운영하고 개인별로 수강신청을 해서 수업을 받도록 하고 있다. 그런데 이 학교의 학생들은 연령층이 다양하다. 23세 된 1학년생도 있다. 세대주는 있되, 학급별 시간표 같은 것은 찾아볼 수 없다. 왜냐하면 무학년·무학급제로 운영되기 때문이다. 1, 2, 3학년으로 나누어진 학년체계가 있지만 이는 형식적인 구분일 뿐이며 국어사랑과 등 교과별로 운영된다. 이것은 학생들의 취미·적성을 고려한 수준별, 주제별, 시간별로 운영하여, 학습자 중심의 배려로 다양한 교육기회를 제공한다는 취지에서 시작되었고 학생 스스로가 학습의 주체로 설 수 있고, 자율성과 창의성을 키워 준다.

무학년·무학급제 운영은 같은 과목이라도 단계를 나누어 시간을 배치하고 학기 초 진단고사를 토대로 학생 스스로 수준에 맞는 반을 선택하도록 한다. 1, 2, 3학년 학생이 함께 수업을 받는 풍경은 이미 이곳에서는 익숙한 풍경이다. 그렇다고 해서 학급이 없는 것은 아니다. 교사와 학생이 전원기숙사생활을 하는 이 학교는 일반학교의 학급(반)보다 오히려 훨씬 깊은 유대감으로 결속된 과가 있다. 1, 2, 3학년을 비슷한 비율로 배치해 꾸려진 세대모임인 과는 전인교육의 중심축으로 자리하고 있다. 교사와 학생이 자연스럽게 어울리며 생활하는 과정에서 교사는 부모, 형이 되고 친구가 되고 인생의 상담자가 된다(D고 수업계 담당교사). 충남 공주에서 인터넷을 보고 찾아왔다는 한 학생은 어느 선생님이 제일 좋으냐는 질문에 우리 과 선생님이 제일 좋다고 답한다. 취미나 적성에 따라 스스로 과를 선택했던 까닭일까? 이 학생은 이어 지식은 포기해도 사람은 포기하지 않는 곳이 이곳이라며 학생들에게 맞춰서 수업을 하는 것은 일반학교 같으면 상상도 못할 일이라며 금세 학교 자랑을 한다(D고 2학년 학생).

공동체성을 키워 주기 위한 교과로서 산악등반을 하는데 몸과 마음을 새롭게 하며 서로 도와주어 낙오자 없이 서로를 돌아보는 소중한 시간으로 자리 매김하고 있다.

학기당 1회(총 7일), 5월 중(5박6일간) 10월 중(1일), 지리산 일대 및 기타 명산을 등반하는데, 지리산 종주는 10년이 넘는 전통을 가진 체험학습으로서 학생들에게 자신감과 인내심을 심어준다(D고 수업계 담당교사).

학생들이 계획하고 실천한 후 보고서를 토대로 학습으로 인정하는 현장체험학습이 있다.

　4~6월 중 2박3일간, 9~10월 중 2박3일간 상하반기 총 2회를 각 과에서 계획한 전국 각지를 과별로 지도교사와 함께 실시하는 것을 원칙으로 하되, 필요할 땐 다른 과와 통합하여 실시한다. 모든 계획과 준비는 학생 자율에 맡겨 운영할 수 있도록 한다. 교과서와 교실수업으로 하는 간접 체험의 영역을 벗어나 살아 숨 쉬는 현장에서 배움이 이루어지도록 한다. 곧 우리 조상들이 남기신 문화유적을 답사하거나, 지역 특산물을 조사하거나, 산촌, 어촌 같은 지역에서 지리와 특색을 조사하거나, 박물관과 전시장을 견학하거나, 정부 청사나 대규모 공단과 정보통신 단지를 방문하거나, 아름다운 국토에 대한 감상과 사랑하기에 이르기까지 교과서만으로는 도무지 줄 수 없는 여러 가지 체험들을 할 수 있도록 한다. 또한 학생들의 생각을 최대로 받아들이고 학생 자율에 맡김으로써 준비하는 과정이 바로 학습이 되게 하여 자율과 통찰능력을 기르게 된다고 한다(D고 수업계 담당교사).

정규수업시간의 일환으로 단체노작 과목이 배정되어 있다.

　단체노작은 매주 금요일에 1시간을 배정하여 모든 교사와 학생이 함께 한다. 학교 환경의 정비, 청소, 운동장 가꾸기 따위 일감을 준다. 참여하거나 힘을 모으는 정도로 평가하고 학교생활기록부에 그 결과를 적어 넣는다. 개인노작은 스스로 노작을 신청하도록 한다. 학교는 때와 철에 알맞은 일감을 준다. 수업을 하는 가운데 노작을 바랄 때는 그 노작을 수업으로 인정한다. 노작학습의 범위는 양계장 작업, 산업부 유기농업 관련 작업, 학교 환경 정화와 청소 작업, 농촌 일손 돕기 작업, 기타 때와 철에 따라 생기는 여러 가지 노작이다(D고 수업계 담당교사).

마음일기 쓰기를 실시하는데 학생들이 정신의 힘을 기르는 방안의 하나로 일기를 기재하도록 하고 있다.

마음의 상태, 마음이 변하는 모습, 마음을 쓰는 내역을 일기로 기재하고 지도교사가 감정하여 용심법(用心法 - 마음을 사용하는 법)으로 원래 모든 사람이 갖추고 있는 훌륭하고 참된 자질을 찾아내어 바르게 사용하도록 하는데, 매일 아침 7시 20분에 일어나 30분간 생활 요가를 실시한다. 늦잠을 자는 습관 때문에 일과 준수에 어려움이 많은 학생들에게 일찍 일어나는 습관을 길러주고 기초가 되는 요가와 체조 동작을 지도하여 몸과 마음 모두 건강한 생활을 할 수 있도록 한다. 그리고 심성 및 마음공부를 위해 하는 생활명상은 자아를 발견하고 삶의 뜻을 찾아 심성을 계발하고자 설정한 특성화 과목으로서 학기당 1단위로 배정하되 ABCD 4개 반으로 나누어 인원을 배정하고 월요일 5교시에 동시에 실시한다(D고 수업계 담당교사).

5) E고의 특성화 과목 및 운영은 다음과 같다

생태입문 교과는 텃밭 가꾸기를 통해 자연에 대한 감성을 싹 틔우고, 자연과 원만한 관계회복을 위해 텃밭 가꾸기를 필수로 하여 농사에 경험이 없는 학생들에게 흙을 만지고, 텃밭에 직접 작물을 가꾸게 함으로써 자연의 신비를 체험하고, 노동과 땀의 가치를 깨닫게 하며, 수확의 기쁨과 생명의 소중함을 느끼도록 한다.

직접 텃밭을 만들고 씨앗을 뿌리고 수확도 하였으며 음식을 만들고 설거지도 한다. 숲 속에서 자연을 체험하며 환경과 자연이 얼마나 소중한지, 자연 속에서 자연과 하나가 되어 살아가는 체험을 통해서 배우게 된다. 이것은 마음과 정신을 맑게 하고 많은 자신감을 얻었다(E고 이상형, 2004년 졸업).

생활예술과목을 통해 학생들의 내면에 잠재되어 있는 미의식을 일깨움으로써 예술을 삶 속에서 꽃피우도록 한다.

내면에 잠재되어 있는 미의식을 일깨우기 위하여 가야금, 우리 춤, 궁도, 서예, 퀼트, 피리, 목공예, 애니메이션, 유화, 수벽치기를 배운다고 한다(E고 이상형, 2004년 졸업).

생활기술 교육을 교과에 두고 있는데 이는 교육은 곧 삶이라는 인식하에, 학생들이 자신의 삶에 필요한 소양을 익히도록 한다.

자립적 교육은 어떤 경제 한파가 와도 스스로 삶을 꾸려 나갈 수 있는 능력을 익히는 데 기여한다. 여기에는 도자기공예, 죽물공예, 옷만들기, 제과·제빵, 생활의학, 생태건축, 생태농업, 한지공예, 생활요리, 천연염색 등이 있다(E고 교부부장교사).

인간과 환경의 공감대를 느낄 수 있는 생태환경 교과목을 운영한다. 이는 생태학과 문학상상력, 환경영어, 인간과 벡터, 미술실기, 음악실기, 체육실기, 생명사랑, 영어로 역사 읽기 등을 통하여 인간과 환경의 공감대를 느낄 수 있다. 생명에서부터 출발한 인간의 근본과 감수성, 바른 인성, 올바른 가치관을 길러줌으로써 현대 산업사회에 대응해 살아가는 '조화로운 삶'의 방법을 찾고, 이웃에게 건강한 영향력을 끼치는 사람으로 성장할 수 있도록 한다.

'나(가족)'와 '이웃(사회)'과 '자연' 세 가지를 주제로 하여 나를 들여다보고 사람을, 세상을, 자연을 깊이 들여다보면서 마음에 들어 있는 사실, 생각, 느낌을 밖으로 드러내는 '자기표현과 삶을 표현'하는 시간이다. 사물을 바라보고 해석하는 능력＋표현하는 능력을 동시에 키워 가되 '꾸며 짓기'보다는 '무엇'에 해당하는 내용을 알차게 채워가도록 한다(E고 교부부장교사).

6) G고의 특성화 과목 및 운영은 다음과 같다

전교생을 대상으로 해외문화체험으로 해외 이동 수업을 한다.

1학년의 중국 이동 수업은 담당교사 전원이 14박15일간 동안 실시한다. 중국 연변의 자매마을의 체험학습을 중심으로 이동 수업을 전개하여 새로운 환경에 대한 견문을 넓히고, 우리 민족역사의 현장을 탐사하고, 조선족의 생활문화를 체험하며 민족의 동질성을 회복하고자 실시한다. 주요 수업 경로는 연변지역, 백두산 등반, 고구려 유적 탐방, 북한접경지역 견학, 항일 유적지 탐사, 용정의 윤동주 생가 방문 등을 통하여 민족의 역사 현장을 체험하여 역사의식을 고양하게 한다.
2학년의 일본 이동 수업은 담당교사와 함께 1학년과 같은 시기에 실시한다. 우리나라와 일본의 역사적 관계를 보다 긴밀히 고찰하여 역사의식을 고취시키고 재일교포의 삶을 체험함으로써 민족의 동질성을 느끼며, 일본의 사회 ·문화에 대한 견문을 넓힘으로써 한일관계의 현주소를 이해하고 장차 우리나라와 개인의 나아갈 바에 안목을 키운다. 3학년의 유럽문화탐방은 희망자에 한해서 대학입학고사 이후에 실시한다(G고 교무부장교사).

특성화교과는 크게 '생활과 자연', '생활과 문화', '사회 속의 나', '내속의 나'로 운영된다.

'생활과 자연'은 가정실습, 노작실습 등을 통해 직접 물건을 만들고 농작물을 재배하는 과정을 수행해 봄으로써, 단순한 소비의 주체로서가 아니라 생활인이며 노동하고 즐기는 인간으로 느낄 수 있도록 하고 있다. 기술·가정, 노작체험(조리, 목공), 농업이해, 컴퓨터 과목이 있다.

'생활과 문화'는 학생들의 감성과 직관을 종합적이고 총체적으로 길러주는 데 목표를 두고 있다. 악기수업, 그림 속으로 등의 교과를 통해 미적 감수성 배양 및 한국적인 감성에 대한 인식 등을 지니도록 하고 있다. 연극의 세계, 택견, 검도, 사물놀이, 민요, 미술 감상, 졸업작품 연구, 신문제작 연구 과목이 있다.

'사회 속의 나'는 학생들이 수동적인 문화소비자가 아니라, 대중문화와 현대사회에 대한 비판적인 분석과 종합적인 이해를 갖고 나아가 적극적이고 미래지향적인 문화 창조자가 될 수 있도록 하고 있다.

'세계 속의 나'는 원어민 수업을 통해 외국인에 대한 막연한 두려움과 거부감을 해소시키며 자연스럽게 대화할 수 있는 능력을 길러주며, 외국어 교육이 갖고 있던 한계를 극복하여 실용적이고 현장감 있는 교육을 추구하고 있다. 사회봉사, 극기체험활동, 열린 사회 열린 사고, 지리산 종주, 진로와 직업, 환경과 윤리 과목이 있다.

'내 속의 나 '는 삶의 의미와 인생의 의미를 찾아가는 교육과정이다. 종교와 예배교과는 영성의 심화와 확대를 통해 물질을 넘어선 초월적이고 새로운 가치를 찾고 느끼도록 해 주고 있다. 철학, 종교 과목이 있다(G고 학교 교육계획서).

공동체성과 정체성 향상을 위해서 매년 다섯 차례에 걸친 사회복지시설 봉사와 원생초청의 행사를 가지며, 열린 사고를 경험하기 위해 신문을 제작하고, 극기 체험교육을 하고 있다.

1학년은 담당교사와 함께 3박4일간 백두대간의 끝자락인 지리산 노고단을 출발하여 천왕봉까지 종주하며 자신의 한계를 극복하는 극기력을 함양하고, 조별로 이동하면서 손을 잡고 이끌어 주는 동기애를 느끼며, 더불어 낮은 곳과 높은 곳에서 나는 식물을 비교하는 등 자연생태체험학습을 실시한다.

2학년은 제주도 일주 하이킹을 실시한다. 동기 간의 팀워크 강화 및 심신단련이 우선되며, 제주도의 문화를 체험함으로써 해양 환경의 소중함과 국토 사랑을 깨달아 가며, 친구들과의 관계성 회복은 물론 자신과의 관계성 회복을 목적으로 한다(G고 교무부장교사).

7) H고의 특성화 과목 및 운영은 다음과 같다

이 학교는 특성화 필수과목을 학년별로 편성하여 운영한다.

11학년은 문화에 대한 강의(주당 1시간)와 농업 이해, 사무자동화 일반, 생활원예수업 운영, 한국조리, 미술 이론, 컴퓨터와 음악(주당 2시간) 그리고 컴퓨터 일반(주당 3시간)을 운영한다. 12학년은 배드민턴, 숲과 인간 교내화단 및 주변의 빈터를 활용하여 생활채소 가꾸기를(주당 2시간), 컴퓨터그래픽, 프로그래밍 실무교육(주당 3시간)을 한다. 생활 적응 교육을 위해 노작 과목이 있다. 생활원예, 농업 이해 그리고 사무능력, 식생활, 체력 등의 과목이 있다(H고 학교 교육계획서).

많은 전문과정을 위해 명예·보조교사제 운영을 통해 실질적인 교육을 지역사회의 인적자원을 활용한다.

8) I고의 특성화 과목 및 운영은 다음과 같다

진로 설정을 위한 사전 체험을 한다는 취지하에 직접 찾아가서 봉사하며 배우는 도제활동시간을 운영하고 있다.

충분한 경험을 통한 진로 결정을 돕기 위해 1학기 중 1주간 동안 관심 있는 분야를 방문, 생활하며 그 분야를 직접 경험하는 '도제활동'을 운영하며, 농촌에 자리 잡은 소규모 학교라는 점을 이용하여 자연보호 활동과 학교 일손 돕기 활동을 중심으로 노작교육을 통하여서도 삶의 방법을 익혀 주고 있다(I고 연구담당교사).

9) J고의 특성화 과목 및 운영은 다음과 같다

대부분이 도시 출신인 학생들에게 생명의 신비함과 자연의 은혜를 일깨우고 노동과 땀의 가치를 알게 노작교육을 한다.

1, 2학년은 매주 화, 금요일, 3학년은 금요일 방과 후 1시간 동안 실시한다. 농사는 씨뿌리기부터 수확까지 모두 참여하며, 그 결과는 모두에게 나눌 수 있도록 한다. 학교 숲 가꾸기, 된장 만들기, 양계장 작업 등이 있다(J고 교무부장교사).

그리고 학생-교사-학부모, 주민이 함께 하는 다양한 행사를 통해 지역사회와 더불어 균형 있는 교육을 하고 있다.

1학기에는 동아리 축제를, 10월 말 개교기념일 주간에는 학부모와 주민들을 초청, 예술제를 열어 모두가 하나 되는 시간을 마련하는 등 연간 36시간 정도를 편성, 운영한다(J고 교무부장교사).

10) L고의 특성화 과목 및 운영은 다음과 같다

L고는 특성화 과목으로 생활명상 등 심성계발 프로그램을 개발하여 운영한다.

자신을 성찰하고 심성을 수련하며 인생의 참뜻을 알고 자아정체감을 형성하고자 매주 화요일 1교시에 생활명상을 실시하고 있으며, 자신을 개방하여 있는 그대로의 자신을 수용하고 타인을 존중할 줄 알며 자아정체성을 확립하여 사회구성원으로서의 책무를 인식하고 자아실현을 추구하기 위하여 주당 2시간씩 심성계발 프로그램을 운영하고 있다(L고 교무부장교사).

공동 관심사가 있는 학생들끼리 조를 편성하고 과제연구수업을 한다.

소그룹별로 자신들의 관심 분야를 선택하여 학습함으로써 공동체감을 형성하고, 자기 주도적 학습능력과 탐구력을 향상시켜 지적 성취감과 자신감을 심어주고자 매주 월 2, 3교시(주당 2시간) 운영하고 있다(L고 교무부장교사).

앞으로의 진로 설정에 도움을 주기 위하여 직업현장체험학습을 실시한다.

분야별로 단기교육으로 실시하여 6일 총 34시간을 실시한다. 학생들의 다양한 직업체험을 위해 인문·사회 분야, 기술·과학 분야, 예·체능 분야 등 직업 분야를 3개 조로 나누어 편성한다(L고 교무부장교사).

봉사현장체험학습을 주요 교과목으로 편성하여 운영하고 있다.

연간 14시간 이상 위문활동으로 실시한다. 1일 6시간 배당하여 음성꽃동네를 1박2일 방문하여 봉사체험을 한다. 테마여행을 통한 현장체험학습을 하는데 학교에서의 일률적인 장소 선정을 지양하고 학생들이 자율적으로 선택할 수 있게 하고 교사는 교육적 측면에서 자문과 조력자의 역할을 한다. 영역을 세 가지로 나누어 활동하는데 아름다운 자연감상, 문화유적지 답사, 박물관, 전시장 견학을 한다(L고 교무부장교사).

노작현장체험학습이 있는데 개인 또는 조별로 1인 1가꾸기 운동을 전개한다.

방과 후 및 창의적 재량활동시간에 활동하는 것을 원칙으로 하며 텃밭 가꾸기, 채소 기르기, 애완동물 기르기, 가축 기르기 등의 노작체험활동을 한다.

그리고 극기현장체험학습은 크게 네 가지로 나누어 실시하는데 새

내기 극기 수련회, 국토순례, 지리산 종주, 자전거 하이킹 등이다(L고
교무부장교사).

11) N고의 특성화 과목 및 운영은 다음과 같다

특성화교과 운영은 '학교철학', '체험활동', '진로 선택', '특기·적
성' 분야로 나누어 하고 있다. '학교철학'은 내면화와 관련된 교과를
필수로 하고 있으며 기타 교과는 학생들의 관심, 진로 선택, 특기·
적성에 따라 폭넓게 선택하도록 하고 있다.

'학교철학'은 삶과 철학 4단위와 인턴십 연구 4단위 교과가 있다.
삶과 철학은 인생, 사회, 인간과 자연, 과학기술, 문화의 주요 쟁점을
탐구하고 토의함으로써 자아와 세계에 대한 성찰능력을 높인다. 인턴
십 연구의 경우 1학기 동안 매주 일정 시간 학생이 희망하는 직업현
장을 직접 찾아가 도제 수업을 받게 하고, 이를 통해 장래 선택할 직
업에 대한 영감과 상상력을 높이고 직업윤리를 익히도록 하고 있다.
'체험활동'은 전인격적 성장을 도모하기 위해 다양한 체험활동을
통해 학생들이 '더불어 사는 삶'을 체험할 수 있도록 돕고 있으며 '사
회체험', '생활체험', '문화체험' 등의 영역으로 나누어 교과가 운영되
고 있다.
'사회체험' 영역은 필수교과로 지역활동과 NGO봉사 6단위, 통합기
행 6단위, '생활체험 4단위' 영역은 농사, 디자인 공예, 생활의학, 옷
만들기, 음식 만들기(택 1 이상)이며, '문화체험 4단위' 영역은 예술사
와 미디어 비평 등의 교과가 운영되고 있다.
'진로 선택'은 '진학 8단위' 영역에서 대학진학을 희망하는 학생들
을 위한 교과가 개설되어 있고 '직업 8단위' 영역에서는 직업연구Ⅰ,

직업연구Ⅱ, 직업실습Ⅰ, 직업실습Ⅱ 중 원하는 분야를 자유롭게 선택하여 수강할 수 있도록 하고 있다.

그리고 '특기·적성' 영역은 학생들의 특기·적성을 살리기 위한 교과를 11, 12학년에 편성하여 학생들은 최소 0에서 최대 68단위까지 자유롭게 선택해서 수강할 수 있게 하였다. 편성 과목으로는 고전 강독, 문예창작, 과학실험, 수학의 눈, 지역사회 조사, NGO 탐구, 배낭여행/연극, 우리 춤, 우리 가락, 한국미술, 작곡실기, 기악, 성악, 실용음악, 힙합댄스, 사진, 영상 창작, 만화 창작, 애니메이션, 컴퓨터그래픽/목공예, 철 공예, 도예, 생활 원예, 생태건축 등이 있다(N고 학교 교육계획서).

12) O고의 특성화 과목 및 운영은 다음과 같다

무학년·무학급제 교육과정과 수준별 수업과 졸업 인증제를 실시하고 있다.

심화선택교과나 특성화교과는 개인의 적성이나 능력 및 선수과목에 따라 소속 학년에 관계없이 수준별 이동 수업을 실시하며, 다양한 욕구에 부응하는 많은 교과목 중에서 개인별 맞춤식 시간표가 가능하다. 또한 봉사활동을 생활화하고 있는데 나누고 섬기는 삶을 실천하고 생활화하기 위하여 연간 60시간의 사회봉사를 과목으로 인정하고 졸업요건으로 한다. 뿐만 아니라 졸업인증제 실시를 하고 있는데 과목으로는 생활영어능력, 컴퓨터 응용기술, 독서와 논술, 졸업작품 출품 등 최소 1개 분야에서 소정의 기준에 도달해야 하는 졸업인증제를 실시한다(O고 수업계교사).

13) R고의 특성화 과목 및 운영은 다음과 같다

이 학교에서는 특성화교과목으로 초빙강연과 현장체험 그리고 유적답사를 실시하고 있다.

> 연간계획에 의거하여 다양한 계층의 인사들을 초빙하여 강연을 청취한다. 초빙대상에는 국가, 지역사회 발전에 이바지한 인사들 이외에도 묵묵히 사랑과 봉사를 실천하고 있는 사람들을 초빙하고 있다.
> 현장체험은 노동현장, 직업현장, 군부대의 훈련현장 등에서 노동의 소중함을 기르고 가정과 사회에서의 자신의 위치를 일깨울 수 있는 교육내용을 편성하고 있다.
> 체험활동 프로그램도 운영하고 있는데 고적답사는 6일간 2회, 극기훈련으로 지리산 종주 4일간, 마음 수련으로 3일간 고아원 및 양로원, 독거노인 방문, 소년소녀가장 돕기를 한다. 그리고 우리 야생화 알기 매주 2시간, 우리 약초 알기를 매주 2시간 실시한다.
> 유적답사를 실시하고 있는데 3학년 2학기에 실시하며 우리나라의 역사와 유적물에 대한 이해를 증진하고, 역사 현장의 숨결을 직접 느끼게 하고 있다(R고 김 교사).

이상에서 살펴본 대로 일반학교에서는 교과목으로 인정받기 어려운 학교 밖 경험학습들이 대안특성화고교에서는 정규과목으로 인정받고 있다.

5.
교사와 학생의 관계

일반계고교의 교사와 학생의 관계는 상하 관계적이고 지식의 일방적·수직적 전달자 개념이지만, 대안특성화고교에서의 교사와 학생의 관계는 사뭇 다르다. 학생들이 학급이나 학교에서 매일 '보람'을 느끼고, 생생하게 적극적으로 성장하느냐, 못 하느냐는 실로 교육적 인간관계에 달려 있다고 해도 과언이 아니다. 교육에 있어서 교사와 학생 간의 인간관계는 학생이 지니고 있는 자연스런 발달을 보다 강하게 하고 보다 의미 있는 것으로 성장시켜 가기 위한 매개자이다. 그렇다면 대안특성화고교 교사와 학생과의 관계는 교사는 학생에 비해 우월한 위치에 서서 교사가 일방적으로 지시·감독하고 학생은 복종하는 지배－복종의 관계가 아니다. 교사가 학생들에게 전혀 관심을 가지지 않는 자유방임적 관계도 아니다. 교사가 학생들의 학습활동을 계획하고 지시하는 교사 중심적 관계도 아니다. 학생 스스로가 학습활동을 계획하고 수행하는 학생 중심적 관계만도 아니다. 교사와 학생이 서로 협동하는 상호 협동적 관계이다. 교실·학생의 상황과 특수성에 따라 교사와 학생이 대화를 통하여 서로의 인격을 존중하며 가르치는 것과 학생지도에 열성적인 교사, 자기에게 세심한 관심을 가지는 그런 교사를 학생들은 원하고 존경한다.

첫째, 교사와 아이들은 삶과 배움의 동반자 관계이다. 교사도 학생도 서로를 그렇게 인식하고 있어서 가족 같은 친밀감과 자신의 안내자로 존경과 신뢰의 관계가 형성되어 있다. 이에 대하여 교사의 말과 학생의 생각을 들어 보면 다음과 같다.

> 선생님들이 대부분 일반학교처럼 막 권위적이지 않아요. 친구 같아요. 잘 이해해 주시고 장난도 잘 받아 줘서 좋아요. 교무실은 선생님이랑 얘기하는 곳이에요. 장난도 치고, 선생님들이 이해하시려는 마음이 있어서 '잘못했어요'라고 말하면 받아 주시고 용서해 주세요(A고 1학년생).
> 우리 아이들은 완성된 학교에 들어와 다니는 것이 아니라 교사들과 함께 학교를 만들어 가는 소중한 존재들입니다. 당연히 아이들의 선택과 결정은 최대한 존중받죠. '식구총회'는 아이들의 의견이 학교 일상에 반영되는 가장 중요한 통로입니다(A고 안 교사).

둘째, 교사와 아이들은 권위적인 관계가 아니라 사랑과 우정의 관계이다.

> 학생들은 교사들을 '쌤'이라고 부른다. 양 교장은 '양 쌤', 국어를 담당하는 장 교사는 '짱 쌤', 영어를 담당하는 오필승 교사는 '필 쌤', 옷 만들기를 담당하는 나현정 교사는 '현정 쌤'이다. '선생님'이라는 호칭은 없다. "쌤~, 놀러 왔어요."라고 말하며 거침없이 교무실 문을

열고 들어오는 학생도 어렵지 않게 볼 수 있다. 고미안 양은 "'선생님'보다는 '쌤'이 훨씬 정겹고 부르기도 편하다."며 "선생님들이 친구처럼 친근하게 느껴져 무슨 얘기든 터놓고 하게 된다."라고 말했다. 선후배 관계도 마찬가지다. 선배의 권위를 내세워 위계적 질서를 강요하지 않는다. 후배라고 해서 선배에게 높임말을 쓸 필요도 물론 없다고 한다(A고 안 교사).

셋째, 교사는 성숙한 인간관계 형성의 멘토가 되어 준다. 대안특성화고교 교사의 역할과 위치를 보면, 교사와 학생이 함께 기숙사생활, 클럽활동, 식구총회 등 공동체생활을 통하여 교사는 성숙한 인간관계 형성의 멘토가 되어 준다.

매주 금요일에 열리는 식구총회 때 모든 아이들이 한자리에 모여 학교생활에 대해 이야기를 나누고, 토론을 통해 모두가 지켜야 할 규칙도 스스로 정한다. 학교에서 강아지를 키울 것인지에서부터 소풍, 운동회, 바자회 등 학교행사를 언제 어떻게 할지에 이르기까지 학교의 거의 모든 일을 안건으로 올려 토론하고 결정한다. 강 군은 "학교생활과 관련해 하고 싶은 이야기를 맘껏 할 수 있고, 학생들의 의견이 실제로 반영되기 때문에 정말 내가 학교의 주인이라는 생각이 든다."라고 자랑했다.

일반 공립학교에 다니던 딸을 이번 학기부터 이 학교로 전학시킨 학부모 정 씨는 "아이가 자신이 존중받고 있다는 것에 대해 매우 만족스러워하고 있다."며 "엄마가 왜 자신을 대안특성화고교에 보냈는지 충분히 공감하고 있는 것 같다."라고 말했다(A고 안 교사).

넷째, 교사는 단순한 교과지식 전달자가 아닌 삶을 살아가는 법을 알려주는 도제교육자이다. 교사와 학생이 함께 텃밭 가꾸기, 옷 만들기, 집 짓기, 음식 만들기 등 노작활동을 통해 자립심을 기르고 의식주를 스스로 해결하며 스스로 살아가는 법을 도제교육으로 체득시켜 준다. 그래서 교사와 학생 간 상시상담체계를 통해 생각과 진로의 방향을 함께 공유하고 안내하는 길동무이자 안내자이며 스스로서는 학생, 기다려 주는 교사의 관계이다.

기숙사에서 함께 생활하다 보니 빚어지는 크고 작은 갈등을 비롯해 학교에서 일어나는 거의 모든 문제들은 학생들이 스스로 해결한다. 지켜야 할 규칙과 벌칙도 스스로 정한다. 그래서 회의가 참 많다. 매주 금요일 오후에 모든 교사와 학생들이 강당에 모여 여는 가족회의는 가장 중요한 소통의 장이다. 함께 살아가는 법을 배우는 소중한 시간이다. 이와 별도로 기숙사 회의도 수시로 열린다. 학년별로 '마음의 대화' 시간을 마련해 갈등을 해결하기도 한다.

모든 교사와 학생들은 해마다 학기 초에 한자리에 모여 '비폭력 서약'을 한다. 신체적인 폭력, 성적인 폭력, 언어에 의한 폭력, 친구나 선후배 사이의 폭력, 교사와 학생 사이에 일어나는 폭력 등 모든 종류의 폭력이 여기에 해당된다. 어떤 폭력에도 끝까지 저항할 것이며, 폭력의 피해를 입거나 목격하는 경우에는 반드시 공동체 식구들에게 알릴 것을 서약한다.

얼마 전에는 3학년 두 남학생 사이에서 가벼운 폭력사건이 벌어졌는데, 3학년 남학생들과 담임인 오필승 교사가 모여 회의를 연 뒤, 자발적으로 일주일 동안 밤마다 강당에 모여 함께 108배를 하기도 했다. 학생들이 가족회의 등을 통해 정하는 규칙과 벌칙은 매우 구체적이고 엄격하다. '새컴'(새벽에 남몰래 컴퓨터를 사용하는 일)을 하다 걸리면 한 달 동안 전산실 출입이 금지되고, 게임을 하다 걸리면 한 학기 동안 금지된다.

학교 앞 가게 이용은 논란 끝에 완전히 금지하기로 했다. 허용할 경우, 무분별한 소비가 이루어지고 몸에 좋지 않은 군것질을 자주 하게 된다는 이유에서다. 이지만 군은 "모든 규칙과 벌칙은 상황에 따라 새로 만들어지기도 하고 바뀌기도 하는데, 규칙을 엄하게 할지, 아니면 느슨하게 할지는 그해 학생들의 '성향'에 달려 있다."라고 말했다. 손 교사는 "시간이 걸리더라도 학생들이 토론을 통해 스스로 규칙을 정하면 잘 지키게 된다."며 "교사들이 기다려 주면 학생들이 오히려 더 슬기롭게 문제를 해결한다."라고 설명했다(D고 손 교사).

학교생활 전반의 평가방식

대안특성화고교에서 이루어지는 평가는 대체로 다음과 같은 공통적인 특성을 가지고 있다.

첫째, 평가목적은 학생의 전인적 성장을 평가하는 데 있다.

전인적 평가를 통해 학생은 자신을 객관적으로 바라볼 수 있는 기회와 더 나은 인격을 갖추기 위해 노력할 수 있는 자료를 얻게 되는 것이고, 교사는 학생에 대한 더 깊은 이해와 교감을 갖게 되는 것이다(D고 수업계 담당교사).

둘째, 평가기준은 타당도, 신뢰도, 객관도를 고려하여 평소의 학교생활 전반을 평가하는 수행평가이다.

교과학습 발달과 출결, 정서평가, 인간관계행동발달, 특별활동, 교내·외 봉사활동으로 나누어 한다(B고 수업계 담당교사).

셋째, 평가 시기는 과목에 따라 그 성격상 필기시험을 칠 수 있으나 필기시험 위주의 평가는 하지 않는다.

과목에 따라 필기시험을 친다 하더라도 1주일에 한 번이나 수시로 학생들이 자신이 공부한 것을 늘 점검해 보는 계기를 갖고 부담 없이 받아들이도록, 즉 평가라는 차원보다는 학습을 돕는다는 의미에서 시행되도록 한다. 따라서 이런 관점에서는 중간고사는 학기 중간까지 시행된 모든 평가의 합을 의미하고 기말평가는 학기말까지 시행된 여러 종류의 모든 평가의 총합을 의미한다(D고 수업계 담당교사).

넷째, 평가내용은 평소에 기록했던 노트, 과목별 보고서, 세미나 결과물, 글모음, 작품, 연극, 춤 등을 펼쳐놓고 친구와 교사, 학부모에게 도움말과 평가를 받는 잔치형식의 종합평가로 이루어진다.

수업시간에 이루어지는 평소의 발표, 수업 참여도, 실험, 실기, 구술시험, 과제물, 토론에 참여하는 기여도에 따라 구체적이고 세심한 기술과 함께 평가가 이루어지고, 그 전체 학습의 결과가 중간 평가와 기말 평가에 나타난다(G고 교무부장교사).

다섯째, 평가방법은 절대평가로 다양한 평가를 통해 학생들의 암기력 테스트가 아닌 보다 다양한 면에서 다양한 방법으로 이루어진다.

일률적인 점수나 석차가 매겨지지 않는 절대평가로서 학습능력을 성장시키도록 도와주는 데 평가가 사용된다.
평가 주체인 교사들의 개성과 창의력을 존중하는 의미에서 평가방법에 관해 자율성을 부여하고 교사는 자신의 과목 성격에 맞는 평가 방법을 만들어 사용하고 객관성과 타당성을 갖도록 그 근거를 남긴다 (I고 연구담당교사).

여섯째, 현 입시교육체제를 위한 이중 평가기록을 유지하고 있다.

내부용 평가는 실제로 매 학기 동안 이루어진 모든 평가의 총합을 있는 그대로 제시하는 기술형식의 평가가 많으며, 다만 현재 내신 성적 제도하에서 대학진학과 보고를 위해 교과학습 발달상황 평가에 관한 한 '계량화할 수 있는 과목'들에 대해서는 각 과목 100점 만점으로 하되, 그 평가의 성취도는 수, 우, 미, 양, 가로 평정하고, 학교생활 기록부에 학기별로 기록한다(N고 교무부장교사).

대안특성화고교의 특징은 다양한 욕구의 학생에게 다양한 개성을 살려 줄 수 있도록 과목 편성이 얼마나 특색이 있는가에 좌우된다. 이러한 특성화교과는 대안학교에서 자율적으로 교육과정을 편성·운영할 수 있도록 재량권이 주어졌다. 즉 특성화교과목의 기본 이수단위 수만 정해 주고 과목 선택과 운영방법은 학교수준 교육과정의 편성·운영권이 주어졌다. 특성화고등학교로 설립인가를 내어준 것처럼 학교의 특성에 따라 과목 선택과 운영방법 및 지도교사 확보도 많은 융통성을 보이고 있다는 점에서는 바람직하다.
   이런 측면에서 대안특성화고교의 교육과정 운영방식을 보면 다음과 같은 특징을 보인다.
   적은 수의 과목을 집중적으로 공부하는 집중식 수업을 하고, 학생 스스로가 세운 목표에 따라 방법을 달리하므로 개개인의 능력의 차

이를 인정하는 개별화된 수업이며, 자연현장실습 등 체험 위주의 다양한 현장체험학습을 실시하고, 배움이 있는 곳 어디라도 옮기는 장소에 한정되지 않는 이동식 수업을 하고 있다. 뿐만 아니라 대학에서나 가능한 선택식 개인 맞춤 수업을 시도하고 있는데 학생들은 학교가 개발한 특성화 과목 중에서 본인이 좋아하는 과목을 선택해서 개인별로 자기 시간표를 짠다. 그리고 학생 자기 주도적 프로젝트 수업과 학생과 교사가 함께 진리를 탐구해 나가는 세미나식, 발표식 수업을 하고 있다는 점이다. 교재는 다양하며, 제도권의 교과서를 전적으로 의존하지 않으면서도 교육 자료가 실생활과 많은 연관을 가지고 있는데 주로 사용하는 교수학습 자료는 신문잡지, 일반서적, 시청각자료, 검인정교과서, 연구모임학술지, 직접제작자료 등이다. 수업 또한 소규모 학교를 지향하여 최소 학급 인원수로 구성해서 수업시간의 분위기도 자유롭다.

또한 대안특성화고교의 전문교과는 특성화교과라는 이름으로 주어진다. 대안특성화고교가 특색 있는 교육은 국민공통과목은 비슷하지만 수업방법이 자유롭고 작은 학교에서 오는 특성만으로도 충분히 학습자 중심의 교육을 할 수 있음을 보았다.

자연과 조화된 인간을 기르고, 의식주를 해결하고 자립심을 기르기 위해 노작활동을 교과목으로 하고 있으며 동아리활동은 다양하고 활성화되어 있는데 대부분 자기 진로와 연관된 동아리에서 실질적인 활동을 하고 있다. 가정학습 기간이라고 해서 한두 달에 4~5일간은 과제를 가지고 집에 가서 학부모와 함께 공부하는 기간도 있다.

이처럼 대안특성화고교의 수업은 일반학교처럼 학급당 35명 정도의 다양한 학생을 한 교실에 모아 놓고 칠판을 향한 일방적인 주입식 형태와 내용의 수업이 아니라 다양한 학생이 시간표를 저마다의 적성과 소질 그리고 진로를 고려하여 맞춤식 시간표를 짜서 수준별로 맞게 그리고 자연과 현장체험 위주의 자유스런 분위기의 교육을 실시하고 있다는 장점을 가지고 있다.

일반학교에서는 대부분 교실수업을 학습으로 인식한다. 그러나 대안특성화고교는 학교 밖에서 이루어지는 다양한 체험활동을 교과목으로 명시해 두고 학습으로 인정하는 과목들이 많다. 학습으로 인정받는 학교 밖 교육활동들을 보면, 지역사회활동이나 며칠간의 체험학습을 학습으로 인정받기도 하고, 직업과 진로교육을 겸한 산업체 현장체험학습을 실시하는데 사회의 특정 영역이나 직업현장에의 참여를 교육과정으로 인정하는 경우이다. 지역사회의 유능한 직업인들을 찾아가 받는 특강이 직업진로 선택이라는 교과목에 있다. 한 달에 4~5일간의 가정학습의 기간, 단기적인 여행을 통한 체험학습을 학교의 특성화된 교육과정으로 보다 적극적으로 추구하는 경우, 자연생태체험활동을 주당 2시간 편성하여 유기농법으로 작물을 재배하고 수업으로 인정하는 경우, 해외 이동 수업을 활용하여 학교 밖 경험학습을 공식화하는 경우, 3학년 때 직업전문학교 등의 위탁교육과정을 운영하고 있는데 직업전문학교에서 직업교육을 받고 소속 학교의 졸업장을 받는 경우, 그리고 자기 주도적 학습관리 시스템(LMS: Learning Management System)을 활용하여 개별적으로 학습을 하고 이를 교육과정에 반영하는 경우이다.

진급 및 이수 인정방식에서는 연령에 따른 진급 및 졸업제보다는 학습 진도에 따른 진급 및 졸업제 형식을 취한다. 일반계고교에서는 연령에 따라 학년이 구성되고 학년에 따른 교육과정대로 수업을 하며 3개 학년을 마치면 졸업을 하게 된다. 그러나 대안특성화고교는 학교의 정해진 교육과정이 아니라 학습과정 및 진도를 학생에게 맞추어 운영하는 특징을 가지고 있는데, 학년과 학급을 해소, 취미 적성별로 '과(科)'를 구성하여 무학년·무학급제 이동식 수업을 한다거나, 학생들은 학교가 개발한 특성화 과목 중에서 본인이 좋아하는 과목을 선택해서 개인별로 맞춤식 시간표를 짜기도 하고, 학생 스스로가 세운 목표에 따라 방법을 달리하고 개개인의 능력의 차이를 인정하는 개별화된 수업으로 수준별 이동 수업을 하기 때문에 학생들은 연령이나 학년에 구분되어 수업을 받지 않고 있으며, 학습능력이 부족한 학생을 위한 특별보충 교육과정을 운영한다는 점이다.

교과교육과정의 재구성 정도를 보면 일반학교가 교과교육과정에 한정되는 데 반해 대안특성화고교는 통합교육과정을 운영하고 있다. 국어실, 영어실, 수학실 하는 식으로 교실은 과목별로 나뉘어 있고, 전일제 수업 진행 등 적은 수의 과목을 집중적으로 공부하는 집중이수방식의 시간표로 구성되어 있으며, 모든 교과는 학생활동 중심의 자기 주도적 학습능력을 신장시킬 수 있는 다양한 교수학습방법을 개발하여 학생 자기 주도적 프로젝트 수업을 실시한다는 점 그리고 수업에 필요한 교수학습 자료는 제도권의 교과서를 전적으로 의존하지 않고 다양하며, 실생활과 많은 연관을 가지고 있다는 점이다.

일반계고교의 교사와 학생의 관계는 상하 관계적이고 지식의 일방적·수직적 전달자 개념이지만, 대안특성화고교에서의 교사·학생의 관계는 서로 협동하는 상호 협동적 관계이며, 교사와 아이들은 삶과 배움의 동반자 관계여서 가족 같은 친밀감과 자신의 안내자로 존경과 신뢰의 관계가 형성되어 있다. 따라서 사랑과 우정의 관계가 형성되어 있어서 교사는 성숙한 인간관계 형성의 멘토가 되어 준다. 이러한 형태에서는 단순한 교과지식 전달자가 아닌 삶을 살아가는 법을 알려주는 도제교육자이다.

대안특성화고교에서 이루어지는 평가의 공통적인 특성은 평가목적이 학생의 전인적 성장을 평가하는 데 있기 때문에 평소의 학교생활 전반을 평가하는 수행평가체제라는 점이다. 따라서 이런 관점에서는 중간고사는 학기 중간까지 시행된 모든 평가의 합을 의미하고 기말평가는 학기말까지 시행된 여러 종류의 모든 평가의 총합을 의미한다. 그리고 평가내용 또한 평소에 기록했던 노트, 과목별 보고서, 세미나 결과물, 글모음, 작품, 연극, 춤 등을 펼쳐놓고 친구와 교사, 학부모에게 도움말과 평가를 받는 잔치형식의 종합평가로 이루어진다.

그러나 현 입시교육체제를 위한 이중 평가기록을 유지하고 있다. 내부용 평가는 실제로 매 학기 동안 이루어진 모든 평가의 총합을 있는 그대로 제시하는 기술형식의 평가로 이루어지지만, 현재 내신성적 제도하에서 대학진학과 보고를 위해 교과학습 발달상황 평가에 관한 한 계량화할 수 있는 과목들에 대해서는 각 과목 100점 만점으로 하되, 그 평가의 성취도는 수, 우, 미, 양, 가로 평정하고, 학교생활기록부에 학기별로 기록해야 하는 어려움이 따르고 있다.

제 6 장 | 교육과정
운영방식의 다양화
가능성과 한계

대안특성화고교는 기존 공교육의 획일성과 비인간성에 대한 반성의 계기이며, 공교육체계에 새로운 변화의 가능성과 건설적 대안으로서의 희망을 제시해 주고 있다. 특히 학습자 개개인의 소질과 적성, 인성과 창의성을 살리는 교육수요자 중심의 다양한 교육을 지향하는 교육개혁의 취지와도 부합하는 현실적 대안으로서의 가능성을 보여 주고 있으며, 학습부담 과중, 학교폭력과 청소년 비행과 같은 주요 교육문제 해결을 위한 해결책으로서의 가능성을 제시해 주고 있다. 그리고 중도탈락자와 같은 교육소외계층에 대한 교육기회 확대를 통한 교육복지 구현을 위해서도 중요한 기여를 하고 있다. 뿐만 아니라 교육과정의 측면에서 볼 때 기존의 정형화된 틀 대신 학생들의 특성과 다양한 요구를 반영하는 역동적인 교육과정이 추구되었다. 그리고 기숙사생활과 노작활동을 통해서 공동체 기반 학교의 모델을 제시하고 있다는 점에서도 중요한 의의를 가지고 있다. 또한 생태적 가치관과 자연친화적이고, 공동체적인 새로운 대안적 문화를 창조해 가는 대안적 문화 창조의 생산자로서 한계에 부딪힌 기존의 물질문명의 극복과 대안 모색의 과제 해결에서 중요한 역할을 담당할 수 있으리라 기대된다.

각 학교마다 추구하는 교육목적을 달성하기 위해 어떤 교과의 내용을 어떤 방법으로 전달하는가가 중요하다. 우리나라의 대안특성화고교의 교육과정은 다양한 교육과정으로 편성·운영되고 있다. 지금까지 일반계고교에서는 취미나 특별활동의 내용으로밖에 생각되지 않았던 내용들을 다수 포함하고 있어 내용과 형식 면에서 다양성과 가변성을 지니고 있다고 할 수 있다. 이러한 기존 학교교육 체제와의 이질성 때문에 특성화고등학교의 교육과정 운영은 여러 가지 문제점을 안고 있는 것이 사실이다. 그러나 대안특성화고교의 이러한 교육적 효과에도 불구하고 현실적으로는 여러 가지 한계에 직면하고 있어, 대안특성화고교가 활성화되지 못하고 있다.

본 장에서는 앞서 정리한 대안특성화고교의 현황과 제반 특징을 바탕으로, 대안특성화고교 교육과정, 즉 교육이념과 내용, 교육과정 편성, 특색 있는 교육과정 개발, 교육과정 운영방식이 얼마만큼 다양화 가능하고, 또한 이를 다양화하는 데 있어서 부딪히는 한계는 무엇인지 살펴보았다.

교육이념과 교육내용의 다양성과 한계

　교육에서 다양성의 추구는 학생이 다양하다는 사실과 밀접히 연관되어 있다. 학생들은 여러 가지 점에서 서로 구별되는 다양한 특성을 지니고 있을 뿐만 아니라 동시에 다양한 소질과 능력을 갖춘 학생을 길러내는 것이 교육의 목적이기도 하다. 그러나 교육의 실제 과정에서 우리는 학생들이 동질성을 지닌 단일 집단인 것처럼 가정하고 교육을 진행하는 경우가 많다. 우리나라의 고등학교는 교실에서 제공되는 교육내용 대부분이 동질적이다. 학생들의 학습능력이 다르고, 경험과 삶의 역사가 다르며, 관심과 흥미가 다름에도 불구하고 모든 학생들에게 거의 동일한 교육내용이 제공된다. 교육과정이 전국 공통의 수업시수와 수업내용을 규정하고 있으며, 교육과정 해설서와 교과서가 교육내용의 동일성을 보다 구체적으로 구현해 내며, 교사용 지도서가 동일 내용을 가르치는 방법까지 동일화시킨다. 그러나 대안특성화고교에서는 일반학교에서 개설하지 못하는 다양한 내용들을 정규교과목으로 가르치고 있다. 대안특성화고교 교육이념과 내용의 측면에서 다양성과 한계를 살펴보면 다음과 같다.

첫째, 학교 설립이념에 따라 교육과정이 편성될 수밖에 없는 한계를 지니고 있다.

대안특성화고교는 교육이념이 얼마나 다른가에서 출발하게 된다. 대안특성화고교의 교육과정이 지향하는 교육이념의 특성은 대체적으로 공동체 안에서의 자주적이고 전인적인 개인의 발달에 있다. 이러한 대안특성화고교의 이념적 특성은 개인의 자유로운 발달을 통해 공동체적 사회를 회복하려는 이념을 잘 반영하고 있다. 그것은 일반학교 공동체에서 어울리지 못하는 학생들이 대부분이라는 점을 감안하여 개인과 공동체를 통합시켜 보려는 일련의 교육철학적 흐름에서도 찾아볼 수 있다.

대안특성화고교의 교육이념과 목표는 교육받은 인간상의 다양화를 추구하고 있음을 알 수 있는데, 이것은 대상 학생이 다양하다는 측면에서 바람직하다 하겠다. 그러나 설립이념, 특히 종교재단에서 설립한 대안특성화고교의 경우 종교적 이념이 교육과정 편성·운영에 지나치게 반영되고 있어 교육과정의 다양화의 한계를 지니고 있다.

둘째, 대안특성화고교의 이념인 공동체 의식을 경험하는 기회를 제공할 수 있을지 모르겠지만 입시와 획일적인 문화가 지배적인 학교생활에서 지속적인 교육효과를 기대하기 어렵다.

대안특성화고교에서는 공동체 의식 함양에서 더 나아가 공동체 가치의 실현을 추구하여 기존 학교에서 실시되어 온 형태를 넘어 공동체 가치가 생활 전반에 바탕이 되게 하는 다양한 프로그램을 전개하고 있다. 가장 대표적인 프로그램으로는 기숙사생활과 학생들의 자치활동이 있는데, 이러한 활동을 통하여 서로 다른 생각을 가진 사람들을 이해할 수 있도록 하며 학교운영에 모든 학생들이 공동으로 참여하여 공동체 의식을 내면화하도록 하고 있다. 그리고 대안특성화고교는 지역사회와 긴밀한 관계를 유지하여 교육이 삶의 과정과 유리되지 않고 학생들이 폭넓은 경험을 하도록 하며 동시에 학교가 학부모와 지역주민의 참여 속에서 운영되게 한다.

그러나 우리 사회는 인간이 함께 사는 공존의 원리보다 이겨야 산다는 경쟁의 원리를 보다 가치 있는 삶의 원리로 여기고 있는 현실이다. 그리고 학교에서도 입시 위주의 교육을 하여 학생들을 한 줄로 세워서 학생들 간의 경쟁을 심화시키고 있다. 이를 극복하고자 대안특성화고교에서 공동체 의식 함양에 목표를 두고 실시하는 교육으로 공동체 의식을 경험하는 기회를 제공하고 있으나 지속적인 교육효과를 기대하기 어렵다. 왜냐하면 입시와 권위주의적, 경쟁적, 획일적인 문화가 지배적인 현실에서 공동체 의식은 학교의 구성원 모두에게 내면화될 수 없기 때문이다.

셋째, 생태주의교육의 실현에는 학교 위치나 교사의 가치관에 따라 형식적일 수밖에 없는 실정이다.

전통적인 교육은 국가주의적 공교육체제를 기반으로 국가의 발전과 번영을 위한 교육을 지향한다. 따라서 전통적인 교육의 이념은 이성, 경쟁, 개발 등이었다. 반면에, 대안교육은 생태계의 파괴로 인해 인간과 지구의 지속 가능성이 불투명해지고 있는 현실을 인식하고, 과학기술과 진보를 맹신한 전통교육이 낳은 환경위기를 극복하고자 한다. 따라서 대안교육은 이성제일주의가 아닌 이성과 함께 감성의 중요성을 인식하며, 경쟁과 출세지향주의보다는 협동을 중심으로 하는 공동체적 인간 그리고 생태적으로 합리적인 인간, 즉 자연친화적 인간 등을 그 교육의 목적으로 삼는다. 이를 위해 학생들의 이성뿐만 아니라 감성과 신체를 조화롭게 발달시키고 활용할 수 있는 능력을 키우는 교육을 하며, 학생들을 평가할 때도 이성과 감성과 신체의 조화로운 발달을 중요시한다. 또한 학습자 간의 협동을 중시하는 협력학습, 팀 프로젝트 학습방법 등을 개발하고 활용함으로써, 학생들이 상호 협동을 통해서 보다 훌륭한 결과를 얻을 수 있다는 사실을 인식할 수 있게 하며, 개인 중심의 이기주의 폐단을 극복하고자 개인과 공동체의 조화를 추구한다. 이러한 결과를 볼 때 대안교육은 생태주의적 세계관 함양에 효과적이라고 할 수 있다.

이러한 생태주의적 교육이념은 대안특성화고교가 추구할 수 있는 대안적 교육이념 가운데 한 가지이지만, 학교 위치와 교사의 가치관에 따라서 생태교육을 중요시하지 않는 경우도 많아, 대안특성화고교가 추구하고자 하는 생태주의적 교육이념을 충분히 구현하지 못하는 한계를 지닌다.

넷째, 노작활동은 극히 제한된 몇 가지 과목만 개설되어 있는데 이는 담당할 강사가 부재하거나 시설이 학교 안에나 지역에도 제한되어 있기 때문이다.

학생들은 그 요구가 다양한 만큼 교육내용의 다양화가 절실한데 대안특성화고교는 이를 반영하여 삶에 실질적인 노작교육으로 노동의 체험학습을 통하여 정신과 마음을 치유하고 있다는 사실을 알 수 있다. 그러나 이러한 교육내용이 8개 학교는 극히 제한된 몇 가지 과목만을 개설하고 있어 대안특성화고교가 추구하는 노작교육의 이념을 충분히 구현하지 못하는 한계를 지닌다. 이는 담당할 강사의 부재나 시설이 학교 안에나 지역에도 제한되어 있었기 때문이다. 뿐만 아니라 과목의 종류에 있어서도 주로 흙에서의 노작과 산과 자연을 이용한 것이며, 가축이나 바다를 이용한 것은 없고, 청소년기의 특성상 체육, 음악, 미술을 통한 재능을 표현하려는 학생들이 주로 대안특성화고교를 찾는 특성이 많다는 점을 감안하고 보면 예술교과는 많이 추구하고 있지만 노작활동은 대다수가 흥미 있어 하지 않고 있으며 지극히 빈약성을 보이고 있는 실정이다.

이와 같이 대안특성화고교의 다양성과 한계를 교육이념과 내용 측면에서 보면, 대안특성화고교가 추구하는 교육이념과 내용은 그동안 공교육이 유지해 온 획일성이나 주입식 교육에서 벗어나 교육의 본질이라 할 수 있는 전인적 인간의 양성에 대부분의 학교가 초점을 맞추고 있다. 이러한 이념은 다양하고 탄력성 있는 교육내용을 통해 달성하고자 노력하고 있음을 알 수 있다. 교육이념과 교육내용은 여러 가지 한계에 직면해 있다. 학교 설립이념에 따라 교육과정이 편성될 수밖에 없고, 공동체 의식 경험도 입시와 획일적인 문화가 지배적인 학교생활에서 지속적인 교육효과를 기대하기 어려우며, 생태주의교육의 실현에는 학교 위치나 교사의 가치관에 따라 형식적일 수밖에 없으며, 노작활동은 담당할 강사의 부재나 시설이 학교 안에나 지역에도 제한되어 있어 제한적으로 운영되고 있다. 이러한 설립이념이 실현되기 위해서는 설립이념에 맞는 교육을 펼칠 수 있도록 교육과정 편성 영역을 특성화교과에 보다 확대 편성할 수 있게 해주고 대학입학 전형에서 대안특성화고교 출신 학생들의 선발 비율을 현재 6개 교 2% 범위 내로 한정되어 있는 것을 대안특성화고교 출신 학생들의 85%가 대학에 진학하는 점을 감안한다면 모든 대학의

5% 정도로 확대 적용해 주어야 할 것이다. 여기에는 다양한 특기자 전형과 대안특성화교과의 이수 점수를 그대로 인정하는 것이 선행되어야 할 것이다.

교육과정 편성의 다양성과 한계

우리나라에는 오로지 한 종류의 학교만이 존재한다고 혹자는 말한다. 그 이유는 한국 어디에 있는 학교를 방문해 보더라도 그 학교만의 특색은 없고, 국가수준 교육과정을 그대로 적용하기 때문이다. 그러나 대안특성화고교는 국가수준 교육과정을 그대로 적용하여 편성하되 일정 부분 단위학교의 특색 있는 교육과정을 편성할 수 있다. 여기서는 교육과정 편성 면에서의 다양성과 한계를 살펴본다.

첫째, 국가교육과정 지정이수과목은 일반학교와 비교해서 크게 다르지 않음을 알 수 있다.

국민공통기본교육과정이란, 평균적인 대한민국 학생들이 10년간 이수해야 할 기본과목이다. 인가받은 학교로서 국민공통기본교과는 간과할 수 없는 최소한의 이수과목이라는 점은 교사들도 어느 정도 수긍하고 있다. 그러나 10학년에 편성되어 있는 주지교과목들은 학생들의 학교생활의 흥미를 잃게 하는 주된 요인으로 분석되고 있다. 이미 대안특성화고교를 선택한 학생들의 기질과 특성상 그들은 좀더 자유롭고 선택이 가능한 교육과정의 편성·운영을 요구함에도 불구하고 70%까지 주지교과 위주로 교육과정을 운영해 가고 있는 현재의 대안특성화고교는 더 이상 학생들에게 '대안적'이지 않은 것으로 비추어지고 있다. 국가수준의 공통성과 지역, 학교, 개인 수준의 다양성을 동시에 추구하는 학교 교육과정이 편성·운영되도록 한다는 것이 7차 교육과정 개정의 목적이지만 핵심적인 교육과정의 일부 교과를 국가가 지정하고 있으면서 다양한, 수준별, 학생 선택권의 전면보장이라는 말은 여전히 실효성을 담기엔 역부족이다. 국민공통기본교과는 10개 교과(국어, 도덕, 사회, 수학, 과학, 기술·가정, 체육, 음악, 미술, 외국어)로 이루어져 있는데, 공통필수로 모든 학생이 이수하는 것에 고려할 필요가 있다. 이들 교과 중에서 대안특성화고교 학생들의 기초학력 보장 및 국가·사회적 요구를 고려하여 필요한 교과는 공통필수교과로 두고 나머지 교과는 선택교과나 대안특성화고교 특성화교과로 대체하는 방안을 고려할 수 있다.

둘째, 이수 단위에 대해서는 일반학교와 동일한 규정으로 인해 다양한 특성화교과를 편성하지 못하는 한계를 지닌다.

대안특성화고교의 경우 특성화고등학교 지정 및 일부 자율학교 지정에 따라 교육과정 편성·운영에 있어서 일반학교에 비해 상대적으로 상당한 자율성을 부여받은 것은 사실이다. 그런데 문제는 이수 단위에 있어서는 자유롭지 못하다는 점이다. 즉 국민공통기본교과 외에는 과목 편성의 자율성이 상당히 부여되어 있지만, 이수 단위에 대해서는 일반학교와 동일하다는 것이다. 특히, 이수 단위 규정 중 국민공통기본교과 이수 단위(56단위)와 선택과목 이수 단위(138단위), 총 이수 단위(216단위, 졸업이수 단위)는 고정되어 있다. 또한 여기에 재량활동(12단위)과 특별활동(12단위)도 동일하게 규정하고 있다.

이수 단위를 반드시 편성해야 하는 구속성이 발휘되고 있어 이수 단위를 채워야 하는 문제로 선택과목에 대해서 자율성이 부여되어 있음에도 불구하고 어떤 대안특성화고교는 일반계고교의 교과목 편성과 거의 동일하게 편성하고 있음을 알 수 있다. 이렇게 되는 배경에는 학교의 특성화교과 개발 의지 및 역량, 시간, 자원 등의 문제도 있지만 보다 근본적인 이유는 이수 단위를 채워야 하는 규정 때문이다. 따라서 대안특성화고교가 그들의 학교 특성을 바탕으로 한 특성화교과목의 개발·운영을 촉진시키기 위해서는 국민공통기본교과 및 선택과목, 총 이수 단위의 규정을 대안특성화고교의 실정에 맞게 검토할 필요가 있다.

셋째, 국민공통기본교과의 10학년(고등학교 1학년) 집중 배당에는 문제가 있다.

대안특성화고교 학생들 상당수는 자신의 재능을 발휘할 수 있는 교육보다 주지교과 위주 교육에 적응하지 못한 학생이 많다. 특히, 영어와 수학과목으로 대표되는 대학입시 위주 교육은 상대적 성취능력 미달로 인한 자신감 결여를 초래하고 있는데 이들에게 각각 8단위인 국어, 영어, 수학교과의 경우 지침대로 1학년에 모두 편성하면 주당 4시간씩 수업을 받게 된다. 대안특성화고교에 처음 입학해서 영어나 수학교과를 1주일에 4시간씩 수업을 받는다는 것 자체가 이들에게는 일반학교와 별반 다를 것이 없다는 인식을 갖기에 충분하다.

대안특성화고교에 국민공통기본교육과정을 적용함으로써 학생들은 대안교육을 받고자 입학하였으나 1년 동안 그 기회의 대부분을 상실하고 2학년이 되어서야 대안적 교육과정의 적용을 받는 현상이 일어나고 있다. 이처럼 대안특성화고교는 학생들의 특성과 요구에 맞는 교육과정을 제공해야 함에도 불구하고 일반학교와 거의 동일한 교육 과정 제공으로 실망을 주고 있다. 18개 교 중 12개 교가 1학년에 이수하도록 하고 있고, 6개 교가 1학년과 2학년에 분산·편성하고 있다. 상급학년보다 1학년에서 대안특성화고교의 특성을 고려한 교육을 충분히 받을 수 있도록 특성화교과목을 이수하도록 할 필요가 있다.

넷째, 정규학교로 인가받은 특성화고등학교가 국가교육과정의 엄격한 제약에서 자유롭지 못하다.

대안특성화고교 학생들은 일반학교에 비해 학생 구성상 다른 점이 많다는 점에서 교육과정 편성·운영은 자율성이 확대되어야 할 필요가 있다.

그러나 교과목의 명칭이나 내용, 시수의 편성, 평가, 학기제 등이 일반학교와 같은 방식으로 규제됨으로써 말 그대로의 '특성화'를 실현하기에는 어려움이 따른다. 학교에서 교육과정을 편성·운영함에 있어 학교실정에 맞게 자율권을 대폭 확대하도록 하고 단계형 수준별 교과인 영어, 수학교과라 하더라도 학생들의 특성을 감안하여 1, 2학년으로 축소·분산 편성할 수 있는 자율성을 확대하는 등, 대안특성화고교는 일반학교와는 달리 교육내용과 형식 면에서 다양성과 가변성을 지니고 있어야 한다. 교실수업에 있어서는 다양한 자료의 개발 및 매체 활용, 시간에 얽매이지 않는 융통성 있는 시간운영의 확대가 필요하다.

다섯째, 국가교육과정 지정 교육과정 편성 영역이 지나치게 복잡하다.

국가교육과정에 따른 고등학교 교육과정 편성 영역은 교과 영역,

선택과목 영역(일반선택과 심화선택), 재량활동 영역, 특별활동 영역과 수준별 교육과정 편성을 포함하고 있다.

제7차 교육과정은 교육과정 편성 영역이 지나치게 복잡하다. 특히 재량활동에서는 2개 대영역에 따른 3개 영역이 있을 뿐만 아니라 선택과목 영역에도 일반선택과 심화선택의 2개 영역, 수준별 교육과정의 경우도 3가지 유형의 교육과정을 설치해 두고 있는데 일반학교에서도 이들 영역의 본래 의도 및 취지대로 실천되지 못하고 있는 실정이다. 따라서 이러한 영역을 그대로 대안특성화고교에 적용하는 것은 그 실효성이 떨어지고 실천하기 어려운 것일 수밖에 없다.

재량활동의 경우, 교과 재량활동과 창의적 재량활동 중 창의적 재량활동은 그 성격상 대안특성화고교의 인성교육 및 체험학습, 특기·적성교육에서 이루어지는 활동과 유사한 것이며, 교과 재량활동은 심화·보충형 수준별 교육과정의 형태로 운영되는 것이라고 할 수 있다. 따라서 대안특성화고교에서 재량활동을 굳이 별도로 설치하여 운영할 필요는 없는 것이다.

특별활동도 창의적 재량활동과 마찬가지로 그 내용상 대안특성화고교의 인성교육 및 체험학습, 특기·적성교육에서 이루어지는 활동과 유사한 것으로 볼 수 있기 때문에 별도로 구분하여 운영할 필요는 없다고 본다.

수준별 교육과정에 대해서는 대부분 대안특성화고교가 100명 이내의 소규모 학교로 운영되기 때문에 일반학교와는 달리 대안교육 그 자체로 수준별 학습지도가 이루어지고 있다고 볼 수 있다. 따라서 일반학교와 동일하게 재량활동과 특별활동, 수준별 교육과정을 운영하게 할 필요는 없다고 본다.

여섯째, 재량활동의 영역 세분화와 구체적인 운영방식까지 규정함으로써 재량활동이 학교의 재량에 따라 운영할 수 있는 측면이 거의 없다.

제7차 교육과정 재량활동의 경우 영역별 구분(교과 재량활동과 창의적 재량활동)을 통해 그 운영방식까지 규정하고 있다. 고등학교 1학년의 교과 재량활동의 연간 이수 단위 수는 10단위이며, 국민공통기본교과의 심화·보충학습에 4~6단위, 선택중심 교육과정의 선택과목에 4~6단위를 배정하도록 되어 있고, 창의적 재량활동에는 2단위를 배정하도록 되어 있다. 이렇게 제7차 교육과정에서는 재량활동의 영역 세분화와 구체적인 운영방식까지 규정함으로써 재량활동이 학교의 재량에 따라 운영할 수 있는 측면이 거의 없다는 지적도 있다.

고유한 이념과 철학을 구현하기 위해 설립·운영되는 대안특성화고교의 취지에 맞게 재량활동은 상당 부분 학교의 재량에 따라 설계되어 운영할 수 있도록 그 자율성을 부여할 필요가 있다. 또한 이수기간에 대해서는 고등학교 1학년에 한정시키기보다 2학년과 3학년에서도 운영할 수 있도록 유연성을 둘 필요가 있다.

이상에서 살펴본 교육과정 편성에서 다양화의 한계는 국가교육과정 지정이수과목은 일반학교와 비교해서 크게 다르지 않고, 일반학교와 동일한 이수 단위는 규정으로 인해 다양한 특성화교과를 편성하지 못하는 한계를 지닌다. 국민공통기본교과를 10학년에 집중 편성하고 있어 대안특성화고교에 아직 적응하지 못한 1학년으로서는 많은 부담을 갖는 실정이다. 국가교육과정의 엄격한 제약에서 자유롭지 못하고 있으며 재량활동의 구체적인 운영방식까지 규정함으로써 재량활동이 학교의 재량에 따라 운영할 수 있는 측면이 거의 없다는 점을 알 수 있다. 이런 문제를 해결하기 위해서는 교육과정 편성에 학생들을 참여시키려는 노력을 기울일 필요가 있다. 대안특성화고교를 찾는 학생들은 적성, 능력, 진로의 다양성으로 인해 일반계고교에 적응 못 한 학생들이 많다는 특성 때문에 국가가 지정하여 반드시 이수해야 하는 국민공통기본교과를 현재 30% 수준에서 보다 더 확대 적용할 필요가 있다.

3.
교육과정 개발의 다양성과 한계

대안특성화고교는 선택이수과목을 학교 독자적으로 개발하여 학생들로 하여금 선택이수하도록 편성하고 있다. 학교의 자율성에 기초하여 학교 나름대로 교육이념과 철학을 기반으로 한 교과목을 개발하여 독특한 교육을 전개하고 있다. 여기에는 반가움과 부담이 동시에 존재하고 있다. 설립자의 교육이념을 실현할 수 있는 교과목을 학교와 교사가 자유롭게 개발하여 가르칠 수 있다는 반가움이 있다. 그러나 동시에 일반학교나 국가수준 교육과정에는 없는 과목들을 독자적으로 개발해야 하는 어려움이 따른다. 여기에서 주어지는 다양성과 한계가 무엇인지를 살펴보면 다음과 같다.

첫째, 대안특성화고교만의 독특한 과목들을 독자적으로 개발해야 하는 문제이다.

대안특성화고교는 일반학교와 달리 지적 수준이나 정서적 안정성에 큰 편차를 보이는 학생들이 많아서 자신의 능력에 맞는 수준을 선택할 수 있도록 교과목의 선택 폭이 확대되고 학습 수요자의 수준에 맞는 수준별 교육과정 개발이 필요하다. 현재 특성화고등학교의 보통교과는 국가교육과정에 준하여 개설되지만, 특성화교과는 학교 자체적으로 시·도 교육청의 승인을 받아야 하는데 실질적으로는 이러한 과정이 원활하지 못하다고 한다. 따라서 대안특성화고교의 교육과정 개발위원회를 결성하여 학교와 지역사회의 특성에 맞는 교육과정을 연구·개발할 필요가 있다.

둘째, 학교별로 새로운 내용의 특성화교과를 개발하고 거기에 적합한 강사를 확보해서 활용하는 데에 문제가 있다.

이는 대안특성화고교가 소규모이기 때문에 생기는 어려움으로써 한 학년 정원이 1학급(20명) 또는 2학급이기 때문에 교사 수가 적다. 교원 수급의 경우 대안특성화고교의 교사 정원은 일반학교의 경우와 같게 운영되고 있다. 그러나 특성화교육을 중시하는 대안특성화고교의 경우에는 다양한 특성화교과목을 개설해야 하기 때문에 학교 입장에서 일반학교보다는 더 많은 교사의 확보가 필요하지만 기간제 교사 및 시간강사의 활용만으로 운영되고 있는 실정이다. 그러나 이러한 방법으로는 대안특성화교육과정을 내실 있게 운영하기에는 한계가 있다. 즉 대안특성화고교 학생들에게 다양한 특성화교과의 선택의 폭을 넓혀 주기 위해서는 많은 외부강사 인력을 확보해 주어야 하는데, 대부분의 대안특성화고교가 소규모의 형태이고 열악한 재정 상태에 있어 운영에 많은 어려움이 있다. 뿐만 아니라 학교에 따라 평균 11개 영역, 15~16교과의 특성화교과를 운영하고 있는데, 학생 수 비례 교사 정원 제한으로 인하여 주요 과목당 한 명이며 과목 수만큼 확보되지도 않기 때문에 일부 교사들은 상치 과목 담당이 불가피하여 수업부담, 전문성 결여의 문제를 많이 느끼고 있어서 특성화교과 운영 시간강사 수를 더 많이 충원할 필요성을 호소하고 있다. 이 부분에 있어서 다양한 강사와 자원봉사자의 활용이 대안이기는 하나, 현재 대부분의 학교가 벽지에 있어 이 역시 쉽지 않은 실정이다. 따라서 일반학교보다는 교사 정원을 확대해 조정할 필요가 있다.

셋째, 특성화교육과정을 운영해 나가는 주체인 대안특성화고교 교사들의 신분적·재정적 뒷받침이 보장되어 있지 못하고 있다.

전국의 몇몇 학교를 제외하고는 대부분의 교사들은 열악한 재정적 환경 속에서 근무하고 있다. 이들 대부분의 교사들은 자신들이 키워 온 대안교육에 대한 철학과 신념 하나로 시작해서 대안특성화고교만이 줄 수 있는 특성화된 교육과정으로 다양한 학생의 요구를 충족시켜 줄 수 있다는 사명감으로 자신의 희생 속에서 묵묵히 교사직을 수행하고 있다. 따라서 정부는 최소한 대안특성화고교 교사도 교직 공무원으로서의 대우와 복지 여건을 최소한 일반계고교 수준은 보장해 주어야 소신껏 교육과정을 실천해 나갈 수 있을 것이다.

넷째, 경험학습의 수익자 부담으로 인해, 모든 학생이 참여하지 못하는 한계가 있다.

심지어 기숙사 비용을 감당하지 못할 정도의 경제적인 어려움을 안고 있는 학생들도 상당수를 차지하고 있다. 특히 대안특성화고교 특성상 교육적 효과를 극대화하기 위해 많은 체험학습 프로그램이 마련되어 있다. 그러나 체험학습에 따른 수익자 부담 비용의 한계로 인해 불참하는 사례가 많다. 해외 체험학습을 하는 학교의 경우 학교서는 상당히 노력을 많이 했으나, 대부분 열악한 경제사정으로 인해 학생들의 1/3은 참여하지 못하고 있다. 국토순례, 지리산 종주 등 국내 체험도 경제적 부담이 있기는 마찬가지이다.

다섯째, 대안특성화고교 교과서 사용에 있어서 교과서를 재구성하거나 일반학교의 교과서를 그대로 사용하는데 학습 진행에 필요한 교육기자재의 지원이 미흡하여, 교과서 재구성과 개발에 어려움이 있다.

일반 교과의 경우 교사들이 학생수준에 맞게 교과서를 재구성하여 학습 자료로 활용하든지 아니면 일반학교의 교과서를 갖고 그 내용에 의해 학습하고 평가하고 있는 실정이다. 특히 국민공통기본교과의 경우에 교과서를 무시할 수 없다. 일반 교과서의 내용에 맞는 수업을 하고 있지만 학생들이 다양하여 이에 따른 교과수업의 내실화를 기하기 어렵다. 물론 교과별로 교사들이 교과서를 재구성하고 다양한 학습매체를 활용하여 가르치는 경우도 있지만, 대개의 경우 실제 교실에서의 수업은 진행이 매우 어렵다. 학습공간이나 효과적인 학습 진행에 필요한 교육기자재의 지원 등이 미흡한 실정이다.

여섯째, 특성화교육을 위한 시설제약이 따른다.

대안특성화고교의 수업은 무학년·무학급으로 이루어지고 교과수업 또한 과목별 교실 이동 수업이고 보면 보다 많은 교실과 시설이 필요함에도 불구하고 시설이 충분치 못한 실정이다. 이러한 문제점 해결을 위해서는 공공시설을 활용하는 것도 하나의 방안이기는 하나 이에는 한계가 있기 때문에 대안특성화고교 시설을 위한 재원 마련은 정부와 지방자치단체가 협력하여 해결해 주어야 할 것이다.

일곱째, 교육과정 지원 여건상의 어려움이 있다.

대안특성화고교 프로그램에 대한 체계적인 정보 관리가 미흡하며 학교 간 상호 정보 교류도 원활치 못한 실정이어서 학교 간 특성화 교과의 교과목 개설이나 다양화는 그 차이가 크다. 그럴 수밖에 없는 것은 대안특성화고교의 대부분이 시골에 위치해 있다는 점 때문에 교재 보급이나 자료 개발에 한계가 있다. 따라서 정부나 교육청별로 학습 자료 개발 프로젝트를 주어서 개발된 학습 자료들을 각 학교에 보급할 필요가 있다. 왜냐하면 대부분의(2 / 3) 학교는 재정적으로나 학교시설 여건이 열악한 가운데 놓여 있어 제한된 학습 자료만으로 수업을 운영하고 있기 때문이다. 따라서 대안교육 학습지원센터 설치·운영이 필요할 뿐만 아니라 대안특성화고교 교육과정 개발을 위한 연구개발팀을 교육인적자원부에서는 주기적으로 운영할 필요가 있다. 현재 일반 공교육을 위한 교육과정 개발은 수시로 이루어지고 있지만 공교육만으로는 해결되지 않는 분야를 담당하고 있는 대안특성화고교의 교육과정 개발에는 연구가 다소 미흡한 실정이다. 따라서 본 연구에서 다루어진 전국 18개 특성화고등학교의 교육과정 분석을 토대로 대안교육의 본래 정신과 시대의 필요를 반영한 다양한 교과목 개설에 각 학교가 참고할 만한 지침서를 만들어 주어야 할 것이다.

이와 같이 특색 있는 교육과정 개발은 대안특성화고교만의 독특한 과목들을 독자적으로 개발해야 하고, 거기에 적합한 강사를 확보해서 활용하는데 특성화교육과정을 운영해 나가는 주체인 대안특성화고교 교사들의 신분적·재정적 뒷받침이 보장되어 있지 못하고 있다. 학생들은 경험학습의 수익자 부담으로 인해 모든 학생이 체험학습에 참여하지 못하고 있으며, 학습 진행에 필요한 교육기자재의 지원이 미흡하여 교과서 재구성과 개발에 어려움이 있다. 교과수업 또한 무학년·무학급으로 편성되어 과목별 교실 이동 수업이고 보면 보다 많은 교실과 시설이 필요함에도 불구하고 시설이 충분치 못하며, 학교 간 상호 정보 교류도 원활치 못한 실정이어서 학교 간 특성화교과의 교과목 개설이나 다양화는 그 차이가 크다. 이러한 문제를 극복하기 위해서는 교육과정 연구회를 결성하여 끊임없는 연구를 통하여 학교와 지역사회의 특성에 맞는 학교별 교육과정을 연구·개발해야 할 것이다. 이는 학교가 어떤 방향으로 교육을 할 것인가, 어떠한 인간을 육성할 것인가를 생각을 명확히 하고 이에 맞는 교육과정 개발이 이루어져야 한다. 아울러 지속적인 교육내용의 개발과 더불어 개발된 교육내용도 시대적, 사회적 요구에 따라서 변화시킬 수 있어야 한다.

뿐만 아니라 학생들의 수준에 맞는 단계적 교육과정의 개발이 필요하다. 현재는 6개 학교만이 학생들의 수준에 따라 개인별 맞춤식 선택 교육과정을 운영하고 있는데 이것은 대안특성화고교 특성상 모든 대안특성화고교에 확대 적용할 필요가 있다. 왜냐하면 대안특성화고교는 일반계고교와 달리 지적 수준이나 정서적 안정성에 큰 편차를 보이는 학생들을 대상으로 하기 때문에 교육내용을 여러 단계로 개설하여 학생들이 자신의 능력에 맞는 수준을 선택할 수 있도록 교과목의 선택의 폭이 확대되어야 한다.

교육과정 운영방식의 다양성과 한계

일반계고교 교육과정은 여러 차원에서 획일적으로 운영된다. 수업 집단의 편성, 수업방법, 학교생활 평가 등은 전국의 거의 모든 학교에서 비슷한 방식으로 이루어진다.

반면에 대안특성화고교 교육과정 운영방식은 경험학습의 인정 여부, 진급 및 교과 이수 인정방식, 교육과정의 재구성 정도, 특성화교 과목 운영 정도, 교사와 학생의 관계, 학교생활 전반의 평가방식에서 일반계고교에 비하여 학교 교육과정을 보다 탈형식적으로 운영하고 있다. 여기에는 다르게 운영할 수 있는 제도적 자율성이 주어져 있음과 동시에 국가수준 교육과정의 적용과 대학입시 준비 때문에 마냥 다양성만을 펼칠 수 없는 부담이 동시에 주어져 있다. 이러한 양면성을 가진 대안특성화고교의 운영방식에서 나타난 다양성과 한계를 살펴보면 다음과 같다.

첫째, 엄격한 출석제보다는 제한된 자유 출석제 방식을 취하고 있다.

여기에는 매월 5일간 가정학습 기간이 주어지고, 3학년 때 직업반 운영, 그리고 매 학기 3박4일간 탐구활동의 프로젝트 수업을 출석으로 인정받는다. 그러나 모든 학교가 자유 출석제보다는 엄격한 출석수업과 단체학습을 주로 하고 있으며, 학생의 개별적 학습요구는 극히 제한된 부분에서만 이루어지고 있다.

둘째, 일반학교와는 달리 학교 밖 경험학습을 제한적으로 인정하고 있다.

일반학교에서는 대부분 교실수업을 학습으로 인식하지만 대안특성화고교는 학교 밖에서 이루어지는 다양한 체험활동을 교과목으로 명시해 두고 학습으로 인정하는 과목들이 많다. 지역사회활동이나 며칠간의 체험학습을 학습으로 인정받기도 하며, 산업체 현장체험학습을 실시하는데 사회의 특정 직업현장에의 참여를 교육과정으로 인정하는 경우이다. 단기적인 여행을 통한 체험학습을 학교의 특성화된 교육과정으로 인정하며, 자연생태체험활동을 주당 2시간 편성하고, 3학년 때 직업 위탁교육과정을 운영하고 있으며, 자기 주도적 학습관리 시스템(LMS)을 활용하여 개별적으로 학습을 하고 이를 교육과정에 반영하는 경우이다.

그러나 여기에도 교육과정 호환의 어려움과 대안특성화고교 학생들의 전학이나 상급학교 진학 때에 학습경험의 객관적 비교에 있어서 어려움을 겪는다. 그렇다고 하여 국토순례대행진을 점수 혹은 석차 매기기를 할 수 없으며, 무학년·무학기제와 같은 특성화 운영 학교에서도 호환의 어려움은 가중되고 있는 실정이다.

셋째, 일부 학교에서 학습 진도에 따른 진급 및 졸업제 형식을 취하고 있다.

일반계고교에서는 연령에 따라 학년이 구성되고 학년에 따른 교육과정대로 수업을 하며 3개 학년을 마치면 졸업을 하게 된다. 그러나 대안특성화고교는 학교의 정해진 교육과정이 아니라 학습과정 및 진도를 학생에게 맞추어 운영하는 특징을 가지고 있다. 여기에는 학년과 학급 구분 없이 취미 적성별로 과(科)를 구성하여 무학년·무학급제 이동식 수업을 하는데 학생 스스로가 세운 목표에 따라 방법을 달리하고 개개인의 능력의 차이를 인정하는 개별화된 수업으로 학생마다 개인별로 맞춤식 시간표를 짜서 수준별 이동 수업을 한다. 그러나 무학년·무학급제 이동식 수업은 학교 여건이 허용되는 일부학교에서만 실시하고 있다.

넷째, 일부 학교는 교과교육과정을 재구성하여 통합교육과정을 운영하고 있다.

여기에는 교실이 과목별로 나뉘어 있고, 전일제 수업 진행 등 집중이수방식의 시간표로 구성되어 있으며, 모든 교과는 학생 자기 주도적 프로젝트 수업을 실시하고 있고, 수업에 필요한 교수학습 자료는 제도권의 교과서를 전적으로 의존하지 않고 다양하며, 실생활과 많은 연관을 가지고 있다.

그러나 과목별 교실은 주요 교과나 담당할 교사가 있는 경우에만 설치하는 등 많은 한계가 있어 학생들의 다양한 욕구를 채워 주기에는 역부족이다.

다섯째, 대안특성화고교에서 교사와 학생의 관계는 단순한 교과지식 전달자가 아닌 삶을 살아가는 법을 알려주는 도제교육자로서의 교사역할을 수행하는 데 어려움이 있다.

교사와 학생은 서로를 가족과 같은 친밀감과 자신의 안내자로 존경과 신뢰의 관계가 형성되어 있고, 사랑과 우정의 관계이다. 학생들은 교사들을 친구처럼 친근하게 느껴 무슨 얘기든 터놓고 하게 된다. 기숙사생활을 통하여 가정에서 사랑받지 못해 학교생활까지 적응하지 못했던 학생이나 가정에서 느낄 수 있는 사랑과 정을 또래와 교사를 통해 느낄 수 있다는 장점을 가지고 있다. 대안특성화고교 교사의 역할과 위치를 보면, 교사와 학생이 함께 기숙사생활, 클럽활동, 식구총회 등 공동체생활을 통하여 교사는 성숙한 인간관계 형성의 멘토가 되어 준다. 단순한 교과지식 전달자가 아닌 삶을 살아가는 법을 알려주는 도제교육자이다. 교사와 학생이 함께 텃밭 가꾸기, 옷 만들기, 집 짓기, 음식 만들기 등 노작활동을 통해 자립심을 기르고 의식주를 스스로 해결하며 스스로 살아가는 법을 도제교육으로 체득시켜 준다. 그래서 교사와 학생 간 상시 상담체계를 통해 생각과 진로의 방향을 함께 공유하고 안내하는 길동무이자 안내자이며 스스로 서는 학생, 기다려 주는 교사의 관계이다. 그러나 학생들 중에는 사고를 치는 학생도 많다. 그러나 24시간 같이 생활을 해야 하는 교사의 입장에서는 많은 스트레스를 호소하고 있는 실정이다.

여섯째, 학생의 전인적 성장을 평가하는 데 있어서 생활기록부 작성에 어려움이 따른다.

평가기준은 타당도, 신뢰도, 객관도를 고려하여 평소의 학교생활 전반을 평가하는 수행평가이며, 평가 시기는 과목에 따라 그 성격상 필기시험을 칠 수 있으나 필기시험 위주의 평가는 하지 않는다. 평가내용은 평소에 기록했던 노트, 과목별 보고서, 세미나 결과물, 글 모음, 작품, 연극, 춤 등을 펼쳐놓고 친구와 교사, 학부모에게 도움 말과 평가를 받는 잔치형식의 종합평가로 이루어진다. 평가방법은 절대평가로 다양한 평가를 통해 학생들의 암기력 테스트가 아닌 보다 다양한 면에서 다양한 방법으로 이루어진다.

학생평가방식에서 한계는 대학입시의 내신 평가를 위해 학교생활 기록부에 과목별 석차를 기록해야 하기 때문에 다른 수업을 동일한 시험으로 평가해야 하는 문제점을 야기한다. 대안특성화고교에서도 입시를 고려한 교육과정 운영으로 내실 있는 특기·적성 교육, 체험 학습 운영에 한계가 따르고 있는데, 교사들은 학생들의 성적 처리와 평가 부분에 있어서 어려움을 토로한다. 텃밭 가꾸기, 가축 기르기 등의 특성화교과를 성적으로 매겨야 하는 어려움 때문이다. 또한 교육과정 운영에서 부딪히는 가장 큰 문제는 개별교과, 특히 단계형 수준별 교육과정을 운영하는 영어, 수학 과목의 평가문제이다. 평가에 대한 도의 지침은 수업은 단계별로, 학생의 수준별로 하되 평가는 한 가지 방식으로 해야 한다고 규정하고 있다. 그러나 단계형 수준별 수업의 근본 취지를 고려하면 이것은 불합리하다. 수준이 다른 학생들을 대상으로 내용이 다른 수업, 수준이 다른 수업을 했는데 평가는 같은 내용으로 해야 한다는 것은 단계 내에서 학생의 성취 정도를 인정하지 않거나 성취동기를 전혀 부여할 수 없는 방법이다. 뿐만 아니라 대안특성화고교 출신 학생들의 대학입시 전형 요소가 다양화되어 있지 못하다. 현재는 6개 학교에서만이 2% 범위 안에서 선발하고 있다. 대안특성화고교에 다니는 학생들도 대부분이 대학진학을 하고 있는 실정이고 보면 학부모들과 교사들은 전인교육의 참 뜻보다는 대학입시의 중압감에 시달려 어느새 대안특성화고교가 입시 준비에 매달려야 하는 현실을 비켜 갈 수 없게 되고 있는 것이다. 이러한 실정 때문에 대안특성화고교 관계자들은 대안특성화고교를 자랑스러워하기보다는 학교가 학생들에게 자율성을 충분히 주지 못해 부적응아를 양산해 내는 것을 걱정하며 대안특성화고교가 특성화된 교육과정을 제대로 운영하기보다는 대학입시의 중압감으로 점차 일반화되어 가는 어려움을 토로하고 있다. 대학입시의 고교 교육과정에 대한 획일적인 요구 때문에 대안특성화고교에서마저 교육과정은 획일화될 수밖에 없는 실정이다. 이것은 교육과정 획일화의 실질적인 가장 큰 이유라고 할 수 있다. 진학준비는 주로 국어, 수학, 영어, 과학, 사회를 중심으로 이루어진다. 특히, 대학입시에서는 입학생의 학업능력을 그들의 언어, 수리, 논리능력을 확인하는 국어, 영어, 수학을 가장 중요한 시험과목으로 점수비중을 두고 있어 이것들을 중심으로 학습하고 진학하라는 단순한 메시지를 보내고 있다. 대학수학능력시험에 대비해 216단위 중 145~175단위를 수학능력시험 포함 과목에 배정하고 있어서 결국 교육과정의 다양화나 분화는 오히려 바람직하지 못한 것으로 인식되고 있다. 결과적으로 그 규모, 학교 종류에 관계없이 거의 획일화된 교육과정을 가지고 있다.

대안특성화고교 교육과정의 편성과 운영에 학교 단위의 자율성이 좀 더 큰 폭으로 허용될 필요가 있다. 물론 고등학교수준의 교육의 질을 유지하기 위한 최소한의 원칙과 기준은 유지하더라도, 현재와 같은 학년·학기제, 평가방식, 수업시간과 이수 단위제, 과목 수와 과목별 시수제, 그리고 교과서 사용 등에서 학교 나름의 다양한 편차와 변화가 허용되어야 한다. 일반 고등학교에서도 과목 수가 너무 많아 학생부담이 크다는 지적이 높게 제기되고 있는데 특성화고등학교 학생들에게도 똑같은 방식으로 보통교과의 공통필수를 부과하고 있는 것은 무리라고 할 수 있다.

이와 같이 교육과정 운영방식은 엄격한 출석제보다는 제한적이기는 하지만 자유 출석제 방식을 취하고 있으며, 학교 밖 경험학습을 제한적으로 인정하고 있고, 학습 진도에 따른 진급 및 졸업제 형식을 취하고 있다. 교과교육과정을 재구성하여 통합교육과정을 운영하고 있으며, 교사와 학생의 관계는 단순한 교과지식 전달자가 아닌 삶을 살아가는 법을 알려주는 도제교육자로서의 교사역할을 수행한다는 점과 학생의 평가는 학교생활 전반을 평가하는 전인적 성장을 평가한다는 점에서 다양성을 찾아볼 수 있다. 하지만 이러한 다양화가 극히 제한된 학교와 제한된 영역에서만 이루어지고 있다.

이러한 한계들은 주로 제도적인 면과 재정적인 면 그리고 대학입시에 맞추어 운영해야 한다는 점으로 집약될 수 있다. 따라서 제도적 측면에서 보면 특성화고등학교에 대하여 보통교과의 과목 수와 단위 수, 과목별 내용 구성에서 학교와 교사의 재량 범위를 지금보다는 크게 확대할 필요가 있다. 재정적인 면에서는 교육복지 차원에서라도 시설과 교육기자재 확보, 교원 확충 등에 필요한 사항을 실태 조사를 통하여 일반계고교 이상으로 확충할 필요가 있다. 그리고 대학입시에서 대안특성화고교의 독특성을 감안하여 특성화교과에 대한 평가기준을 달리 설정하여 적용하고, 대안학교 출신 학생 선발도 모든 학교에 확대 적용해 주어야 할 것이다.

이러한 한계를 해결해 줌으로써 대안특성화고교는 교육과정 운영 측면에서 다양성을 추구할 수 있을 뿐만 아니라, 국가가 대안특성화고교 설립을 추진한 본래의 목적을 달성할 수 있을 것이다.

제 7 장 대안특성고등학교의 나아갈 길

　본 연구는 대안특성화고교 교육과정의 대안적 관점은 무엇인지 찾아보고, 이에 준하여 현행 대안특성화고교 교육과정 운영방식의 특징을 살펴봄으로써 대안특성화고교 교육과정 다양화의 가능성과 한계를 탐색해 보는 데 주안점을 두고 연구하였다.

　이와 같은 연구목적을 달성하기 위한 연구방법으로 문헌 연구와 면담 그리고 연구모임과 연수 참여자들과의 연대를 통한 연구를 병행하여 실시하였다. 보다 구체적으로 제시해 보면 다음과 같다.

　첫째, 대안특성화고교 교육과정의 다양성을 분석하기 위한 이론적 토대를 마련하기 위하여 다양한 학술서적, 연구논문, 대안특성화고교 교육과정과 관계된 자료를 탐색하였다.

　둘째, 문헌에서 탐구하기 어려운 교육과정의 심층적인 내용은 현장 학교 관계자들과의 면담을 통하여 파악하였다.

　셋째, 대안교육의 흐름과 나아갈 방향 그리고 대안특성화고교가 안고 있는 문제들을 파악하고 대안을 찾는 시각을 갖기 위해 대안교육연대를 비롯한 각종 대안교육 연구모임과 워크숍 참관, 방학 때마다 주어지는 대안특성화고교 관련 연수를 통해 대안특성화고교 교육에 대한 현장교사 및 연구자들과의 꾸준한 연대를 가졌다.

　이상의 연구과정을 통하여 얻어진 연구결과를 요약하면 다음과 같다.

첫째, 대안특성화고교 교육과정의 대안적 관점은 무엇인가?

정부가 교육과정의 다양화 방안으로 마련한 대안특성화고교의 법적 근거는 초·중등교육법 시행령 제91조의 규정에 의한 정규학교로 입법화되면서 현재 일반 학생 대상이 10개 학교이고 부적응 학생 대상이 8개 학교로 18개의 대안특성화고교가 운영되고 있다. 대안특성화고교는 필수교과목을 제외한 나머지 과목은 학교 나름대로 새로운 과목을 개발·편성하는 등 탈형식적 교육과정 운영공동체로서의 학교를 추구하고 있다.

대안특성화고교가 추구하는 자유 지향적 교육 풍토의 성립 관건은 얼마나 교육과정 운영의 형식성으로부터 자율성을 갖는가에서 찾아볼 수 있는데 교과와 과목의 선택, 이수 단위 결정, 학년·학기별 과목 배치, 특별활동과 재량활동 운영, 시간표 작성 등과 관련해서 많은 차별성을 지니고 있다. 진급 및 이수 인정방식에서는 학습 진도에 따른 진급 및 졸업제 형식을 취하고 있으며, 경험학습의 인정 여부를 보면, 학교 밖 경험학습을 정규교과로 인정하고 있다. 뿐만 아니라 교과교육과정은 통합교육과정으로 운영하고 있으며, 교사-학생 간의 관계는 인간적 돌봄의 관계로 형성되어 있다는 점에서 교육과정의 탈형식성을 찾아볼 수 있다.

대안특성화고교가 일반계고교에 비하여 대안적 특성을 갖는 것은 교육과정 구성체제가 체험 위주의 다양한 특성화교육과정을 구성하고 있다는 점과 교육과정 운영방식이 학교생활의 비공식적인 면들을 중요시하며, 공동체성을 지향하고 학생의 다양한 개성을 존중하며 자유롭고 민주적인 모습을 추구하는 등 탈형식성에서 대안적 관점을 찾을 수 있다.

둘째, 현행 대안특성화고교 교육과정의 실태는 어떠한가?

현행 대안특성화고교 교육과정의 실태를 알아보기 위해 교육이념
및 내용을 살펴본 결과는 다음과 같다.

대안특성화고교는 공동체주의, 자연생태주의, 노작교육, 전인교육
을 공통된 특징으로 하고 있으며, 이에 따라 교육과정이 편성·운영
되고 있다. 대안특성화고교 교육의 이념적 특성은 대체로 공동체 안
에서의 자주적이고 전인적인 개인의 발달에 있다. 이러한 대안학교
의 이념적 특성은 개인의 자유로운 발달을 통해 공동체적 사회를 회
복하려는 이념을 잘 반영하고 있다. 하지만 학교 위치가 도시와 농
촌 어디에 있느냐에 따라 학교 환경은 달라지고, 학생들의 문화도
다를 수밖에 없다. 또한 설립자의 이념에 따른 교육과정이 편성될
수밖에 없는 한계를 지니게 된다.

대안특성화고교의 이념인 공동체 의식을 경험하는 기회를 제공하
고 있지만 입시와 획일적인 문화가 지배적인 학교생활에서 지속적인
교육효과를 기대하기에는 어려움이 있다. 학생들의 이성뿐만 아니라
감성과 신체를 조화롭게 발달시키고 활용할 수 있는 능력을 키우는
자연생태주의적 교육이념은 학교 위치와 교사의 가치관에 따라서 중
요시하지 않는 경우도 많은 실정이다. 노동의 체험학습을 통해 생활
교육 및 정신과 마음을 치유하고자 하는 노작교육은 8개 학교에서
극히 제한된 몇 가지 과목만 개설되어 있는데 강사의 부재나 시설의
한계로 인해 제한되어 있기 때문이다. 뿐만 아니라 과목의 종류에

있어서도 주로 흙에서의 노작과 산과 자연을 이용한 것이며, 가축이나 바다를 이용한 것은 없고, 지극히 빈약성을 보이고 있는 실정이다.

현행 대안특성화고교 교육과정의 실태를 알아보기 위해 교육과정 편성과 개발은 어떠한가를 살펴본 결과는 다음과 같다.

국가수준 교육과정 지정이수과목은 일반계고교와 비교해서 다르지 않음을 알 수 있다. 대안특성화고교를 선택한 학생들의 기질과 특성상 좀 더 자유롭고 선택이 가능한 교육과정의 운영이 요구됨에도 불구하고 제한된 이수 단위 규정으로 인해 70%까지 주지교과 위주로 운영하고 있다. 국민공통기본교과를 10학년인 고등학교 1학년에 집중 배당하는 데에도 문제가 있다. 대안학교 학생들 상당수는 자신의 재능을 발휘할 수 있는 교육보다 주지교과 위주 교육에 적응하지 못한 학생이 많은데, 이들에게 각각 8단위인 국어, 영어, 수학교과의 경우 지침대로 18개 대안특성화고교 중 12개 학교가 1학년에서 이수하도록 하고 있다. 대안특성화고교 학생들 상당수가 자신의 재능을 발휘할 수 있는 교육보다 주지교과 위주의 일반계고교에 적응 못해서 입학한 학생인데 1학년에 집중하여 편성하는 것은 대안특성화고교를 찾은 취지에 맞지 않아 흥미를 잃을 수 있기 때문이다.

학교별로 새로운 내용의 특성화교과를 개발하고 거기에 적합한 강사를 확보해서 활용하는 데에 어려움이 있다. 대안특성화고교가 소규모이기 때문에 생기는 어려움은 한 학년 정원이 1학급(20명) 또는 2학급으로 교사 정원이 적어, 일부 교사들은 상치 과목 담당이 불가피하여 수업부담, 전문성 결여의 문제가 따르고 있다. 특성화된 교육과정으로 교육을 실현해 나가는 주체인 대안학교 교사들의 신분적·재정적 뒷받침이 보장되어 있지 못하다. 학교 특성상 경험학습이 많은데 경험학습의 수익자 부담에도 한계가 있어서 경제적으로 어려운 학생들은 체험학습에 불참하는 사례가 생긴다. 효과적인 학습 진행에 필요한 교육기자재의 지원이 미흡한 실정이고 특성화교육을 위한 시설제약도 따른다. 대안특성화고교의 수업은 무학년·무학급으로 이루어지고 교과수업 또한 과목별 교실 이동 수업이 많기 때문에 많은 교실과 시설이 필요함에도 불구하고 시설이 충분하지 못한 실정이다. 대안특성화고교 프로그램에 대한 체계적인 정보 관리가 미흡하며 학교 간 상호 정보 교류도 원활하지 못한 실정이어서 학교 간 특성화교과의 교과목 개설이나 다양화는 차이가 크다.

셋째, 현행 대안특성화고교 교육과정 운영방식의 특징은 무엇인가?

대안특성화고교는 출석제의 성격에서 일부 영역이기는 하지만 자유 출석제 방식을 취한다는 점이다. 여기에는 토요일을 이용해서 매월 5일간 가정학습 기간이 주어지고, 3학년 때 직업반 운영, 그리고 매 학기 3박4일간 탐구활동의 프로젝트 수업을 출석으로 인정받는다. 그러나 대부분은 자유 출석제보다는 엄격한 출석 수업과 단체학습을 하고 있으며, 학생의 개별적 학습욕구는 극히 제한된 부분에서만 이루어지고 있다.

학교 밖 경험학습을 인정하지 않는 일반계고교와는 달리 대안특성화고교는 학교 밖 경험학습을 인정하고 있다. 일반계고교에서는 대부분 교실수업을 학습으로 인식하지만 대안특성화고교는 학교 밖에서 이루어지는 다양한 체험활동을 교과목으로 명시해 두고 학습으로 인정하는 과목들이 많다.

진급 및 이수 인정방식에서는 연령에 따른 진급 및 졸업제보다는 학습 진도에 따른 진급 및 졸업제 형식을 취한다. 대안특성화고교는 학습과정 및 진도를 학생에게 맞추어 운영하는 특징을 가지고 있다. 여기에는 학년과 학급 구분 없이 취미, 적성별로 과(科)를 구성하여 무학년, 무학급제 이동식 수업을 한다. 학생 스스로가 세운 목표에 따라 방법을 달리하고 개개인의 능력의 차이를 인정하는 개별화된 수업으로 학생마다 개인별로 맞춤식 시간표를 편성하여 수준별 이동수업을 한다.

교과교육과정의 재구성 정도는 일반계고교가 교과교육과정에 한정하는 데 반해 대안특성화고교는 통합교육과정을 운영하고 있다. 여기에는 교실이 과목별로 나뉘어 있고, 전일제 수업 진행 등 집중이수방식의 시간표로 구성되어 있다. 교과는 주로 학생 자기 주도적 프로젝트 수업을 실시하고 있으며, 수업에 필요한 교수-학습 자료는 제도권의 교과서를 전적으로 의존하지 않고 다양하며 실생활과 많은 연관을 가지고 있다. 교사·학생의 관계는 신뢰를 바탕으로 한 도제교육자의 관계이다.

대학입시의 내신 평가를 위해 학교생활기록부에 과목별 석차를 기록해야 하고 입시전형 요소가 다양하지 못한 데서 오는 교육과정 운영의 어려움이 있다. 다양성을 전제로 한 교육을 받은 대안특성화고교 학생들도 85%가 대학진학을 하고 있는 실정이다. 그런데 대학입학 전형에서 6개 대학에서만 2% 범위 안에서 대안특성화고교 출신 학생을 선발하고 있어서 결과적으로 그 규모, 학교 종류에 관계없이 입시 위주의 획일화된 교육과정을 가지고 있다.

넷째, 대안특성화고교 교육과정 운영방식의 다양화 가능성과 한계는 무엇인가?

대안특성화고교는 기존 공교육의 획일성과 비인간성에 대한 반성의 계기이며, 공교육체계에 새로운 변화의 가능성과 건설적 대안으로서의 희망을 제시해 주고 있다. 학습자 개개인의 소질과 적성, 주체성과 독립성, 인성과 창의성을 살리는 교육수요자 중심의 다양한 교육을 지향하는 교육개혁의 취지와도 부합하는 현실적 대안으로서의 가능성을 보여주고 있다. 학습부담 과중, 학교폭력과 청소년 비행과 같은 주요 교육문제 해결을 위한 유력한 해결책으로서의 가능성 역시 제시해 주고 있다. 그리고 중도탈락자와 같은 교육 소외계층에 대한 교육기회 확대를 통한 교육복지 구현을 위해서도 중요한 기여를 하고 있다. 뿐만 아니라 대안특성화고교의 교육과정 측면에서 볼 때도 기존의 정형화된 틀 대신 학생들의 특성과 다양한 요구를 반영하는 교육과정이 추구되었다는 점이다. 그리고 기숙사생활과 노작활동 등 공동체 기반 학교의 모델을 제시하고 있다는 점에서도 중요한 의의를 가지고 있다. 자연생태적 가치관과 공동체적인 새로운 대안적 문화 창조의 생산자로서 한계에 부딪힌 기존의 물질문명의 극복과 대안 모색의 과제 해결에서 중요한 역할을 담당할 수 있다.

그러나 대안특성화고교의 이러한 교육적 효과에도 불구하고 현실적으로는 여러 가지 한계에 직면하고 있다. 학교 위치에 따라 학교 환경, 학생들의 문화도 다를 수밖에 없고, 또한 설립자 이념에 따라 교육과정이 편성될 수밖에 없는 한계를 지니게 된다. 대안특성화고교의 이념인 공동체 의식을 경험하는 기회를 제공할 수 있을지 모르겠지만 입시와 획일적인 문화가 지배적인 학교생활에서 지속적인 교육효과를 기대하기 어렵다. 생태주의 교육의 실현에는 학교의 위치나 교사의 가치관에 따라 형식적일 수밖에 없는 실정이다. 노작활동은 극히 제한된 몇 가지 과목만 개설되어 있는데 이는 담당할 강사의 빈곤이나 시설이 학교 안에나 지역에도 여건이 제한되어 있기 때문이다.

교육과정 편성에서의 한계는 국가수준 교육과정 지정이수과목을 70%까지 주지교과 위주로 편성·운영하고 있어서 일반계고교와 비교해서 크게 다르지 않다. 이수 단위를 채워야 하는 문제 때문에 일반계고교의 교과목 편성과 거의 동일하게 편성·운영하고 있으며 국민공통기본교과를 10학년인 고등학교 1학년에 집중 배당하고 있다. 뿐만 아니라 재량활동의 영역 세분화와 구체적인 운영방식까지 규정함으로써 재량활동을 학교의 재량에 따라 운영할 수 있는 측면이 거의 없다.

특색 있는 교육과정 개발에 있어서의 한계를 보면, 대안특성화고교만의 독특한 과목들을 독자적으로 개발해야 하는데 여건상 어려움이 많다. 학교가 소규모이고, 교사와 재정이 부족하기 때문에 학교별로 새로운 내용의 특성화교과를 개발하고 거기에 적합한 강사를 확보해서 활용하는 데 어려움이 있다. 경험학습이 많은데 이에 따른 수익자 부담에도 한계가 있어서 불참하는 사례가 많다.

학습 진행에 필요한 교육기자재의 지원 등이 미흡하다. 특성화교육을 위한 수업은 주로 무학년·무학급의 과목별 교실 이동 수업으로 하다 보면 보다 많은 교실과 시설이 필요함에도 불구하고 시설이 충분하지 못한 실정이다.

이와 같은 연구결과를 바탕으로 대안학교의 나아갈 길을 제시하면 다음과 같다.

10여 년 역사를 가진 우리나라의 대안특성화고교는 그 명암이 엇갈리고 있다. 대안특성화고교는 자기 한계를 극복하지 못한 가운데, 사회양극화 현상처럼 학교 간에 그 간극도 점차 확대·심화되고 있는 것이 현실이다. 그런 가운데서도 해마다 9만 명이나 되는 일반학교에 부적응하여 중도탈락하는 학생들에게는 대안특성화고교가 주된 대안으로 인식되어 있다. 그것은 대안특성화고교가 특성화교과목에 많은 재량을 둘 수 있어 교육과정을 다양하게 운영할 수 있다는 자율성과 다양성 때문이다. 그러나 특성화된 교육과정을 가지고 독특한 교육을 하기에는 안팎으로 많은 한계를 지니고 있다. 교육과정을 다양하게 실현하는 데 선결되어야 할 과제와 대안을 제시하면 다음과 같다.

첫째, 대안특성화고교 학생들의 입시전형 요소를 다양화해 주는 것이 필요하다.

대학들의 입학전형 요소를 보면 6개 대학에서만 2% 범위 안에서 대안특성화고교 출신을 선발한다는 조항을 찾아볼 수 있다. 대안특성화고교에 다니는 학생들도 85%가 대학진학을 하고 있는 실정이고 보면 학부모들과 교사들은 전인교육의 참뜻보다는 대학입시의 중압감에 시달려 어느새 대안특성화고교가 입시 준비에 매달려야 하는 현실을 비켜 갈 수 없게 되고 있는 것이다. 이러한 실정 때문에 대안특성화고교 관계자들은 대안특성화고교를 자랑스러워하기보다는 학교가 학생들에게 자율성을 충분히 주지 못해 부적응아를 양산해 내는 것을 걱정하며, 대안특성화고교가 특성화된 교육과정을 제대로 운영하기보다는 대학입시의 중압감으로 점차 일반화되어 가는 어려움을 토로하고 있다. 대학입시의 고교 교육과정에 대한 획일적인 요구 때문에 대안특성화고교에서마저 교육과정은 획일화될 수밖에 없는 실정이다. 이것은 교육과정 획일화의 실질적인 가장 큰 이유라고 할 수 있다. 졸업생의 85%가 대학에 진학하는 고등교육 보편화 상황에 맞는 고교의 다양화는 일어나지 않고 있다. 일반계고교 과정의 다양화가 일어나지 않고 있는 주요한 이유 중 하나는 일반고는 계속교육의 일환으로 진학준비 교육을 하는 곳으로 여겨지며, 진학준비는 주로 국어, 수학, 영어, 과학, 사회를 중심으로 이루어진다는 데 있다. 특히, 대학입시에서는 입학생의 학업능력을 그들의 언어, 수리, 논리능력을 확인하는 국어, 영어, 수학을 가장 중요한 시험과목으로 점수비중을 두고 있어 이것들을 중심으로 학습하고 진학하라는 단순한 메시지를 보내고 있다. 대학수학능력시험에 대비해 216단위 중 145~175단위를 수학능력시험 포함 과목에 배정하고 있다.

대학입시가 진학준비 교육과정을 규정하는 면이 없지 않으나 규정하되 너무 획일적인 방향으로 하고 있는 것이다. 개별 학교가 학생들의 학습체제를 다양하게 분화해 주면 도리어 대학입시에서 불리하여, 전국의 거의 모든 학과와 모집 단위에 두루 응시할 수 있도록 학교는 최소필수의 공통분모에 해당하는 교과목만 개설해 주는 것이다. 결국 교육과정의 다양화나 분화는 오히려 바람직하지 못한 것으로 인식되고 있다. 결과적으로 그 규모, 학교 종류에 관계없이 거의 획일화된 교육과정을 가지고 있다.

둘째, 특성화된 교육과정으로 교육을 실현해 나가는 주체인 대안특성화고교 교사들의 신분적·재정적 뒷받침이 보장되어 있지 못하다는 사실이다.

전국의 몇몇 학교를 제외하고는 대부분의 교사들은 열악한 재정적 환경 속에서 근무하고 있는 것 또한 사실이다. 이들 대부분의 교사들은 자신들이 키워 온 대안교육에 대한 철학과 신념 하나로 시작해서 대안특성화고교만이 줄 수 있는 특성화된 교육과정으로 다양한 학생의 욕구를 충족시켜 줄 수 있다는 사명감으로 자신의 희생 속에서 묵묵히 교사직을 수행하고 있다는 것이 안타까운 점이기도 했다. 따라서 정부는 최소한 대안특성화고교 교사도 교직공무원으로서의 대우를 사립학교 정도의 수준은 보장해 주어야 소신껏 교육과정을 실천해 나갈 수 있을 것이다.

셋째, 학사운영에 지나친 간섭으로 인하여 학교 설립취지와는 다른 방향으로 운영을 해야 하는 교육과정 편성의 어려움을 해소해 주어야 할 것이다.

2004년 3월에 대안교육법이 통과되었으며, 여기에는 대안학교법이 함께 통과되어 대부분의 비인가 학교였던 대안학교가 인가를 받게 되면서부터 고민을 더하는 부분이 있었다. 대안특성화고교 설립취지와는 다른 방향으로 운영을 해야 하는 학사운영에 지나친 간섭이나 교육과정 편성 등 어려움에 놓여 있다는 것이다. 법제화된 제도적 장치 속에서 운영되는 어려움을 극복해야 하는 것도 대안특성화고교가 풀어야 할 분명한 과제이다. 그것은 인가를 받은 학교와 그렇지 않은 학교의 차이점이 단순히 학력인정으로만 귀결되지 않기 때문이다. 공식적인 학교로 인정받게 되면서 재정적인 지원을 받게 되는 장점과 학력인정이라는 뒷받침이 되긴 하지만 대안특성화고교 그 본래의 취지를 벗어나 교육과정의 편성과 운영에 관한 자율성 침해라는 문제에 봉착한 것이다.

넷째, 대안특성화고교 교육과정 개발을 위한 연구개발팀을 교육인적자원부에서 주기적으로 운영할 필요가 있다.

현재 일반 공교육을 위한 교육과정 개발은 수시로 이루어지고 있지만 공교육만으로는 해결되지 않는 분야를 담당하고 있는 대안특성화고교의 교육과정 개발에는 연구가 미흡한 실정이다. 따라서 본 연구에서 다루어진 전국 18개 대안특성화고교의 교육과정 분석을 토대로 대안교육의 본래 정신과 시대의 필요를 반영한 다양한 교과목 개설에 각 학교가 참고할 지침서를 만들어 주어야 할 것이다.

다섯째, 대안교육 교수−학습지원센터 설치·운영이 필요하다.

대안특성화고교는 대부분 시골에 위치해 있다는 점 때문에 교재 보급이나 자료 개발에 한계가 있다. 따라서 정부나 교육청별로 학습 자료 개발 프로젝트를 주어서 개발된 학습 자료들을 각 학교에 보급할 필요가 있다. 왜냐하면 대부분의 학교는 재정적으로나 학교시설 여건이 열악한 가운데 놓여 있어 교사의 열정과 제한된 학습 자료만으로 수업을 운영하고 있기 때문이다.

이렇게 할 때 대안특성화고교는 일반 공교육의 상호 보완적 파트너로서의 역할을 다할 수 있을 것이며, 대안특성화고교를 찾는 다양한 재능을 가진 학생들과 일반학교 부적응 학생들을 수용하여 다양한 교육과정을 제공함으로써 학습자 중심의 요구에 부응하는 다양한 교육을 구현할 수 있을 것이다.

참고문헌

1. 단행본

강태중 외(1996). 새 학교 구상: 좋은 학교의 조건과 그 구현 방안 탐색. 서울: 한국교육개발원.

곽병선(1986). 교육과정. 서울: 배영사.

교육인적자원부(2001). 고등학교 교육과정 해설Ⅰ(총론). 서울: 대한교과서주식회사.

교육인적자원부(2007) 대안교육백서(1997-2007). 서울: 교육인적자원부.

김대현·김석우(1999). 교육과정 및 교육평가. 서울: 학지사.

김재복(2000). 통합 교육과정. 서울: 교육과학사.

김희동(1997). 작은 학교가 아름답다. 서울: 보리

박도순 외(1999). 교육과정과 교육평가. 서울: 문음사.

손민호(2005a). 구성주의와 학습의 사회이론. 서울: 문음사.

손민호(2005b). 주요국 대안교육 프로그램 운영비교 연구. 교육인적자원부 2005 정책연구과제 보고서.

신세호 외(1993). 한국 교육의 종합이해와 미래구상Ⅲ-종합편. 서울: 한국교육개발원.

심성보(1995). 전환시대의 교육사상. 서울: 학지사.

이은경(1996). 고등학교 평준화정책 개선을 위한 특성화학교 모형 연구. 서울대학교.

이홍우(1977). 교육과정 탐구. 서울: 박영사.

조난심 외(2001).학교교육 내실화 방안 연구Ⅰ. 학교교육과정과 수업의
　　　운영을 중심으로. 서울: 한국교육과정 평가원.

통계청(2005). 교육통계. 통계청.

한국교육개발원(1996). 새학교 구상-좋은 학교의 조건과 그 구현 방안.
　　　서울: 한국교육개발원.

한승희(2001). 평생학습과 학습생태계: 평생교육론의 새로운 패러다임.
　　　서울: 학지사.

황원철(2004). 공교육 -이념·제도·개혁-. 서울: 원미사.

2. 학술지 논문

고형일·이두휴(1998). 대안학교와 일반학교의 교육활동 비교 연구. 교
　　　육사회학연구, 8(21), 127-162.

교육개혁위원회(1995). 신교육체제 수립을 위한 교육개혁 방안(1995. 5.
　　　31), 21.

김견수(2000). 우리나라 대안학교 교육과정의 비교 연구. 석사학위논문.
　　　전주대학교교육대학원.

김명수·김홍태(1998). 대안교육운동 탐구에 관한 연구. 한국교원대학교.
　　　교수논총, 14(1), 99-129.

김병길·황긍섭(2001). 대안교육에 있어서 '대안'의 범주화. 교육철학
　　　(19), 1-17.

김복영(2000). 인간규모의 작은 학교가 아름답다. 교육개발(봄), 68-69.

김영화(2002). 미국 공립 대안교육의 실제. 교육탐구 논총(18), 185~
　　　215.

김재복(2002). 신세대가 받고 싶은 교육과 기성세대가 주고 싶은 교육.

교육개발(134), 36−42

김재춘(2000). 학교 교육과 다양성 추구. 교육과정학회. 교육과정연구 18(1), 45−61

김정환(1997). 전인교육으로 돌아가자. 처음처럼(2), 33−59.

김지영(2005). 초등학교에서의 대안교육 연구: 남한산초등학교의 실천사례를 중심으로. 석사학위논문. 공주교육대 교육대학원.

김현정(2001). 한국 대안학교의 교육요소 분석. 석사학위논문. 경성대학교 대학원.

김홍태(2000). Charter Schools 운영의 실체에 관한 연구. 한국교육행정학회. 교육행정학 연구18(3), 385−407.

김희동 외(2000). 대안교육운동의 어제와 오늘. 민들레(7), 20−37.

김희동(1999). 참된 삶으로 가는 새로운 교육실천들. 민들레(2), 44−50.

대안교육포럼 제2차 심포지엄 자료집(2002). 21세기 대안교육 만들기 작은 학교 큰 그림, 세종문화회관 컨벤션홀, 심포지엄 자료집, 1−37.

류춘근(2002). 학교밖 대안교육 프로그램 통해 수업인정 허용. 교육인적자원부. 교육마당21(246), 64−66.

민들레 편집실(2000). 세계의 대안학교들. 민들레(11), 40−53.

박형규(1998). 대안교육의 방향과 과제. 처음처럼(5), 101−113.

방영준(1998). 공동체주의와 덕 윤리의 부활. 성신여자대학교, 제3회 윤촌 학술대회 자료집(1998. 11. 14), 9.

송순재(1997). 학교를 위한 삶인가 삶을 위한 학교인가. 처음처럼. 서울: 내일을 여는 책(창간호), 104−128.

신은희(1999). 대안학교 교육과정의 실태 및 특성 분석. 석사학위논문. 이화여자대학교대학원.

신학봉(2001). 우리나라 대안학교의 실태분석가 교육내용 비교 연구. 석사학위논문. 강원대학교대학원.

여태전(2002). 간디학교의 대안 찾기: 그 삶과 교육에 관한 질적 연구. 박사학위논문. 경상대대학원.

이선영(2004). 한국 대안교육의 활성화 방안에 관한 연구: 특성화고등학교를 중심으로. 석사학위논문. 단국대교육대학원.

이여정(2001). 공·사립학교와 대안학교의 교육과정과 교사의 가치관 비교. 석사학위논문. 울산대학교대학원.

이종태(2000). 새로운 학습사회로의 전환. 교육의 틀을 벗어 던지자. 교육개발(봄), 28-33.

이종태(2002). 대안교육과 대안학교, 도서출판 민들레.

정유성(1997). 현행교육평가와 새로운 대안교육의 모색. 환경과 생명(12), 66-79.

조용태·이선숙(2000). 우리나라 대안학교의 이념과 역사. 교육학논총 21(1), 151-170.

조용환(1998). 대안학교의 가능성과 한계에 관한 문화기술적 연구. 한국교육인류학회. 교육인류학연구1(1), 113-155.

차재원(2001). 대안학교의 교육활동 비교 분석. 박사학위논문. 경남대학교대학원.

차재원(2002). 대안학교의 교육은 어떻게 이루어질까. 교육경남(165), 81-84.

최손환·김병주(2001). 대안교육의 등장과 의미, 지방교육경영6(1), 99-120.

최종진(2001). 한국 대안교육의 비판적 고찰, 석사학위논문, 한국교원대학교대학원.

최현득(2003). 대안학교 교육의 실태분석과 개선방안 연구. 박사학위논문. 계명대정책대학원.

홍후조(2002). 학교 수준 교유고가정의 특성화 방안 연구. 교육과정연구,

125 - 126.

홍후조(2004). 학업성적 신뢰 제고방안 연구. 교육인적자원부. 정책연구
　　　과제, 2004 - 지정6(1).

허경철(2000). 21세게 교육평가, 어떻게 할 것인가? 21세기 학교교육 발
　　　전방향 모색. 한국교육과정평가원 창립 2주년 기념세미나 자료
　　　집, 연구자료 ORM2000 - 1, 105 - 140.

현병호(2001). 대안교육의 의의와 현황 그리고 전망. 진보평론(10), 101
　　　- 123.

3. 대안학교 간행물

간디학교(1998). 학교요람.

간디학교(1999). 학교 교육계획서.

간디학교(2000a). 2000학년도 교육계획서.

간디학교(2000b). 2000학년도 학교 안내서.

간디학교(2000c). 2000학년도 학교헌장.

간디학교(2001). 숲속마을 작은학교, 통권 49~50호.

간디학교(2005). 학교 교육계획서.

경주화랑고등학교(1999). 학교 교육계획서.

경주화랑고등학교(2000a). 2000학년도 학교교육계획.

경주화랑고등학교(2000b). 경주화랑고등학교 헌장.

동명고등학교(2001). 2001학년도 교육계획.

두레마을(1999). 공동체 이야기. 통권 제10호.

두레자연고등학교(2003). 교육계획서.

세인고등학교(2003). 학교경영계획서(2003~2005).

양업고등학교(2000). 2000학년도 교육계획.

영산성지고등학교(1999a). 교육과정의 자율적 편성·운영을 통한 전인적 인성 계발.

영산성지고등학교(1999b). 자율학교 시범운영 보고서.

영산성지고등학교(1999c).학교 교육계획서.

영산성지고등학교(2000a). 2000학년도 교육계획서.

영산성지고등학교(2000b). 영산성지고등학교 헌장.

영산성지고등학교(2001). 2001학년도 교육계획서.

영산성지고등학교(2004). 학교 교육계획서.

영산성지고등학교(2005). 학교 교육계획서.

원경고등학교(1999). 학교 교육계획서.

원경고등학교(2000a). 2000학년도 교육계획.

원경고등학교(2000b). 원경고등학교 헌장.

원경고등학교(2002). 학교 교육계획서.

원경고등학교(2004). 학교 교육계획서.

원경고등학교(2005). 학교 교육계획서.

청주양업고등학교(2003). 교육계획서.

푸른꿈고등학교(2001). 학교 교육계획서.

한빛고등학교(1999a). 자율적 교육활동을 통한 생명문화 공동체교육 실현. 1999. 12.

한빛고등학교(1999b). 학교 교육계획서.

한빛고등학교(2004).학교 교육계획서.

화랑고등학교(1998). 1998학년도 화랑고등학교 교육계획서.

한빛고등학교(2003). 2003학년도 화랑고등학교 교육계획서.

교육인적자원부 홈페이지(http://www.moe.go.kr), 교육통계자료, 2004년 기준.

4. 외국문헌

Caldwell, B. & Spink, J.(1998). *Beyond the self-managing School*. Falmer press.

Cooper, B. S.(1994). *Alternative Schools and Programs*, The International Encyclopedia of Education, 2nd ed. New York: Elsevier Science Inc. vol.1, 260-266.

Derry, S. J.(1985). *Strategy training: an incidental learning model for CAI. Journal of Instructional Development*. vol.8(2), 16-23.

Doll, W. E.(1989). *Foundations for a Post-Modern Curiculum*. 김복영 역(1997) 교육과정과 포스트모더니즘의 시각. 서울: 교육과학사.

Durkeim P.(1970). *The Evolution of Educational Though: lectures on the Formation and Development on Frances*. Trans. P. Collins, London.

Illich, I.(1971). *The deschooling society*. 김남석역. 교육사회에서의 탈출. 서울: 범조사.

Jackson, P.(1968). *Life in classrooms*. New York: Holt, Rinehart & Winston, Inc.

Kerschensteiner, G. M.(2004). 노작학교의 이론과 실천. 정기섭역. 서울: 문음사.

MacIntyre, A.(1981). *After virtue*. Notre Dame, IN: The University Of Notre Dame Press.

Marsh, C. J.(1992). *Key Concepts for Understanding Curriculum*. London: The Falmer Press, 박현주 역(1996), 교육과정 이해를 위한 주요 개념. 서울: 교육과학사.

McLuhan, M.(1964). *Understading Media: The Extensions of Man*. New York: McGraw-Hill.

Phillips, D. C.(1980). *The Hidden Curriculum and the Latent Functions of Schooling*: Two Overlapping Perspectives. 1.Why the Hidden Curriculum Is Hidden 2.Philosophy of Education.

Reimer, E.(1971). *School Is Dead*: an Essay on Alternatives in Education, 김석원역(1979). 학교는 죽었다. 서울: 서울한마당

Schiro, M.(1978). *Curriculum For Better Schools: The Great Ideological Debate*, New Jersey: Educational Technological Publications, Inc.

Sergiovanni, T. J.(1994). *Building community on schools*. San Francisco: Jossey Bass.

Silberman, C. E.(1970). Crisis in the Classroom: the Remaking of American Education, New York: Random House.

Skilbeck, M.(1984). *School－based Curriculum Development.* London: Harper & Row, Publishers.

부록1. 대안학교 설립·운영규정

1. 의결주문

대안학교의 설립·운영에 관한 규정안을 별지와 같이 의결한다.

2. 제안이유

'초·중등교육법'이 개정(법률 제7398호, 2005. 3. 24 공포, 2006. 3. 25 시행)되어 대안학교에 대한 근거가 마련됨에 따라 교육과정 및 학력인정 등 같은 법에서 위임한 사항과 그 시행에 필요한 사항을 정하려는 것임.

3. 주요 내용

가. 대안학교설립운영위원회 설치(안 제5조)

대안학교의 설립·운영에 관한 중요한 사항을 심의하기 위하여 교육감 소속하에 시·도 교육청의 부교육감이 위원장이 되고, 대안교육 관련 전문가가 참여하는 대안학교설립운영위원회를 설치하도록 함.

나. 학력인정 학교의 지정(안 제6조)

교육감이 대안학교의 교육 프로그램의 내용·수준 등을 평가하여 학력이 인정되는 대안학교를 지정할 수 있도록 함.

다. 수업일수, 교육과정 및 교과용 도서(안 제8조부터 제10조까지)
수업일수는 매 학년 180일 이상으로 하여 학교의 장이 정하도록
하고, 교육인적자원부장관이 정한 교육과정상의 교과별 수업시간 수
의 100분의 50 이상을 이수하도록 하며, 자체적으로 개발한 도서를
교과용 도서로 사용할 수 있도록 하되, 자체 도서를 사용할 경우 해
당 도서를 교육감에게 사전에 제출하도록 함.

4. 주요 토의과제
없 음

5. 참고사항

가. 관계법령: '초·중등교육법'
제60조의3(대안학교) ①학업을 중단하거나 개인적 특성에 맞는 교
육을 받고자 하는 학생을 대상으로 현장실습 등 체험 위주의 교육,
인성 위주의 교육 또는 개인의 소질·적성 개발 위주의 교육 등 다
양한 교육을 실시하는 학교로서 제60조제1항에 해당하는 학교(이하
'대안학교'라 한다)에 대하여는 제21조제1항, 제23조제2항·제3항,
제24조 내지 제26조, 제29조 및 제30조의4 내지 제30조의7의 규정을
적용하지 아니한다.
② 대안학교는 초등학교·중학교·고등학교의 과정을 통합하여 운
영할 수 있다.

③ 대안학교의 설립기준·교육과정·수업연한·학력인정 그 밖에 설립·운영에 관하여 필요한 사항은 대통령령으로 정한다.

나. 예산조치: 별도조치 필요 없음

다. 합   의: 해당기관 없음

라. 기   타: (1) 입법예고(2006. 12. 5.~12. 26.) 결과, 특기할 사항 없음

　　　　　　(2) 규제심사: 규제개혁위원회와 협의 결과, 이견 없음
　　　　　　　　－ 규제신설·폐지 등: 없음

부록2. 대통령령 제20116호 대안학교의 설립·운영에 관한 규정

제1조(목적) 이 영은 '초·중등교육법' 제60조의3에 따른 대안학교의 설립·운영에 관하여 필요한 사항을 규정함을 목적으로 한다.

제2조(설립·운영자) 대안학교를 설립·운영할 수 있는 자는 '사립학교법' 제2조제1항에 따른 설립 주체로 한다.

제3조(설립기준) 대안학교를 설립하려는 자가 갖추어야 하는 시설·설비 등 학교의 설립기준에 관한 사항은 '고등학교 이하 각급학교 설립·운영규정'에 따른다.

제4조(설립인가) '초·중등교육법' 제4조제2항에 따라 대안학교의 설립인가를 받으려는 자는 다음 각 호의 사항이 기재된 서류를 갖추어 특별시·광역시·도 또는 특별자치도 교육감(이하 '교육감'이라 한다)에게 신청하여야 한다.

1. 목 적
2. 명 칭
3. 위 치
4. 학 칙
5. 학교헌장
6. 경비와 유지방법

7. 설 비

8. 교지(校地)·실습지(實習地)의 지적도

9. 교사(체육장을 포함한다)의 배치도·평면도

10. 개교연월일

11. 병설학교 등을 둘 때에는 그 계획서

12. 설립자가 법인인 경우에는 등기 및 출연금 등에 관한 서류

13. 설립자가 사인인 경우에는 경비의 지급 및 변제능력에
    관한 서류

제5조(대안학교설립운영위원회의 구성·운영) ① 대안학교의 설립·
운영에 관한 중요 사항을 심의하기 위하여 교육감 소속하에 대안학
교설립운영위원회(이하 '위원회'라 한다)를 둔다.

② 위원회는 위원장, 부위원장 각 1명을 포함한 7명 이상 9명 이
하의 위원으로 구성하되, 대안교육 관련 전문가가 과반수가 되도록
하여야 한다.

③ 위원회의 위원장은 관할 시·도 교육청의 부교육감이 되고, 위
원은 교육감이 위촉하며, 부위원장은 위원 중에서 호선(互選)한다.

④ 위원회는 위원장이 소집하고, 재적위원 과반수의 출석과 출석
위원 과반수의 찬성으로 의결한다.

⑤ 위원회는 다음 각 호의 사항을 심의한다.

　1. 대안학교의 설립인가·변경인가 및 인가취소에 관한 사항

　2. 학력이 인정되는 대안학교의 지정에 관한 사항

　3. 대안학교의 평가 및 운영 등에 관한 사항

⑥ 위원회의 구성·운영에 관하여 그 밖에 필요한 사항은 교육감
이 따로 정한다.

제6조(학력인정) ① 교육감은 대안학교의 교육 프로그램의 내용·수준 등을 평가하여 학력이 인정되는 대안학교를 지정할 수 있다.

② 교육감은 제1항에 따른 학력인정 학교를 지정하는 경우에 위원회의 심의를 거쳐야 한다.

제7조(학기운영 및 학년제) ① 대안학교의 학기 운영은 학교 교육과정을 고려하여 학칙으로 정한다.

② 대안학교의 장은 교육과정 운영상 필요한 경우에는 학년 구분 없이 교육과정을 운영할 수 있다.

제8조(수업연한 및 수업일수) ① 대안학교의 수업연한은 '초·중등교육법'(이하 '법'이라 한다) 제39조, 제42조 및 제46조 본문에 따른다.

② 대안학교의 수업일수는 매 학년 180일 이상으로 한다.

제9조(교육과정) ① 대안학교의 교육과정은 대안학교의 장이 학칙으로 정한다. 다만 교육인적자원부장관이 정한 교육과정상 교과별 수업시간 수의 100분의 50 이상을 운영하여야 한다.

② 대안학교의 장은 제1항의 교육과정에 대하여 필요한 경우에 교육감이나 교육장의 승인을 받아 통합교과로 운영할 수 있다.

제10조(교과용 도서) ① 대안학교의 장은 '교과용도서에관한규정'에 따른 국정도서, 검정도서, 인정도서 중에서 선택하여 사용할 수 있다.

② 대안학교의 장은 자체 개발한 도서를 교과용으로 사용할 수 있다. 다만 이 경우에는 해당 도서를 교육감에게 사전에 제출하여야 한다.

제11조(학교생활기록 및 건강검사기록 유지) 대안학교의 장은 다

음 각 호 사항이 기록된 것으로서 학교의 학업 성취도 등 학생생활에 관한 기록 및 '학교보건법' 제7조의3제1항에 따른 건강검사기록 중 학생의 진학이나 전학에 필요한 내용을 적절한 방법으로 기록·관리할 수 있다.

1. 인적사항
2. 학적사항
3. 출결상황
4. 자격증 및 인증취득상황
5. 교과학습발달상황
6. 행동특성 및 종합의견

부칙

제1조(시행일) 이 영은 공포한 날부터 시행한다.

제2조(설립절차에 관한 경과조치) ① 2008학년도 제1학기 개교를 예정으로 이 영에 따른 대안학교를 설립하고자 하는 자는 고등학교 이하 각급학교 설립·운영에 관한 법령에 따른 시한에 불구하고 개교예정일 4개월 이전까지 학교 설립계획서 제출과 학교법인 설립허가신청 및 학교 설립인가신청을 함께 할 수 있다.

② 교육감은 제1항에 따라 학교 설립인가신청 등을 받은 때에는 고등학교 이하 각급학교 설립·운영에 관한 법령에 따른 시한에 불구하고 해당 학교의 개교 예정일 1개월 이전까지 승인·허가 및 인가 여부를 신청인에게 통보하여야 한다.

제3조(다른 법령의 개정) 초·중등교육법 시행령 일부를 다음과 같이 개정한다.

제96조제1항에 제4호를 다음과 같이 신설한다.

4. '대안학교 설립·운영규정' 제6조에 따라 초등학교 학력인정 지정을 받은 대안학교를 졸업한 자

제97조제1항에 제5호를 다음과 같이 신설한다.

5. '대안학교 설립·운영규정' 제6조에 따라 중학교 학력인정 지정을 받은 대안학교를 졸업한 자

제98조제1항에 제8호를 다음과 같이 신설한다.

8. '대안학교 설립·운영규정' 제6조에 따라 고등학교 학력인정 지정을 받은 대안학교를 졸업한 자

부록3. 대안교육특성화학교 명부

대안교육특성화중학교

학 교 명	소 재 지	전 화 번 호	비 고
두레자연중학교	경기도 화성시 우정면	031 - 358 - 8773	기숙형(사립)
이우중학교	경기도 성남시 동원동	031 - 710 - 6956	비기숙형(사립)
중앙기독중학교	경기도 수원시 원천동	0707 - 018 - 1301	비기숙형(사립)
헌산중학교	경기도 용인시 원삼면	031 - 334 - 4101	기숙형(사립)
한겨레중학교	경기도 안성시 죽산면	031 - 671 - 2113	기숙형(사립)
TLBU글로벌학교	고양시 덕양구 내유동	031 - 960 - 171	기숙형(사립)
성지송학중학교	전라남도 영광군 군서면	061 - 353 - 6351	기숙형(사립)
용정중학교	전라남도 보성군 미력면	061 - 852 - 9602	기숙형(사립)
지평선중학교	전라북도 김제시 성덕면	063 - 544 - 3131	기숙형(사립)

대안교육특성화고등학교

학 교 명	소 재 지	전 화 번 호	비 고
경기대명고등학교	경기도 수원시 당수동	031-416-3754	비기숙형(공립)
두레자연고등학교	경기도 화성시 우정면	031-358-8776	기숙형(사립)
이우고등학교	경기도 성남시 동원동	031-710-6959	비기숙형(사립)
한겨레고등학교	경기도 안성시 죽산면	031-671-2113	기숙형(사립)
간디학교	경상남도 산청군 신안면	055-973-1049	기숙형(사립)
경주화랑고등학교	경상북도 경주시 양산면	054-771-2355	기숙형(사립)
공동체비전고등학교	충청남도 서천군 서천읍	041-953-6292	기숙형(사립)
달구벌고등학교	대구광역시 동구 덕곡동	053-981-1318	기숙형(사립)
동명고등학교	광주광역시 광산구 서봉동	062-943-2855	기숙형(사립)
산마을고등학교	인천광역시 강화군 양도면	032-937-9801	기숙형(사립)
세인고등학교	전라북도 완주군 화산면	063-261-0077	기숙형(사립)
양업고등학교	충청북도 청원군 옥산면	043-260-5076	기숙형(사립)
영산성지고등학교	전라남도 영광군 백수읍	061-352-6351	기숙형(사립)
원경고등학교	경상남도 합천군 적중면	055-933-2019	기숙형(사립)
전인고등학교	강원도 춘천시 동산면	033-262-3449	기숙형(사립)
지리산고등학교	경상남도 산청군 단성면	055-973-9723	기숙형(사립)
지구촌고등학교	부산시 연제구 거제1동	051-505-8656	기숙형(사립)
팔렬고등학교	강원도 홍천군 내촌면	033-435-6327	기숙형(사립)
푸른꿈고등학교	전라북도 무주군 안성면	063-323-2058	기숙형(사립)
한마음고등학교	충청남도 천안시 동면	041-567-5524	기숙형(사립)
한빛고등학교	전라남도 담양군 대전면	061-383-8340	기숙형(사립)

윤기종
(尹基宗)

•약 력•

- 한국성서대학교 외국어교육과
- 안양대학교 신학부 기독교교육과 (B. Ad)
- 안양대학교 신학대학원 목회상담전공 (M. Div)
- 강남대학교 신학대학원 기독교교육 전공 (Th. M)
- 강남대학교 대학원 신학과 기독교교육전공 (Ph.D)
- 평택대학교 사회복지대학원 사회복지전공 (M. A.)
- 평택대학교 대학원 사회복지학과 청소년복지 전공(Ph.D. in s.w. 과정 수료)
- 연세대학교 교육대학원 종교교육전공 (M. Ed)
- 호서대학교 교육대학원 윤리교육전공 (M. Ed)
- 강남대학교 교육대학원 특수교육전공 (M. Ed)
- 인하대학교 대학원 교육과정전공 (Ed. D)
- 문일고등학교 교사·교목실장·진로상담부장
- 강남대·안양대·인하대 강사
- 화랑체육관 관장역임
- 명성·반도·말씀과 기도교회 교육목사역임

•주요논저•

- 예수그리스도의 교육방법론 연구
- 위르겐 몰트만의 메시야적 교회론
- 기독교적 전인성 관점에서 본 코메니우스와 栗谷의 敎育論 比較
- 학교폭력에대한 사회복지적 대응방안에 관한연구
- 빅터 프랭클의 의미요법 연구
- 한국 장애학생 통합교육의 발전과정과 정책방안 연구
- 도덕교육을 통한 청소년 가치관 정립방안 연구
- 대안학교 교육과정에 대한 대안적 범주 탐색
- 대안특성화고교 교육과정 다양화의 가능성과 한계
- 코메니우스의 전인성을 위한 교육적 이론과 실천에 관한 연구
- 코메니우스와 栗谷의 敎育論에 관한 比較 硏究

외 다수

대안특성화고등학교 교육과정 탐구

• 초판 인쇄   2008년 5월 25일
• 초판 발행   2008년 5월 25일

• 지 은 이   윤기종
• 펴 낸 이   채종준
• 펴 낸 곳   한국학술정보㈜
             경기도 파주시 교하읍 문발리 513-5
             파주출판문화정보산업단지
             전화   031) 908-3181(대표) · 팩스   031) 908-3189
             홈페이지 http://www.kstudy.com
             e-mail(출판사업부) publish@kstudy.com
• 등   록   제일산-115호(2000. 6. 19)
• 가   격   20,000원

ISBN   978-89-534-9283-7 93370 (Paper Book)
        978-89-534-9284-4 98370 (e-Book)